# Multimodale Kommunikation in öffentlichen Räumen.

Texte und Textsorten zwischen Tradition und Innovation

**PERSPEKTIVEN GERMANISTISCHER LINGUISTIK (PGL)**

Herausgegeben von Heiko Girnth und Sascha Michel

ISSN 1863-1428

*14*     *Steffen Pappert / Sascha Michel (Hrsg.)*
Multimodale Kommunikation in öffentlichen Räumen
Texte und Textsorten zwischen Tradition und Innovation
ISBN 978-3-8382-1156-5

Steffen Pappert / Sascha Michel (Hrsg.)

# MULTIMODALE KOMMUNIKATION IN ÖFFENTLICHEN RÄUMEN

## Texte und Textsorten zwischen Tradition und Innovation

*ibidem*-Verlag
Stuttgart

**Bibliografische Information der Deutschen Nationalbibliothek**
Die Deutsche Nationalbibliothek verzeichnet diese Publikation in der
Deutschen Nationalbibliografie; detaillierte bibliografische Daten sind im
Internet über http://dnb.d-nb.de abrufbar.

**Bibliographic information published by the Deutsche Nationalbibliothek**
Die Deutsche Nationalbibliothek lists this publication in the Deutsche Nationalbibliografie;
detailed bibliographic data are available in the Internet at http://dnb.d-nb.de.

∞

Gedruckt auf alterungsbeständigem, säurefreien Papier
Printed on acid-free paper

ISSN: 1863-1428

ISBN-13: 978-3-8382-1156-5

© *ibidem*-Verlag
Stuttgart 2018

Alle Rechte vorbehalten

Printed in the EU

# Inhaltsverzeichnis

Steffen Pappert / Sascha Michel

## Einleitung: Multimodale Kommunikation in öffentlichen Räumen. Texte und Textsorten zwischen Tradition und Innovation

Kommunikation wird sichtbar durch Texte bzw. Textsorten, die „als konkrete Realisationsformen komplexer Muster sprachlicher Kommunikation" (Brinker/Cölfen/Pappert 2014: 133) Basiseinheiten im kommunikativen Haushalt einer Sprachgemeinschaft darstellen. Ihre historische Genese, ihre gesellschaftliche Verfestigung als konventionelle Problemlösungsmuster für komplexe kommunikative Aufgaben beruhen ebenso wie ihr Wandel im Wesentlichen auf kommunikativen Bedürfnissen, die – mittelbar über Kommunikationsformen – im engen Zusammenhang mit den zu einer bestimmten Zeit disponiblen technischen Möglichkeiten stehen (vgl. Pappert 2016). Die vom Informationsüberfluss geprägte hochkomplexe Kommunikationswirklichkeit unserer Zeit erfordert Problemlösungen – mithin Textsorten –, die die Selektion und die Verarbeitung der Angebotsflut unterstützen. Der mit dieser Entwicklung einhergehende Textsortenwandel ist sowohl Ursache als auch Folge veränderter Seh- und Hörgewohnheiten. Diese betreffen nicht nur den Umgang mit digitalen Medien, sondern begleiten uns vor allem in öffentlichen Situationen gleichsam auf Schritt und Tritt. Als die wohl weitreichendste Veränderung ist vielleicht die Verdrängung monomodaler schriftlicher Texte aus der medial vermittelten öffentlichen Kommunikation anzusehen. Ob in Zeitungen, Zeitschriften oder Schulbüchern, in Straßenbahnen, auf Bahnhöfen oder an beliebigen belebten öffentlichen Plätzen – der Trend zum multimodalen Text ist allgegenwärtig (vgl. Domke 2014 sowie Schmitz 2016a: 31). Neben Bildern aller Art, Grafiken, figürlichen oder kartographischen Veranschaulichungen sind es vor allem Textdesign, Layout und Typografie, die „zur Übermittlung, Gliederung und ergonomischen Rezeptionserleichterung bei immens wachsenden Informationsmengen" (Schmitz 2016b: 328f.) beitragen. Die auf diese Weise komponierten „Sehflächen" (Schmitz 2011) dominieren die sichtbare öffentliche Kommunikation – analog und vor allem digital. So ist insbesondere das Internet heute „[z]um Inbegriff einer multimodalen Mediengattung […] ge-

worden, dessen digitale Grundlage es erlaubt, alle bislang bekannten Kommuni-
kationsmodi zu kombinieren" (Bucher 2010: 42). In Bezug auf den aktuellen
Textsortenwandel rücken dabei Kategorien wie Vermischtheit, Vernetztheit,
Nichtabgeschlossenheit oder Autorenvielfalt in den Fokus. Ebenso gewinnen textuelle Oberflächenphänomene an Bedeutung, so vor allem die Kodalität, die Materialität und die (Inter-)Medialität (Fix 2014). Text, Bild, Geräusch, Musik, audiovisuelle Angebote: Alles kann gleichzeitig auf dem Bildschirm erscheinen, der
als wahrnehmbare Seh-Hör-Fläche die Grenzen traditioneller Textsortenauffas-
sungen zu sprengen scheint (vgl. Pappert/Kleinheyer 2014: 160). Jenseits der virtuellen Textwelt gerät neben Multimodalität, Materialität und Medialität die Lokalität als Textualitätsdimension zunehmend in den Blick. In jüngeren Arbeiten
wird dezidiert darauf abgehoben, dass sie als Kategorie der Wahrnehmbarkeit (Fix
2008) zur Erfassung von Textbedeutung und  -funktion vor allem von Texten und
Textsorten im öffentlichen Raum unerlässlich ist. Das heißt, dass eine Vielzahl
von schriftlichen oder multimodalen Zeichen mit dem Objekt und/oder dem Ort,
an dem sie sich befinden, unauflöslich verbunden sind, und zwar insofern, als der
Publikationsort als konstitutive Bedeutungskomponente aufscheint, ohne die die
Texte nicht verstehbar sind (Auer 2010). Die so fixierten Texte sind in ihrer Bedeutung und Funktion an den jeweiligen Ort geknüpft, der darüber hinaus nicht
nur die Rezeption lenkt, sondern auch ganz spezifische Handlungsräume eröffnet.
Diese Handlungsräume sind eingebettet in verschiedene Öffentlichkeiten, in denen jeweils spezifische diskursive Normen und Regeln gelten. Neben der Beschreibung ausgewählter alter und neuer (multimodaler) Textsorten aus unterschiedlichen öffentlichen Handlungsfeldern werden in den Beiträgen dieses Bandes auch verschiedene (situative, institutionelle, verfahrensbedingte, funktionale,
thematische, mediale, formale, intra- und intermodale etc.) Beziehungen zwischen den Textsorten der jeweiligen Handlungsbereiche und die daraus resultierenden spezifischen Vernetzungen offengelegt und systematisiert. Präsentiert
werden also Einblicke in das Inventar an Textsorten in ausgewählten öffentlichen
Handlungsräumen und zugleich Einsichten in systematische Kommunikationsab-
läufe, die die jeweiligen Bereiche konstituieren. Das Spektrum der von den Bei-
tragenden betrachteten Öffentlichkeiten reicht dabei von der traditionellen mas-

senmedialen Öffentlichkeit über Formen von Gegenöffentlichkeit bis hin zu solchen Domänen, in denen Institutionen mit Privatpersonen oder Privatpersonen mit Privatpersonen in öffentlichen Räumen – zu denen auch das Internet (= digitale Öffentlichkeit) gehört – kommunizieren.

WOLFGANG KESSELHEIM geht in seinem Beitrag *Annoncen an Schwarzen Brettern: Zur Bedeutung des Lektüremoments für die Text(sorten)linguistik* der Frage nach, welchen Zuwachs an Erkenntnissen eine Textsortenanalyse erbringt, die die von Fix (2008) in die Diskussion gebrachten Wahrnehmbarkeitsdimensionen Materialität, Medialität und Lokalität konsequent berücksichtigt. Anhand eines Vergleichs analoger und digitaler Ausprägungen der Textsorte ‚Annonce am schwarzen Brett' zeigt er, dass bei traditionellen Annoncen vor allem die räumliche Situierung den Verstehensprozess leitet und somit das Funktionieren dieser spezifischen Textsorte erst ermöglicht. Dabei interagieren Momente der Lektüresituation mit Elementen der Musterhaftigkeit, ohne deren Berücksichtigung keine angemessene Beschreibung möglich ist. Darüber hinaus kann er für die digitalen Ausprägungen zeigen, inwieweit die digitalen Texte im Web, die aufgrund ihrer Virtualität immer und überall rezipiert werden können, an die Kategorie der Lokalität gebunden werden (können) bzw. die virtuellen Umgebungen als semiotische Räume begriffen werden müssen, die aufgrund ihrer situativen und technologischen Rahmenbedingungen sowie der damit verbundenen Handlungsoptionen die Kategorie der Lokalität auf bestimmte Weise kompensieren, so beispielsweise durch die Ersetzung räumlicher Suchverfahren durch semantische. Durch den Vergleich wird zudem ein Beitrag zur theoretischen Diskussion um die Relevanz von Raum und Materialität in der Text(sorten)linguistik sowie zu aktuellen textlinguistischen Forschungen zu intermedialen Beziehungen zwischen Textsorten geleistet. Paradigmatische und syntagmatische Textsortenbeziehungen exemplifiziert GEORG WEIDACHER in seinem Beitrag *Massenbettelbriefe als Knoten in multidimensionalen Textsortennetzen.* Er zeigt, dass die Textsorte ‚Massenbettelbrief' ihren kommunikativen Sinn erst durch die Einbettung in einen Zusammenhang sozialer und kommunikativer Praxen erhält. Diese zeichnen sich im vorliegenden Fall dadurch aus, dass die von karitativen oder anderweitig engagierten NGOs verschickten Massenbettelbriefe die Funktion des Bittens um (finanzielle) Unterstützung aufweisen, wobei sie als Texte zum Zweck des Spendensammelns auch immer Teil eines organisierten sozialen Engagements sind. Anhand von zwölf Dimensionen wird die multidimensionale Vernetzung der Textsorte ‚Massenbettelbrief' beschrieben bzw. wird dargelegt, inwiefern man diese Textsorte als Knoten in einem teils rhizomatisch teils hierarchisch strukturierten Textsortennetz verorten kann. Zwar ist nicht jede der aufgezeigten Dimensionen von gleicher Relevanz für die Konstitution dieser – und schon gar nicht jedweder – Textsorte, doch ist das Wesen dieser wie jeder anderen Textsorte nur unter Berücksichtigung ihrer Einbettung in Textsortennetze beschreib- und erklärbar. Vergleichbare Erkenntnisse – jedoch anhand eines anderen Textsortennetzes – liefert der Beitrag *Text und kulturelle Institution. Einige Überlegungen zum Textsortennetz ‚Theater'* von TANJA ŠKERLAVAJ. Sie führt unter Berücksichtigung institutioneller, kultureller aber auch lokaler und materialer Faktoren vor, wie sich Text und Institution mittels Modellierung eines Textsortennetzes ‚Theater' zueinander in Beziehung setzen lassen. In Anlehnung an Josef Klein (2000) werden verschiedene Textsorten rund um eine Theaterinszenierung und ihre intertextuellen Beziehungen präsentiert. Nach der Bestimmung aller zeichenhaften Komponenten einer Theaterinszenierung und ihrer Relationen, die im Zusammenspiel das Textsortennetz ‚Theater' formen, wird anhand wichtiger Beschreibungsdimensionen beispielhaft verdeutlicht, inwieweit die institutionelle Einbettung die Textsorte ‚Spielplan' prägt, aber auch, wie diese Textsorte in spezifischer Weise zur Konstitution der Institution ‚Theater' beiträgt.

Die zwei folgenden Beiträge legen den Schwerpunkt auf intra- und intertextuelle Verflechtungen multimodaler Texte im Bereich massenmedialer Kommunikation sowie im öffentlichen Raum. SIMONE HEEKEREN widmet sich in ihrem Artikel *Popularisieren – Visualisieren – Transkribieren. Überlegungen zu intra- und intertextuellen Verfahren der Wissenschaftsvermittlung in populärwissenschaftlichen Zeitschriftenartikeln* einer zentralen Textsorte intertextueller Anschlussdiskurse. Da ihre Funktion darin besteht, wissenschaftliche Erkenntnisse an einen fachexternen unspezifischen Adressatenkreis zu vermitteln, liefert sie einen entscheidenden Beitrag zu dem, was in einer Gesellschaft als wissenschaftliche Erkenntnis wahrgenommen wird. Populärwissenschaftliche Zeitschriftenartikel stehen dabei in sowohl paradigmatischen Relationen zu einem oder mehreren Fach-

sowie anderen Vermittlungstexten zum selben Thema als auch in syntagmatischen Relationen zu der Menge anderer Texte, mit denen sie in zeitlicher Abfolge stehen. Am Beispiel der Popularisierung neurowissenschaftlicher Forschung fokussiert die Verfasserin vor allem die nichtsprachlichen visuellen Anteile populärwissenschaftlicher Clustertexte, die mittels transkriptiver Bearbeitungsverfahren ihren ursprünglichen Status als wissenschaftliche Bilder zugunsten anderer Funktionen und Semantiken preisgeben. Im Zentrum steht demnach die Beschreibung intra- und intermodaler netzkonstituierender Transkriptionen, mit denen auch komplexe Vorgänge für Laien (visuell) lesbar gemacht werden sollen (vgl. Jäger 2002). Aus einer eher diskurslinguistischen Perspektive widmet sich auch NINA-MARIA KLUG intra- und intermodalen Vernetzungen. In ihrem Beitrag *Wenn Schlüsseltexte Bilder sind. Aspekte von Intertextualität in Presse und öffentlichem Raum* belegt sie anhand ausgewählter Beispiele, dass neben Texten auch Bilder zu Kristallisationskernen von Textsortennetzen bzw. Diskursen avancieren können. So können Bilder als visueller Referenzpunkt ganze Diskurse auslösen, die sich als dichtes Netz intra- und intermodaler Bezugnahmen modellieren lassen. Vorgestellt werden Praktiken der intertextuellen, über den Einzeltext hinausreichenden, impliziten und expliziten Bezugnahmen, die Referenz- und Bezugstexte unterschiedlicher Modalität zu transtextuellen multimodalen Einheiten emergenter Art formen. Im Zuge solcher diskursiven Verflechtungen können Bildern Schlüsselfunktionen zugewiesen werden, und zwar nicht nur als wiederkehrende Referenzpunkte. Vielmehr besitzen sie das Potenzial, gleichsam als Essenz des Diskurses das kollektive Gedächtnis in Form symbolifizierter „Visiotype" (Pörksen 1997) nachhaltig zu prägen.

Mit sichtbaren öffentlichen Diskursen abseits der Massenmedien beschäftigen sich die folgenden drei Beiträge. Gegenstand sind die vielfältigen kommunikativen Zeichen im öffentlichen Raum, die als „signs in place" (Scollon/Scollon 2003) in der Regel zwar ortsfest sind, immer aber eine Reihe diskursiver Räume eröffnen, denen man sich im täglichen Alltagsgeschäft schwerlich entziehen kann. Dabei geht es immer auch um Machtfragen. Diesen widmet sich dezidiert ULRICH SCHMITZ mit seinem Beitrag *Im Raume lesen wir die Macht. Zeichen der Macht im öffentlichen Raum des Ruhrgebiets.* Anknüpfend an die von Scollon/Scollon (2003) eingeführten Diskurstypen (regulatorisch, infrastrukturell, kommerziell, transgressiv) untersucht der Verfasser auf der Basis der umfangreichen Datenbank des interdisziplinären Gemeinschaftsprojektes „Metropolenzeichen: Visuelle Mehrsprachigkeit in der Metropole Ruhr" nicht nur die quantitative Verteilung der Zeichen in verschiedenen Stadtteilen des Ballungsraums Ruhrgebiet, sondern setzt diese in Beziehung zu den verschiedenen Machtkonstellationen, für die sie jeweils stehen. Gefragt wird also danach, welche Zeichen wie im öffentlichen Raum Bedeutung stiften und auf welche Weise – beispielsweise durch Ge- und Verbote – sie das soziale Handeln im öffentlichen Raum regulieren. Dieser systematisierende Blick auf das Kaleidoskop öffentlicher Betextungen zeigt, dass trotz der „Kolonialisierung des öffentlichen Raumes durch bestimmte Agenten staatlicher oder privater Art" (Auer 2010: 295) das Ringen um Orte und Aufmerksamkeit fortwährt und immer auch Platz ist für Zeichen, die den hegemonialen Diskurs zu unterlaufen trachten. MARTIN LUGINBÜHL und CLAUDIO SCARVAGLIERI beschäftigen sich in ihrem Beitrag *Diskursive Interdependenz im Abstimmungskampf. Die Plakate der Schweizerischen Volkspartei (SVP) und ihre Verarbeitung in verschiedenen Kommunikationsbereichen* mit einer Text-Bild-Sorte, die den öffentlichen Raum in der Schweiz in besonderem Maße nicht nur räumlich, sondern auch diskursiv prägt. Auch sie knüpfen dabei an die Linguistic-Landscape-Forschung an, verbinden diese aber vor dem Hintergrund ihres Untersuchungsinteresses mit diskurslinguistischen Ansätzen und Methoden. Anhand unterschiedlicher Vernetzungen, in deren Zentrum die allerorts gehängten Abstimmungsplakate zu verorten sind, wird in vier Schritten gezeigt, mit welchen semiotischen Ressourcen Aufmerksamkeit im öffentlichen Raum generiert werden soll, wie die dort eingesetzten visuellen Mittel durch Massenmedien aufgegriffen und ausgebeutet und welche Reaktionen sie bei politischen Kontrahenten (Imitation der Plakate), aber auch bei politischen Gegnern (Verfremdung der Plakate) hervorrufen. Durch diese Herangehensweise gelingt es den Verfassern, nicht nur die symbolische und diskursive Bedeutung der *Linguistic Landscapes* zu erfassen und zu beschreiben, sondern auch zu zeigen, wie sich verschiedene Manifestationsformate eines öffentlichen Diskurses in unterschiedlichen Dimensionen (intermedial) und auf verschiedenen Ebenen (intertextuell, intra-/intermodal) überlagern und durchdringen. Die von Luginbühl/Scarvaglieri thematisierten Verfremdungspraktiken vermeintlicher Gegner sind Gegenstand des anschließenden Werkstattberichtes

*Wahlplakat-Busting: Kommunikative Spuren der Aneignung von Wahlplakaten im öffentlichen Raum. Fallanalysen – Forschungsfragen – Perspektiven* von SA-SCHA MICHEL und STEFFEN PAPPERT. Sie nähern sich dem Phänomen Busting medienlinguistisch-empirisch und liefern am Beispiel von Wahlplakaten einen Einblick in die qualitativ-linguistische Erforschung politischer Protestkommunikation. Dabei gehen sie davon aus, dass die Verfremdung von Wahlplakaten Aufschluss geben kann über die Aneignung von Politik, indem sie (subversive) Aneignungshandlungen sichtbar und somit rekonstruierbar macht.

Abgeschlossen wird der Band durch den Beitrag *Osmotische Werbung im Web 2.0: Die Bewerbung jugendlicher Körper am Beispiel der multimodalen Textsorte ,Stylingtutorial'* von DOROTHEE MEER. Im Unterschied zu den übrigen Beiträgen des Bandes geht es hier um eine hypermediale audiovisuelle Textsorte, die nicht nur sichtbar, sondern auch hörbar und somit in gewissem Maße interaktiv ist bzw. als interaktiv inszeniert wird. Integraler Bestandteil solcher Tutorials sind Formen des Merchandisings, Sponsorings und Product Placements. So werden im konkreten Fall Styling-Empfehlungen der YouTuberin permanent und offensichtlich an konkrete Produkthinweise gekoppelt, die im Gegensatz zu herkömmlichen Werbeformen aber nicht explizit thematisiert, sondern multimodal in andere Handlungszusammenhänge eingewoben werden. Tutorials stellen somit eine Spielart osmotischer Werbung (Katheder 2008) dar, in der es wohl nur vordergründig um die öffentliche Konstruktion jugendlicher Identitätsentwürfe geht.

## Literatur

Auer, Peter (2010): „Sprachliche Landschaften. Die Strukturierung des öffentlichen Raums durch die geschriebene Sprache", in: Deppermann, Arnulf/Linke, Angelika (Hgg.): *Sprache intermedial – Stimme und Schrift, Bild und Ton.* (= Institut für deutsche Sprache; Jahrbuch 2009). Berlin/New York: de Gruyter, 271–300.

Brinker, Klaus/Cölfen, Hermann/Pappert, Steffen (2014): *Linguistische Textanalyse. Eine Einführung in Grundbegriffe und Methoden.* 8. neu bearb. und erw. Aufl. Berlin: Erich Schmidt (Grundlagen der Germanistik 29).

Bucher, Hans-Jürgen (2010): „Multimodalität – eine Universalie des Medienwandels. Problemstellungen und Theorien der Multimodalitätsforschung", in: Bucher, Hans-Jürgen/Gloning, Thomas/Lehnen, Katrin (Hgg.): *Neue Medien – neue Formate. Ausdifferenzierung und Konvergenz in der Medienkommunikation.* Frankfurt a.M.: Campus (Interaktiva 10), 41–79.

Domke, Christine (2014): *Die Betextung des öffentlichen Raumes. Eine Studie zur Spezifik von Meso-Kommunikation am Beispiel von Bahnhöfen, Innenstädten und Flughäfen.* Heidelberg: Winter.

Fix, Ulla (2008): „Nichtsprachliches als Textfaktor: Medialität, Materialität, Lokalität", in: *Zeitschrift für Germanistische Linguistik* 36, 3, 343–354.

Fix, Ulla (2014): „Aktuelle Tendenzen des Textsortenwandels – Thesen", in: Hauser, Stefan/Kleinberger, Ulla/Roth, Kersten Sven (Hgg.): *Musterwandel – Sortenwandel. Aktuelle Tendenzen der diachronen Text(sorten)linguistik.* Bern u.a.: Lang (= Sprache in Kommunikation und Medien 3), 15–48.

Jäger, Ludwig (2002): „Transkriptivität. Zur medialen Logik der kulturellen Semantik", in: Jäger, Ludwig/Stanitzek, Georg (Hgg.): *Transkribieren. Medien/Lektüre.* München: Fink, 19–41.

Katheder, Doris (2008): *Mädchenbilder in deutschen Jugendzeitschriften der Gegenwart. Beiträge zur Medienpädagogik.* Wiesbaden: VS Verlag für Sozialwissenschaften.

Klein, Josef (2000): „Intertextualität, Gestaltungsmodus, Texthandlungsmuster. Drei vernachlässigte Kategorien der Textsortenforschung – exemplifiziert an politischen und medialen Textsorten", in: Adamzik, Kirsten (Hg.): *Textsorten. Reflexionen und Analysen.* Tübingen: Stauffenburg (= Textsorten 1), 31–44.

Pappert, Steffen (2016): „Zur Konzeptualisierung von Kommunikationsereignissen", in: Behrens, Ulrike/Gätje, Olaf (Hgg.): *Mündliches und schriftliches Handeln im Deutschunterricht. Wie Themen entfaltet werden.* Frankfurt a.M. u.a.: Lang, 15–37.

Pappert, Steffen/Kleinheyer, Marc (2014): „Neue Kommunikationsformen – neue Politik? Die Piraten im Netz", in: Hauser, Stefan/Kleinberger, Ulla/Roth, Kersten Sven (Hgg.): *Musterwandel – Sortenwandel. Aktuelle Tendenzen der diachronen Text(sorten)linguistik.* Bern u.a.: Lang (= Sprache in Kommunikation und Medien 3), 157–182.

Pörksen, Uwe (1997): *Weltmarkt der Bilder. Eine Philosophie der Visiotype.* Stuttgart: Klett-Cotta.

Schmitz, Ulrich (2011): „Sehflächenforschung. Eine Einführung", in: Diekmannshenke, Hajo/Klemm, Michael/Stöckl, Hartmut (Hgg.): *Bildlinguistik. Theorien – Methoden – Fallbeispiele.* Berlin: Erich Schmidt (= Philologische Studien und Quellen 228), 21–42.

Schmitz, Ulrich (2016a): „Sehflächen. Sprache und Layout", in: Schiewe, Jürgen (Hg.): *Angemessenheit. Einsichten in Sprachgebräuche.* Göttingen: Wallstein (= Deutsche Akademie für Sprache und Dichtung: Valerio 18.), 24–37.

Schmitz, Ulrich (2016b): „Multimodale Texttypologie", in: Klug, Nina-Maria/Stöckl, Hartmut (Hgg.): *Handbuch Sprache im multimodalen Kontext.* Berlin/Boston: de Gruyter, 327–347.

Scollon, Ron/Scollon, Suzie Wong (2003): *Discourses in place. Language in the material world.* London u.a.: Routledge.

WOLFGANG KESSELHEIM[1]

## Annoncen an Schwarzen Brettern: Zur Bedeutung des Lektüremoments für die Text(sorten)linguistik

Private Annoncen an Anschlagbrettern können nur dann ihren Zweck erfüllen, wenn sie von einer (gewissen) Öffentlichkeit gelesen werden können. Um die Charakteristika dieser Textsorte zu erfassen, kommt man daher nicht umhin, die räumliche Umwelt, in der die betreffenden Texte anzutreffen und zu lesen sind, in die textlinguistische Analyse einzubeziehen. Der vorliegende Beitrag illustriert mithilfe exemplarischer Analysen eines Fotokorpus von Annoncen an öffentlichen Anschlagbrettern, welcher Mehrwert sich aus einer Textsortenanalyse ergibt, die all das zu berücksichtigen versucht, was im Moment der Lektüre wahrnehmbar ist, speziell die Materialität von Text und Textträger sowie die Einbettung des Texts in eine konkrete räumliche Situation. Besonders deutlich wird dieser Mehrwert, wenn man – wie es im zweiten Teil des Beitrags geschieht – die Annoncen am Schwarzen Brett mit solchen Annoncen kontrastiert, die auf ‚Schwarzen Brettern‘ im Internet zu finden sind. Über diesen Kontrastfall wird sichtbar, dass ein Ausgehen vom Moment der Lektüre eine präzisere Bestimmung der Beziehungen zwischen Textsorten gestattet. Über den Einzelfall der privaten Annoncen an Anschlagbrettern hinaus trägt der Text bei zur theoretischen Diskussion um die Relevanz von Raum, Materialität und Medialität in Text(sorten)linguistik und *Genre*-Forschung sowie zur aktuellen Diskussion zur Frage, wie Beziehungen zwischen Textsorten zu bestimmen sind.

## 1. Materialität, Medialität, Lokalität und die Lektüresituation

In den letzten Jahren ist unter Etiketten wie „Multimodalität" (s. etwa Kress/van Leeuwen 2001; Stöckl 2006) oder „Textsemiotik" (Eckkrammer/Held 2006) eine breite Forschungstradition entstanden, die Texte nicht mehr nur als Ensemble von Wörtern und Sätzen begreift, sondern die gezielt die Leistung nicht-sprachlicher Zeichen in den Blick nimmt und so den Textbegriff von der traditionellen Fixiertheit auf sprachliche Kommunikationsmittel befreit. Mit der Erweiterung der Textanalyse auf Nichtsprachliches geht eine neue Aufmerksamkeit auf die Materialität, Medialität und Lokalität[2] von Texten einher. So wurde die Rolle der Materialität in der Textkommunikation sowohl theoretisch reflektiert (als eine Di-

---

[1]  Der Autor dankt dem Universitären Forschungsschwerpunkt *Sprache und Raum* der Universität Zürich für seine Unterstützung.
[2]  Diese drei Begriffe stammen aus Fix (2008). „Lokalität" verwende ich hier in einer weiteren Bedeutung: als Bezeichnung für die konkrete räumliche Umgebung, in der ein Text gelesen wird.

mension von Textualität: Fix 2008; Sandig 2006, Kap. 5.9) als auch einzelne Phä-
nomenbereiche wie Typografie oder Textdesign empirisch durchleuchtet (s. etwa
Spitzmüller 2013; Bucher 2007). Gleiches gilt für die Medialität, deren Erforschung in Medienlinguistik und innerhalb der Genre-Forschung speziell durch die
Beschäftigung mit Neuen Medien Auftrieb erhielt (stellvertretend für viele: Schumacher 2009; Giltrow/Stein 2009; Berkenkotter/Luginbühl 2014) und für die
Rolle der räumlichen Umwelt, in der Texte zu lesen sind (s. etwa Domke 2010;
Auer 2010 oder Kesselheim 2010). Damit erhalten Phänomene Eingang in die
textlinguistische und textstilistische Analyse, die zuvor als „textexterne" Randbe-
dingungen verstanden worden sind, die nur punktuell zur Analyse von
Textexemplaren herangezogen werden, nämlich immer dann, wenn sich die Textbedeutung nicht allein aus dem Wortlaut erschließen lässt.

Diese jüngeren Entwicklungen begegnen einiger Skepsis. Entfernt man sich
nicht vom eigentlichen Gegenstand der Textlinguistik, dem sprachlichen Text,
wenn man Multimodalität, Medialität, Materialität und Lokalität eines Texts analysiert, bis man schließlich – wie wir es gleich tun werden – in der linguistischen
Textanalyse sich mit Reißzwecken und Glasabdeckungen beschäftigt?

Im vorliegenden Beitrag möchte ich zeigen, dass der Einbezug dieser Aspekte
in ein Konzept von Textualität *notwendig* ist, wenn wir zu einem vollen Verständnis des Funktionierens von Texten in Kommunikation gelangen wollen. Dabei
werden wir sehen, dass es nicht ausreicht, Multimodalität, Materialität und Lokalität additiv zur ‚eigentlichen' Textanalyse hinzutreten zu lassen. Die Tatsache,
dass Texte sich im Verfolg ihrer kommunikativen Zwecksetzungen mehrerer Zeichensysteme zugleich ‚bedienen' können, dass sie aus einem bestimmten Material
bestehen, dass sie uns über bestimmte technische Speicher- und Verbreitungsme-
dien zugänglich werden und dass die Lektüre in konkreten räumlichen Situationen
erfolgt, in denen die Wahrnehmung der Wörter eines Texts eingebettet ist in einen
breiten Strom anderer, gleichzeitiger Wahrnehmungen: all dies ist mit dem Begriff des „Kontexts" nicht zu fassen, sondern betrifft das, was den Text ausmacht,
im Kern. Ich werde zeigen, dass der analytische Fokus auf die *Lektüresituation*
genau diese notwendige Integration aller Quellen mit sich bringt, aus denen Lesende schöpfen, wenn sie sich die basale Frage der Textkommunikation stellen:
„Ist das ein Text?" und „Was für ein(e) Text(sorte) ist das?".

Wie die empirische Berücksichtigung von Multimodalität, Medialität und Lokalität eine vertiefte Einsicht in die Musterhaftigkeit einer Textsorte ermöglichen kann, soll in diesem Beitrag anhand eines Beispielfalls illustriert werden: private Annoncen an Schwarzen Brettern. Diese werden ausgehend von einem Korpus von Fotografien aus öffentlichen Gebäuden in der Stadt Zürich untersucht (Teilkorpus 1) und einem Korpus aus gespeicherten Seiten von Internetangeboten, die sich selbst als „Schwarzes Brett" bezeichnen (Teilkorpus 2), gegenübergestellt. Dabei wird ihre Musterhaftigkeit als Textsorte herausgearbeitet (zur Methode s. Kesselheim 2011; Hausendorf/Kesselheim 2008: 171–185).

Die Arbeit mit zwei Teilkorpora erlaubt es nicht nur, die Rolle, die Materialität, Medialität und Lokalität für die Beschreibung von Textsorten spielen, auf einer breiteren Datenbasis zu studieren. Sie gestattet gleichzeitig, dem Zusammenspiel von medialen und nicht-mediatisierten Lektüresituationen einerseits und textuellen Erscheinungsformen andererseits genauer auf die Spur zu kommen und so einen Beitrag zu leisten zur Forschung zu Textsortennetzen, indem ein Weg aufgezeigt wird, wie die Gemeinsamkeiten und Unterschiede von Textsorten innerhalb von Textsortennetzen beschrieben werden können (s. dazu Adamzik 2011; Hauser 2014; Hauser/Luginbühl 2015).

## 2.  Private Annoncen am Schwarzen Brett (Teilkorpus 1)

Nähern wir uns der Musterhaftigkeit der privaten Annoncen am Schwarzen Brett zunächst einmal traditionell über die Analyse ihrer sprachlichen Erscheinungsformen. Abb. 1 zeigt ein beliebiges Beispiel in abgetippter Form.

Korrekturlesen (D/E)

Bachelor-/ Masterarbeit, Dissertation

Redaktorin

mit langjähriger Erfahrung

überprüft Ihr Manuskript

info@redaktion-kreuzplatz.ch

Tel.: 044 184 53 58

Abb. 1: ein Beispieltext

Was kann man über die Analyse des in Abb. 1 wiedergegebenen Wortlauts über den fraglichen Text erfahren? Zunächst lässt sich aus dem Wortlaut das Textthema erschließen. Die elliptische Konstruktion in der ersten Zeile gibt den Hinweis, dass es in dem Text in irgendeiner Form um das Korrigieren von Qualifikationsarbeiten geht. Der nachfolgende, vollständige Satz bestätigt die in den ersten zwei Zeilen[3] geweckten Thema-Erwartungen: „überprüft Ihr Manuskript" (als fokussiertes Element in rhematischer Position). Auch die Tatsache, dass die Verfasserin auf sich mit einer Kategorie referiert, für die das Überprüfen von Manuskripten ‚kategoriegebunden' ist (Sacks 1992: 40–48), bestätigt den Thema-Status des Korrekturlesens.

In gleicher Weise lässt sich die Textfunktion rekonstruieren: Zwar ist der Satz „Redaktorin mit langjähriger Erfahrung überprüft Ihr Manuskript" nicht explizit als Angebot formuliert. Doch liegt diese Auffassung nahe: Handelt es sich doch ganz offensichtlich nicht – wie der per *„Ihr* Manuskript" angesprochene aktuelle Leser bzw. die angesprochene Leserin beurteilen kann – um die Beschreibung eines Ist-Zustands. Versteht man den Satz als Beschreibung eines Angebots, das vom jeweiligen Leser bzw. von der jeweiligen Leserin in Anspruch genommen werden kann, dann lässt sich auch die Selbstkategorisierung der Verfasserin als werbendes Element verstehen. Hier kommt nun die letzte Zeile ins Spiel: Mailadresse und Telefonnummer laden ein zum Eintreten in zwei mögliche Formen von Anschlusskommunikation mit der Verfasserin.[4]

Untersucht man auf diese Weise alle Texte des von mir erhobenen Korpus, lässt sich die Musterhaftigkeit der Textsorte wie folgt rekonstruieren: Beim *Textthema* handelt es sich um den Gegenstand einer (klein-)wirtschaftlichen Transaktion: ein Objekt, eine Dienstleistung, ein Arbeitsangebot und anderes mehr („Nachmieter gesucht", „Book sale", „Wollen Sie beginnen, ALTGRIECHISCH zu lernen?"). Die Darstellung des betreffenden Gegenstands ist dabei auf die Transaktion hin ausgerichtet. So orientiert sich die Thematisierung von

---

[3]  Dass es sich dabei um eine *Überschrift* handelt ist in diesem abgetippten Text nicht zu erkennen – siehe dagegen Abb.2 unten.

[4]  Der Adressbestandteil „redaktion" legt nahe, dass es in dieser Anschlusskommunikation um den Gegenstand der Annonce gehen wird.

Büchern beispielsweise am Aspekt ihrer Kaufbarkeit (über die Angabe von Neu-
preis, Erhaltungszustand usw.). Gleiches gilt für die Thematisierung des Verfas-
sers oder der Verfasserin, die (nur) dann erfolgt, wenn das für die Herbeiführung
der Transaktion relevant ist. So finden wir bei Korrektoren die Angabe ihres aka-
demischen Titels („lic. phil."), bei Nachhilfeanbietern Angaben zu ihrer Lehrer-
fahrung oder ihrem Studium („Erfahrener Anglist & Germanist", „Diplomierter
Physiker", „mas / she"[5]), und im Fall von potenziellen WG-Bewohnern werden
diejenigen Eigenschaften thematisiert, die sie für ein Mitwohnen qualifizieren
(z.B. positive Eigenschaften wie „aufgestellt" oder „unkompliziert"). Gleichzeitig
finden sich in den Annoncen musterhaft Verweise auf eine Semantik der Wirtschaft: Preisangaben, alltägliche Währungskürzel wie „Fr.", Verben für Transak-
tionen: „verkaufe", „zu mieten" usw.

Im Bereich der *Textfunktion* finden wir die textuellen Grundfunktionen Darstellung, Steuerung und Kontakt (s. Hausendorf/Kesselheim 2008: 139–170), die
so miteinander verbunden sind, dass die Darstellung der Steuerung zuarbeitet, und
zwar in dem Sinne, dass Lesende zur Aufnahme einer Nachfolgekommunikation
bewegt werden sollen mit dem Ziel, etwas zu kaufen bzw. eine bezahlte Dienstleistung in Anspruch zu nehmen. Die Kontaktaufnahme ist der kommunikative
Fluchtpunkt der Annoncen am Schwarzen Brett. Häufig findet die Kontaktnütz-
lichkeit ihren Niederschlag in expliziten Hinweisen wie „Bei Interesse bitte SMS
oder WhatsApp", „Bei Interesse kontaktieren Sie ...", „Angebote bitte an ..." o-
der „Bitte melde dich doch"; nie fehlen Telefonnummer, Mail- oder Internetadresse (in der sich, wie schon im Beispiel oben, oft der Gegenstand der Transaktion wiederfindet – „altsprachen@gmail.com").

Die Musterhaftigkeit der *intertextuellen Beziehbarkeit* (vgl. Hausendorf/Kes-
selheim 2008: 187–201) zeigt sich schließlich in den Verben *suche* und *biete* als
Hinweisen auf die Textwelt der Kleinannoncen („*Gesucht* an Privatschule in Zürich ab sofort", „Wir *suchen* Nachhilfelehrer für unsere Tochter", „Was *bieten* wir
dir?").

Ist damit die Musterhaftigkeit dieser Textsorte ausreichend beschrieben?
Müsste man jetzt nicht noch etwas Kontext dazu nehmen? Sollte man nicht das

---

[5]  MAS / SHE: 'Master of Advanced Studies in Secondary and Higher Education'.

typische Layout der Annoncen zur Analyse hinzuziehen? Oder Elemente der Lektüresituation wie eben das Schwarze Brett?

Dies scheint mir, wie zu Beginn des Aufsatzes bereits angedeutet, die falsche Vorstellung zu sein. Denn im Alltag unserer Lektüre kommt nicht der Kontext zum Text hinzu. Wir gelangen zum Text erst über die Lektüresituation mit all dem, was in ihr wahrnehmbar und lesbar ist. Gegenüber dieser Situation muss der Text seine Eigenständigkeit erst signalisieren (durch Abgrenzungshinweise, s. dazu u.) und er muss verdeutlichen, ob und wie er in diese Situation eingebettet ist. Und durch die Situation wird die Frage, mit was für einem Text wir es zu tun haben, oftmals schon zu einem guten Stück beantwortet (vgl. Bühlers Ausführungen zur Sprache als „Diakritikon“, Bühler 1982: 158f.).

Wie also signalisiert der Text aus Abb. 1 seine Einbettung in die räumliche Umwelt? Zur Klärung dieser Frage möchte ich den Text einmal von Ferne betrachten und dann näher ‚heranzoomen‘.

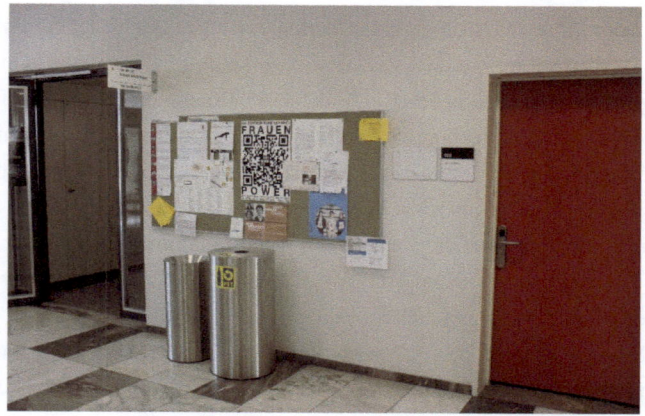

Abb. 2: Der Text aus Abb. 1 in seiner Lektüresituation

Aus Abb. 2 können wir einiges darüber in Erfahrung bringen, in welcher Lektüresituation uns der hier untersuchte Text begegnet (es ist der gelbe Text oben rechts). Es handelt sich deutlich um ein öffentliches Gebäude.[6] Das heißt: Der Text kann potenziell von einer Vielzahl der Verfasserin oder dem Verfasser in der Regel persönlich nicht bekannter Rezipienten gelesen werden. Man könnte nun sagen, dass der Text auf diese Tatsache ‚reagiert‘, indem er sich einer personalisierten Ansprache enthält.[7] Handkehrum gilt aber auch: Indem die Annoncen ihre Leserinnen und Leser nicht persönlich adressieren, tragen sie zur Konstruktion der räumlichen Umgebung bei, in der die Lektüre stattfindet: Zu einer Konstruktion *als öffentlichen Raum* (vgl. Domke 2010 zur raumkonstruierenden Wirkung von Plakatwerbung). Abb. 2 zeigt uns aber noch etwas Weiteres: Der Text wird prospektiven Leserinnen und Lesern erst einmal aus der Ferne begegnen. Um den Text lesen zu können, müssen sich potenzielle Rezipienten durch den Raum auf den Text zu bewegen. Die auffällige gelbe Farbe des Zeichenträgers und seine Art der Anbringung, die ihn über den vorgegebenen Rahmen herausragen lässt, tragen dieser Tatsache Rechnung und weisen den Text zugleich als einen aus, der von Ferne wahrgenommen werden ‚will‘ und muss.

Der in Abb. 1 abgetippte Text begegnet uns auf Abb. 2 allerdings nicht als ‚Solitär‘, sondern als Teil eines bunten Ensembles größerer und kleinerer Texte. Dies erlaubt es uns zu verstehen, dass der untersuchte Text über seine Gestaltung nicht nur das Problem bearbeitet, aus der Ferne lesbar sein zu müssen, sondern auch, die Aufmerksamkeit potenzieller Leser *in Konkurrenz zu anderen Texten* hervorzurufen: Die große, fettgedruckte Überschrift, die trotz der geringen Größe der Annonce ins Auge fällt, und die Beschränkung des Texts auf wenige Wörter

---

[6]  Hierfür gibt es zahlreiche Hinweise (Wegweiser, die typischerweise dort zu finden sind, wo es Personen gibt, die mit dem Gebäude nicht vertraut sind (Scollon/Scollon 2003), ein Raumschild und ein Belegungsplan, die zusammen auf das Vorhandensein eines Systems des Gebäudemanagements hindeuten („SOD-0-022“) und die den Raum nicht nur als Bestandteil einer bestimmten Institution ausweisen („Deutsches Seminar“), sondern auch seinen institutionellen Zweck deklarieren („Seminarraum“), Mülleimer, die das Verhalten der Nutzer dauerkommunikativ per aufgeklebten Recyclingsymbol steuern und die darüber hinaus in ihrer Form als musterhaft für die Universität Zürich zu erkennen sind usw.).

[7]  In keiner Annonce meines Korpus finden wir Anredeformeln, wie sie uns etwa in Briefen begegnen.

(und Zahlen) arbeiten einer Lektüre unter diesen Bedingungen der Aufmerksamkeitsökonomie zu, einer Lektüre im Vorbeigehen, die jederzeit beendet sein kann, wenn der Blick des Lesenden zu einem benachbarten Text weiterschweift.[8]

Bei aller Orientierung an der „Unikalität" (Sandig 2000: 4–6) weist sich die Annonce über die gemeinsame Beanspruchung des grau-braunen Textträgers als Teil einer Textsammlung aus (Hausendorf/Kesselheim 2008: 44–46), in der wir unschwer das Muster des *Schwarzen Bretts* wiedererkennen können. Die Platzierung innerhalb dieser Textsammlung erlaubt es Lesern, noch *vor dem Entziffern der Wörter des Texts*, also allein aufgrund der Situation, in der ihnen der Text begegnet, auf dessen wahrscheinliche Textsortenzugehörigkeit zu schließen und damit auf die wahrscheinlich realisierte Texthandlung. Diese Leistung des Schwarzen Bretts ist für die Verfasser der betreffenden Texte offenbar das Risiko wert, ihren Text der Konkurrenz alternativer Lektüreangebote auszusetzen.

Ein genauerer Blick auf die Materialität des Schwarzen Bretts erlaubt es uns, noch mehr über die in Abb. 2 dokumentierten Texte und ihr kommunikatives Funktionieren in Erfahrung zu bringen. So können wir sehen, dass der Zugang zum fraglichen Schwarzen Brett nicht durch irgendwelche Vorrichtungen verhindert wird; im Gegensatz etwa zu dem in Abb. 3 dokumentierten Schwarzen Brett:

Abb. 3: Schwarzes Brett hinter Glas

---

[8]  Der auffällige Abstand, den der Text zu den anderen Texten einnimmt, kann als Beitrag zur Lösung dieses Problems gesehen werden.

Die Anbringung von Texten hinter Glas, wie hier in Abb. 3, verhindert ein unautorisiertes Aufhängen von Texten und weist die derart geschützten Texte als offizielle Texte der Institution aus, die den Schlüssel zur Glasabdeckung hütet.[9] Umgekehrt geht von dem Fehlen einer Abdeckung in Abb. 2 die Botschaft aus, dass es sich (eher) nicht um institutionelle Texte handeln dürfte. Ebenso wenig gibt es aber in der Lektüresituation einen Hinweis darauf, dass es sich um institutionelle ‚Mitmachtexte' handelt, wie eine im gleichen Gebäude zu findende Geräte-Ausleihliste mit angebundenem Kugelschreiber, der als Signal verstanden werden kann, dass Lesende dort vor Ort zu Mit-Verfasserinnen und -verfassern des vorbereiteten Formulartexts werden sollen.

Nachdem wir uns nun die räumliche Wahrnehmungssituation angeschaut haben, in der wir den analysierten Text auffinden, zoomen wir nun näher heran und wenden uns der Materialität des Texts selbst zu, wobei wir andere Texte aus meinem Korpus ergänzend und kontrastierend heranziehen werden.

Wieder können wir sehen, dass zahlreiche Aspekte der Materialität der Texte in Beziehung mit der Notwendigkeit stehen, im Vorübergehen lesbar sein zu müssen. So bestehen die Annoncen in meinem Korpus – wie auch der Text aus Abb. 1 – typischerweise aus nur einem Blatt, das auch nur auf einer Seite bedruckt ist. In den seltenen Fällen, dass ein Text am Schwarzen Brett aus mehreren Blättern besteht, sind diese aufgefächert oder durchlöchert und an eine Schnur gebunden. In all diesen Fällen ermöglicht dieser Aspekt der Materialität der Texte am Schwarzen Brett, dass die Texte gelesen werden können, ohne dass man sie von der Wand nehmen müsste. Sichtbar wird in den Fotografien meines Korpus auch die Orientierung an einer Vermeidung der Überdeckung des eigenen Texts. Instruktiv ist hier auch die Art und Weise, wie die Texte aus meinem Korpus mit ihrem Textträger verbunden sind. Einerseits sind sie *vorübergehend* befestigt (mit Reißzwecken oder Klebestreifen), was uns in Verbindung mit ähnlich gelagerten Indizien (Datumsstempeln[10] oder sprachliche Formulierungen wie „Seit … angeschlagen") Auskunft gibt über die zeitlich begrenzte Relevanz des Inhalts der von

---

[9]   Der eingeschobene Zettel ist hier ganz offenbar ein ‚transgressiver' Text (Scollon/Scollon 2003: 146–151).

[10]  Die Tatsache, dass verstellbare Datumsstempel zum Einsatz kommen, zeigt, wie wichtig es auch für die Institution ist, die Lesbarkeit der Annoncen zeitlich zu begrenzen.

mir untersuchten Texte. Es handelt sich, so das Signal an dieser Stelle, um ephemere Texte, nicht um Texte, deren pragmatische Nützlichkeit es ist, aufbewahrt und vorgezeigt zu werden (wie etwa die Prüfungsakten in einer anderen Textsammlung der gleichen Institution: dem Aktenschrank).

Aber auch wenn die Texte nur vorübergehend befestigt sind, sind sie doch *befestigt*. Ihre Befestigung garantiert eine möglichst lange Sichtbarkeit, indem sie ein Mitnehmen des Texts verhindert (wodurch die Anzahl potenzieller Rezipienten erhöht wird). Gleichzeitig können wir in der Befestigung wieder ein Hinweis auf die kommunikative Einbettung der untersuchten Texte in eine spezifische Form von Kommunikation gewinnen: Die Befestigung am Schwarzen Brett kann als Signal verstanden werden, dass sich die Texte an ortsgebundene Rezipienten wenden. Wir haben es also mit einer auf die Anwesenheit der Rezipienten an einem physischen Ort angewiesenen Eins-zu-viele-Kommunikation zu tun, für die Domke (2010) den Begriff „Mesokommunikation" geprägt hat.[11]

Gleichzeitig ist die Ortsgebundenheit des Texts aber auch ein Hindernis für die erfolgreiche Etablierung der Anschlusskommunikation, die für diese Textsorte, wie oben herausgearbeitet worden ist, zentral ist. Dieses Problem hat in der Ausbildung eines musterhaften Textteils seine Lösung gefunden, der in meinem Korpus ausgesprochen häufig anzutreffen ist und dessen Form unmittelbar wiedererkennbar ist:

---

[11] Hier dürfte die Ortsgebundenheit des Texts noch einen weiteren Effekt haben: Sie macht es wahrscheinlicher, dass der Text von Rezipienten gelesen wird, die einen Grund haben, sich in einem *universitären* Gebäude aufzuhalten.

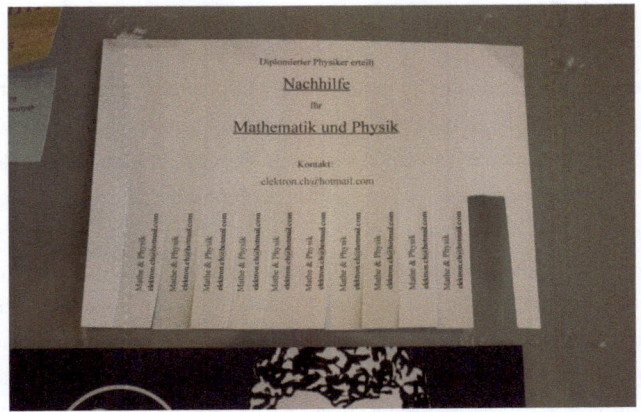

Abb. 4: Coupons

Der auf Abb. 4 dokumentierte Textteil besteht aus einer größeren Zahl identischer Textblöcke, die nicht nur grafisch, sondern zusätzlich durch Einschnitte mit der Schere voneinander separiert sind. Diese auffällige materielle Gliederung – die dem musterhaften Textteil seinen Namen gegeben hat (*Coupon*, von frz. *couper* ‚schneiden') – legt dem Rezipienten eine bestimmte Form der Nutzung nahe: ‚Reiß mich ab und nimm mich mit!'. Dass diese Form der Nutzung die intendierte ist, dafür spricht auch die Redundanz des auf die Abreißzettel Gedruckten: Der Rezipient kann schnell sehen, dass er durch das Abreißen eines der identischen Textschnipsel den Text nicht in seiner Vollständigkeit zerstört, selbst wenn diese Nutzung nicht – wie in einem Text aus meinem Korpus – mit der Formulierung „Folgende Coupons können Sie als Interessent mitnehmen" ausdrücklich nahegelegt wird.

Die Funktion der Coupons ist es, das Zustandekommen von Folgekommunikation wahrscheinlicher zu machen: Anstatt sich die Kontaktdaten merken zu müssen, können Lesende das Abreißsegment als Gedächtnisstütze mitnehmen und es für die spätere Kontaktaufnahme nutzen. Das Zustandekommen der Folgekommunikation ist also weder räumlich an die Lektüresituation gebunden noch durch die Gedächtnisleistung der Lesenden zeitlich beschränkt. Darüber hinaus macht die Möglichkeit, die Kontaktdaten mitnehmen zu können, das Abreißen und Mitnehmen des *ganzen* Texts weniger attraktiv. Die Coupons tragen so dazu bei, dass der Text länger (und damit von mehr Leserinnen und Lesern) rezipiert werden kann.

Schließlich indizieren die Coupons auch die Größenordnung der erwarteten Rezipientenschaft: Die begrenzte Anzahl von Abreißsegmenten kann (im Verein mit der Bindung der Annoncen an einen räumlich eingeschränkten Ort der Rezeption) als Hinweis darauf verstanden werden, dass es hier nicht darum geht, ‚die Massen‘ anzusprechen.

Über die Beschäftigung mit den materiellen Erscheinungsformen, in denen der Text seinen Leserinnen und Lesern in der Lektüresituation begegnet, ließ sich die Textsorte ‚Annoncen am Schwarzen Brett‘ also wesentlich präziser beschreiben, nämlich als ephemere Kommunikation, die sich an eine nicht persönlich adressierte Zahl von Rezipienten richtet, welche sich zur Lektüre an einem öffentlich zugänglichen Ort befinden müssen. Wir haben gesehen, wie der Text über das Material und die Platzierung des Textträgers, die große Schriftgröße, die ‚Einseitigkeit‘ des Drucks und die Reduktion des sprachlichen Ausdrucks die spezifische räumliche Situation in Rechnung stellt, in der er zu lesen ist, und wie diese Merkmale umgekehrt die spezifische[12] Lektüresituation konstruieren, in die Lesende den Text als eingebettet verstehen sollen:

— eine Lektüresituation, die eine Rezeption des Texts aus der Ferne und im Vorübergehen erwartbar und möglich macht;

— eine Situation, in der sich der fragliche Text gegen andere alternative Lektüreangebote durchsetzen muss und

— eine Situation, in der die musterhafte Ausprägung des Textsammlung-Trägers *Schwarzes Brett* Erwartungen über die Textsorte und die von ihr realisierte Texthandlung sozusagen ‚vorspurt‘.

---

[12] Wenn hier von der ‚spezifischen‘ Lektüresituation die Rede ist, ist damit nicht eine einzelne Lektüresituation gemeint, die es im Sinn einer empirischen Lese- oder Rezeptionsforschung zu untersuchen gälte (s. etwa Gross 1994 zur angelsächsischen Leseforschung). Textlinguistisch interessant ist nicht die einzigartige und prinzipiell unwiederholbare Kombination unzähliger Umweltfaktoren und Ad-hoc-Leseentscheidungen, die sich in einem einzelnen Lesevorgang zeigt, sondern die ‚typisierte‘ Situation der Lektüre, auf die Texte mit ihren Textualitätshinweisen (Hausendorf/Kesselheim/Kato/Breitholz (2017: 45–68) sprechen von „Lesbarkeitshinweisen“, s. auch u.) Bezug nehmen und zu deren Konstruktion sie beitragen.

## 3.  Private Annoncen an „Schwarzen Brettern" im Internet (Teilkorpus 2)

Die aufgeführten Merkmale, die die untersuchten Texte auf eine ganz bestimmte Art und Weise mit der räumlichen Umwelt verbinden, in der sie zu lesen sind, unterscheiden die Annoncen am Schwarzen Brett nicht nur von Buchtexten, an denen sich die textlinguistische Theoriebildung oftmals orientiert hat und die sich gerade dadurch auszeichnen, dass sie die Rolle der Lektüresituation für die Textkommunikation zurückgedrängt haben (vgl. Ehlich 1994: 30; zu „lokomobile[n]" Texten und Hausendorf/Kesselheim/Kato/Breitholz 2017: 84–88). Sie unterscheiden die bisher untersuchten Annoncen an ‚echten' Schwarzen Brettern auch von Annoncen auf Internetseiten, die sich selbst „Schwarze Bretter" nennen. Abb. 5 zeigt ein solches Beispiel, wieder zuerst abgetippt.

S: Nachhilfe Statistik

von Anja Meister (…) - Mittwoch, 7. September 2016, 21:20

Hallo! Ich beginne bald mit dem 2. TZ Semester in angewandter Psychologie und bin auf der Suche nach einer Person, die mir ca. alle 2 - 4 Wochen Nachhilfe in Statistik geben könnte. Ich bin um jeden Hinweis oder jede Kontaktaufnahme sehr dankbar! Anja

Dauerlink | Antworten

Abb. 5: Statistiknachhilfe, <moodle.zhaw.ch/mod/forum/view.php?f=2630&page=1> [26.09.16]

Auf den ersten Blick gleicht dieses Beispiel dem oben untersuchten (s. Abb. 1). Thematisch geht es hier um eine Dienstleistung („Nachhilfe Statistik"), die von der Verfasserin nachgefragt wird („bin auf der Suche"). Wie oben ist die Thematisierung persönlicher Eigenschaften auf den Gegenstand der wirtschaftlichen Transaktion zugeschnitten („beginne bald mit dem 2. TZ Semester in angewandter Psychologie"). Erneut ist die Herstellung von Kontakt die zentrale pragmatische Nützlichkeit des Texts; explizit benannt wird sie in der Formulierung „Ich bin um jeden Hinweis oder jede Kontaktaufnahme sehr dankbar!". Als Intertextualitätshinweis auf die Welt der Kleinannonce und deren grundlegende Unter-

scheidung in Texte des Suchens und solche des Bietens finden wir hier das ein-
leitende „S", das – einer in diesem Forum verabredeten Konvention folgend – für
„Suche" steht.

Während auf der Ebene des sprachlichen Ausdrucks vieles Anlass zu der Ver-
mutung gibt, dass private Annoncen im Internet der gleichen Textsorte angehören
wie solche auf Schwarzen Brettern im öffentlichen Raum, werden folgenreiche
Unterschiede sichtbar, sobald wir die Annoncen im Internet wieder so betrachten,
wie sie uns in der Lektüresituation begegnen und uns ihnen dann in einer herein-
zoomenden Bewegung nähern.

Hierbei wird schnell sichtbar, dass die Annoncen im Internet keineswegs so auf
die räumliche Situation Bezug nehmen, in der sie zu lesen sind, wie die Annoncen
im öffentlichen Raum: Es gibt keine Hinweise, dass etwas über den Bildschirm
hinaus für das Verständnis des Texts und seiner Textsortenzugehörigkeit relevant
sein könnte. Die Texte des Internet-Teilkorpus weisen ihre Einbettung in thematische, nicht räumliche Strukturen aus. Besonders gut wird das am verbreiteten
Mittel des so genannten „Brotkrumenpfads" sichtbar, der die Position sichtbar
macht, die die aktuell aufgerufene Seite im Gesamt eines Internetangebots einnimmt (s. Abb. 6). Dabei ist „Position" nicht mehr als eine räumliche Metapher.
De facto sind die einzelnen durch das Größer-als-Zeichen getrennten ‚Krumen'
als hierarchisch organisierte Themahinweise zu verstehen.

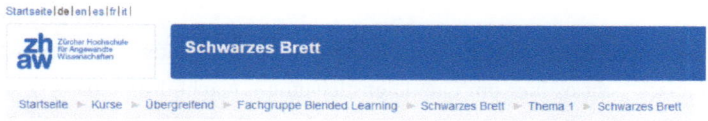

Abb. 6: Brotkrumenpfad, <moodle.zhaw.ch/course/view.php?id=2> [26.09.16]

Der Brotkrumenpfad beantwortet also nicht die Frage, wie das „Schwarze Brett"
auf seine wahrnehmbare räumliche Umwelt zu beziehen ist. Im virtuellen Raum
geht es nicht um Begehbarkeit (s. Hausendorf/Kesselheim 2016), sondern um se-
mantisch-logische Beziehungen. Das zeigt sich hier auch in der Metaphorik des
Wortbildungselements „-pfad": Der Brotkrumenpfad dokumentiert nämlich keineswegs eine Abfolge von nacheinander gelesenen Texten – wie im Fall von In-

formationstafeln, die entlang eines Wanderwegs aufgestellt sind und beim Abschreiten des Wegs gelesen werden –, sondern repräsentiert ineinander geschachtelte thematische Zusammenhänge.

Die Annoncen im Internet sind auch nicht mit einem spezifischen Ort der Lektüre verbunden (wie es die Annoncen an ‚echten' Schwarzen Brettern über die Reißzwecken oder andere Befestigungsmöglichkeiten sind, s.o.). Das heißt auch: Der Kreis der Rezipienten ist nicht durch deren Anwesenheit an einem bestimmten geografisch bestimmbaren Ort beschränkt. Vielmehr kann das virtuelle „Schwarze Brett" von jedem Internetanschluss aus genutzt werden. Diese Tatsache macht der folgende Zusatz auf einer der Internetseiten aus meinem Korpus explizit: „Bitte beachten Sie, dass das schwarze Brett für jedermann zugänglich ist, also auch via Google gefunden werden kann!" Trotz mancher Indizien, die den Text in die Nähe der Textsorte Annonce am ‚echten' Schwarzen Brett rücken, handelt es sich also *nicht* um ortsgebundene „Mesokommunikation" sensu Domke (2010), sondern um eine Form von Massenkommunikation.[13]

Das heißt aber nicht, dass die Lektüre von Annoncen an virtuellen ‚Schwarzen Brettern' *nicht* an einen Ort gebunden wäre. Allerdings ist sie das in einem anderen Sinne. Wenn nämlich Internetnutzer das virtuelle „Schwarze Brett" besuchen, dann befinden sie sich vor dem Bildschirm des jeweiligen Geräts, mit dem sie im Internet surfen (und wahrscheinlich in einem Abstand, der nicht nur das Lesen ermöglicht, sondern auch Tastatureingaben bzw. die Bedienung eines Touchscreens). Das hat Konsequenzen: Um gelesen zu werden, muss die Internetannonce ihre Leserinnen und Leser nicht zur räumlichen Annäherung bewegen, denn sie befinden sich ja schon in unmittelbarer Bildschirmnähe. Auch die oben beschriebene Konkurrenz um Aufmerksamkeit ist in viel geringerem Maß eine Konkurrenz zwischen gleichzeitig im Raum wahrgenommenen alternativen Leseangeboten.[14] Vielmehr gilt es, die Lektüre im Rahmen einer ganz anderen

---

[13] Möchte man den Kreis der Rezipienten geografisch beschränken, muss man zu anderen Mitteln greifen, etwa indem man den relevanten Ort über Themahinweise einführt und so mit sprachlichen Mitteln die Annonce mit einem geografischen Ort in Verbindung setzt.

[14] Das Zutreffen dieser Behauptung ist im Einzelfall empirisch zu prüfen. Es hängt vom Aufbau der einzelnen Internetseite ab sowie von den Gestaltungsmöglichkeiten, die den Annoncierenden jeweils technisch eingeräumt werden.

Aufmerksamkeitsökonomie wahrscheinlich zu machen, was an den Text ganz andere Ansprüche stellt: Wenn potenzielle Leserinnen und Leser den Text typischerweise über Suchfelder auffinden, dann muss der Text ‚seine' Leserinnen und Leser über Themahinweise zu gewinnen versuchen – je nach der Programmierung
des betreffenden „Schwarzen Bretts" beispielsweise über die Wahl geeigneter
Wörter im Annoncentext oder über die Auswahl geeigneter Schlagwörter oder
*tags*. Oder es gilt, die Annonce schon auf der Seite mit der Suchmaske zu positionieren: So kann der Text gelesen werden, noch bevor Suchende über Eingaben
in die Suchmaske zu anderen Annoncen gelangen können. Dieser Fall ist in Abb.
7 dokumentiert (gemeint ist der durch blaue Hinterlegung von der restlichen Seite
abgegrenzte Teiltext, der mit „Biete in Berlin (16.8.2016)" beginnt.

Abb. 7: Biete in Berlin, <berlin.schwarzesbrett24.de> [26.09.16]

Abb. 7 illustriert noch einen weiteren Punkt. Tatsächlich handelt es sich bei dem
Text auf dieser Suchseite nicht um die Annonce selbst. Auch wenn die Semantik
des Bietens, die Thematisierung einer wirtschaftlichen Dienstleistung und anderes
mehr als Musterhinweise auf die Textsorte ‚Annonce' verstanden werden können,
gibt der Text selbst in seiner letzten Zeile einen anderen Hinweis: Mit der Formulierung „Zur Anzeige" weist er Lesende darauf hin, dass er lediglich eine Art

Platzhalter ist, der den Leser als Hyperlink mit der ‚eigentlichen' Anzeige verknüpft.

Wenn auch oft das Verfolgen eines Links im virtuellen „Schwarzen Brett" mit einer räumlichen Bewegung gleichgesetzt wird, handelt es sich doch um völlig andere Prozesse – wie in den Texten klar zutage tritt. Treten wir im öffentlichen Raum näher an einen Text heran, können wir den *gleichen* Text mit jedem Schritt besser lesen. Mit zunehmender Nähe lassen sich einfach mehr und mehr seiner Textualitätshinweise auswerten. Ganz anders im Fall der Internettexte: Folgen wir dem Link, wird ein *anderer* Text sichtbar; manchmal nur ein längerer, manchmal ein gänzlich unterschiedlicher. In dem auf Abb. 7 dokumentierten Fall etwa steht hinter dem bunten Teaser eine Annonce, die vom Wortlaut her an herkömmliche Annoncen erinnert – nur dass sie nicht den Platzbeschränkungen unterworfen ist, die für die Annoncen am Schwarzen Brett bestimmend sind![15] Besonders auffällig wird dieser Unterschied, wenn versucht wird, mit Layoutmitteln ein ‚echtes' Schwarzes Brett mit angepinnten Annoncen *vorzugaukeln* wie im Fall von Abb. 8:

---

[15] In den Teaser-Texten lässt sich noch eine deutliche Orientierung an sprachlicher Ökonomie beobachten (etwa „Biete in Berlin" anstelle von „Ich biete in Berlin"). Anders in den verknüpften Annoncen, die sichtbar nicht damit rechnen, ‚im Vorbeigehen' gelesen werden zu müssen.

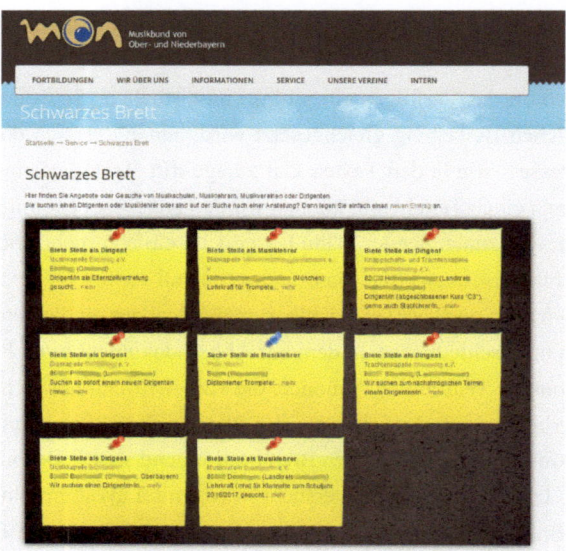

Abb. 8: Musikerboard, <www.mon.bayern/no_cache/service/schwarzes-brett>
[26.09.16]

Ein Klick auf eine der grafisch simulierten Annoncen bringt uns der betreffenden Annonce nicht räumlich näher. Er lässt lediglich ein *Overlay* erscheinen, in dem der Text auf dem betreffenden gelben Zettel durch einen *anderen,* längeren Text ersetzt wird. Der Prozess des ‚Heranlockens‘, mit dem der Text ‚seine‘ Leserschaft gewinnt, ist also jeweils ein ganz anderer: an die Stelle eines raumbasierten Prozesses (der es erforderlich macht, dass in dem Text schon alle Lesbarkeitshinweise enthalten sind, die aber so gestaffelt sind, dass sie aus je unterschiedlicher Entfernung wahrgenommen werden können) tritt ein Prozess, der Rezipientinnen und Rezipienten zum Lesen eines *zweiten* Texts verführt, den sie lesen können, sobald sie auf den ersten Text klicken, der als Link fungiert.

Unterschiede gibt es auch im Hinblick auf die Anschlusskommunikation, die für beide Arten von Annoncen den kommunikativen Fluchtpunkt darstellen. So gibt es zwar im Internet-Teilkorpus sprachliche Hinweise auf Kontaktmöglichkeiten wie in den Annoncen im öffentlichen Raum. Neu ist aber, dass der Kontakt

nicht durch die Nutzung dieser Angaben hergestellt werden muss (durch das Ablesen und Wählen der Telefonnummer, durch das Ablesen und Tippen einer
Mailadresse), wenn beispielsweise per Mausklick eine Mail ausgelöst werden
kann.

So wie spezifische Merkmale der Annoncen im öffentlichen Raum auf die Lektüresituation mit ihren spezifischen Möglichkeiten und Beschränkungen der
Wahrnehmung und des Handelns bezogen werden können, so sind die Merkmale
der Annoncen im Internet mit der Lektüresituation vor dem Bildschirm und deren
medialen und technischen Wahrnehmungs- und Handlungsmöglichkeiten verbunden. Besonders sichtbar wird das dort, wo die Annoncen in virtuellen „Schwarzen
Brettern" Musterelemente der Annonce im öffentlichen Raum mit anderen Mus-
terelementen verbinden, die uns aus der Internetkommunikation vertraut sind.
Hier können wir sehen, wie die Annoncen im Internet verwoben sind mit einer
ganz spezifischen Lektüresituation, die ganz spezifische Möglichkeiten des Le-
sens wie der kommunikativen Beteiligung eröffnet und die zu hybriden Textsor-
tenbildungen Anlass gibt (s. Hauser/Luginbühl 2015).

Im folgenden Beispiel (Abb. 9) ist das „Schwarze Brett" als Forum innerhalb
eines Kurses in einem Learning Management System (LMS) realisiert.

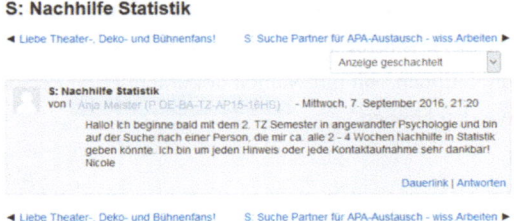

Abb. 9: Statistiknachhilfe, ursprüngliche Version des in Abb. 5 abgetippten Beispiels, pseudonymisiert; <moodle.zhaw.ch/mod/forum/view.php?id=19706>
[26.09.16]

Schnell fallen uns Gemeinsamkeiten mit dem Muster der Annonce am Schwarzen
Brett ins Auge: Die typische Semantik der Annonce taucht hier in Form vorgege-
bener Abkürzungen wieder auf („V" wie ‚Verkaufe', „S" wie ‚Suche' usw.) und

die Relevanz der Aktualität der fraglichen Texte wird signalisiert.[16] Die Unterschiede liegen in den Möglichkeiten und in den Vorgaben des LMS: Wir haben es hier mit Kommunikationsteilnehmern zu tun, die *mit ihrem Namen* in Erscheinung treten, nicht mit anonymen Kommunizierenden. Auch wird neben Verfassern und Lesern eine zusätzliche Kategorie von Mitleserinnen und Mitlesern etabliert („Gast"), die sich durch ihre Nicht-Zugehörigkeit zur das LMS betreibenden Institution auszeichnen – anders als beim Schwarzen Brett im öffentlichen Raum, das keine Kategorien von Rezipienten unterscheidet.

Genau das macht auch den Unterschied aus. Die in Abb. 9 dokumentierte Annonce enthält keine Kontaktangaben – im Unterschied zu allen Annoncen an Schwarzen Brettern im öffentlichen Raum, die in meinem Korpus dokumentiert sind! Wie kann die Annonce auf diese Angaben verzichten, in denen sich doch, wie oben gezeigt, der grundlegende Zweck dieser Textsorte ausdrückt? Möglich wird das durch das LMS, das einen „Antworten"-Link bereitstellt (signalisiert durch die blaue Farbe), der die Angabe von Kontaktmöglichkeiten unnötig macht.[17]

Interessant ist nun: Die Kontaktaufnahmen werden automatisch unterhalb des Annoncen-Texts dokumentiert. So wird die Rezeptionsgeschichte der Annonce – insofern sie zu Folgekommunikation geführt hat – für alle späteren Leserinnen und Leser sichtbar. Aus einer 1-zu-viele-Kommunikation, in der nur der Name der annoncierenden Person für alle (vor Ort) lesbar ist, werden im LMS serielle 1-zu-1-Kommunikationen von mit Namen dokumentierten Personen, die von anderen gelesen werden können.

## 4. Schluss

Die Analyse von Annoncen an Schwarzen Brettern im öffentlichen Raum und von Annoncen auf Internetseiten, die sich als „Schwarzes Brett" bezeichnen, hat exemplarisch gezeigt, welcher Zugewinn an Beschreibungsbreite und -tiefe sich

---

[16] Dies geschieht nicht nur durch Sprache bzw. durch Datumsangaben. Die älteren Beiträge ,wandern' langsam nach unten, sobald neue Beiträge veröffentlicht werden.
[17] Hinzu kommt die Tatsache, dass die Verfasserin per Klick auf den Benutzernamen sogar per persönlicher Nachricht ansprechbar ist.

ergeben kann, wenn man in die Textsortenanalyse die Materialität, Medialität und Lokalität von Texten miteinbezieht.

Ohne die Berücksichtigung der räumlichen Situation, in der uns die fraglichen Texte begegnen, und ohne die Berücksichtigung der Materialität von Text und Textträger hätte sich die Textsorte ‚Annonce am Schwarzen Brett' nicht angemessen beschreiben lassen. Wir haben gesehen, wie sich die Annoncen als Bestandteil einer bestimmten räumlichen Situation ausweisen, die zum Verstehen des Texts heranzuziehen ist; und wir haben gesehen, wie viele der wahrnehmbaren Erscheinungsformen des Texts sich aus dieser Einbettung in die Situation der Lektüre verstehen lassen: von seiner sprachlichen Knappheit über die Typografie bis hin zur Art seiner Befestigung am musterhaften Textträger *Schwarzes Brett*. Aufgrund dieser Situationsbindung handelt es sich bei den Annoncen am Schwarzen Brett um „lokostatische" Texte *sensu* Ehlich (1994: 30). Denn selbst wenn man die Annoncen abreißen und mitnehmen könnte, signalisieren sie doch auf vielfältige Weise, dass ihr kommunikatives Funktionieren auf einer spezifischen räumlichen Situation der Lektüre aufbaut.

Ohne die Berücksichtigung der Lektüresituation und der in ihr wahrnehmbaren sinnlichen Erscheinungsformen hätten sich auch nicht die Unterschiede zu den Annoncen an „Schwarzen Brettern" im Internet herausarbeiten lassen. Denn die beobachteten Unterschiede ließen sich durch die Analyse präzise auf die Bindung an je unterschiedliche Lektüresituationen zurückführen: die Lektüre im öffentlichen Raum vs. diejenige am Bildschirm. Hier hat die Analyse der beiden Teilkorpora in zahlreichen Fällen nachgewiesen, wie Elemente der Lektüresituation und Elemente der Musterhaftigkeit der untersuchten Texte zusammenspielen.

Auf Seiten der Annoncen im öffentlichen Raum waren das etwa
— das Vorkommen im Raum, das es nötig macht, ferne Rezipienten heranzulocken und die Größe der Schrift oder die Auffälligkeit des Textträgers;
— die Lektüre im Vorübergehen und die Beschränkung auf ein einseitig bedrucktes Blatt;
— der notwendige Mediensprung bei der Etablierung von Anschlusskommunikation und die Ausprägung von Coupons usw.;
und im Fall der Annoncen im Internet

— die Beschränkung des relevanten Raums auf die Fläche des Bildschirms und die Substitution räumlicher Suchprozesse durch semantische (über Kategorien, Suchfunktion, Brotkrumenpfade) sowie die Verlinkung auf Detailtexte, die an die Stelle eines Nähertretens tritt;

— die Tatsache, dass die Leserschaft nicht an einen bestimmten geografischen Ort gebunden ist und die sprachliche Thematisierung des geografischen Bezugs („Biete *in Berlin* ...", „Herzlich Willkommen auf dem *Bremer* Kleinanzeigenmarkt im Internet" usw.);

— die technologische Bereitstellung direkter Antwortmöglichkeiten und das dadurch ermöglichte Fehlen von Kontaktinformationen usw.

Über die Berücksichtigung von Materialität, Medialität und Lokalität lassen sich also die Beziehungen von Textsorten innerhalb von Textsortennetzen (s. Adamzik 2011; Hauser 2014) genauer bestimmen, indem spezifische Unterschiede in den identifizierten Textmustern mit spezifischen Unterschieden zwischen den Lektüresituationen in Verbindung gesetzt werden.

Falsch wäre es jetzt, die Forderung nach der Berücksichtigung von Materialität, Medialität und Lokalität in der Textsortenanalyse als Aufforderung zu verstehen, sich von der Analyse der sprachlichen Erscheinungsformen von Texten abzuwenden. Etwas anderes steht hier zur Debatte: Es geht darum, in der Textsortenanalyse zwei grundlegende Einsichten in das Funktionieren von Textkommunikation allgemein zu berücksichtigen: erstens, dass Textkommunikation im Moment der Lektüre beginnt, und zweitens, dass Lesende nicht nur schriftliche Sprachzeichen auswerten, sondern alles, was sie im Moment der Lektüre mit ihren Sinnen wahrnehmen können.

Zur ersten Einsicht. Die Analyse von Text(sort)en muss im Moment der Lektüre beginnen, denn genau in diesem Moment findet Textkommunikation statt. Auch wenn diese Behauptung unserer Intuition widersprechen mag, ist es doch so, dass weder der Autor eines Texts erzwingen kann, dass sein Text gelesen wird, noch der Text selbst (er kann lediglich suggerieren, dass es kommunikativ etwas ‚zu holen' gibt). Textkommunikation beginnt erst dann, wenn jemand etwas sinnlich Wahrnehmbares daraufhin befragt, ob es ihm eine Antwort auf die Fragen liefern kann „Ist das ein Text?" und „Was für ein Text ist das?" oder anders gesagt: sobald er etwas in seiner räumlichen Umwelt als „Lesbarkeitshinweis"

(Hausendorf/Kesselheim/Kato/Breitholz 2017: 1–20, 45–68) auswertet. Textkommunikation ist auf die Auswertung dieser in der Lektüresituation wahrnehmbarer Erscheinungsformen angewiesen. Nur über diese Erscheinungsformen ist Textkommunikation möglich, denn in der Lektüresituation ist ja gerade kein Kommunikationspartner anwesend, der sicherstellen könnte, dass die Botschaft des Texts ‚ankommt'.

Die zweite Einsicht ist mit der ersten verbunden. Textkommunikation ist nicht, wie es häufig geschieht, generell mit situationsentbundener Kommunikation gleichzusetzen. Zwar stimmt es, dass mit der Ausbildung von Schriftlichkeit die Möglichkeit in die Welt kam, unabhängig von einer geteilten Wahrnehmungssituation, in der die Kommunikationspartner gemeinsam anwesend sind, zu kommunizieren. Und tatsächlich erlaubt Schrift ein stabiles Kommunizieren über die unterschiedlichsten Situationen hinweg. Darüber wird übersehen, dass die Situationsentbundenheit von Schrift eine Leistung des Texts und seiner Abgrenzungshinweise ist (s. Hausendorf/Kesselheim 2008: 39–51), die uns aktiv signalisieren, dass nichts von dem, was während der Lektüre sonst alles wahrnehmbar ist, für sein Verständnis eine Rolle spielen soll. Ein Blick auf die Geschichte des Buchdrucks zeigt, wie sich mit den Jahrhunderten ganze Familien von Abgrenzungshinweisen entwickelt haben, mit denen Buchtexte signalisieren, dass sie als eigenständige kommunikative Objekte vom Gesamt der Wahrnehmungssituation zu separieren sind. Dass es uns als abwegig erscheint, beispielsweise den Titel eines Buchs im Bücherregal auf etwas im gleichen Raum zu beziehen, das ist die Leistung genau dieser Abgrenzungshinweise. Die lokostatischen Texte machen wieder sichtbar, dass die Lektüresituation der ursprüngliche Rahmen ist, aus dem sich die lokomobilen Texte erst lösen müssen. Zur Lektüresituation gehört alles, was die Lesenden mit ihren Sinnen wahrnehmen können: also etwa Bestandteile der räumlichen Umwelt (in unserer Textsortenanalyse etwa die Tatsache, dass sich die untersuchten Texte in einem öffentlich zugänglichen Gebäude befinden), die Materialität von Text und Textträger und Schrift.[18] Auch die technischen Speicher- und Trägermedien lassen sich, wie wir es in unserer Textsortenanalyse getan

---

[18] Erst in letzter Zeit hat sich die Forschung wieder verstärkt der Form und Materialität von Schrift zugewandt (s. Abschnitt 1.) und dabei gezeigt, dass die semiotische Leistung von Schriftzeichen nicht vollständig in der Kodierung von Sprache erschöpft ist (vgl. Assmanns

haben, über die Lektüresituation in die Analyse einbeziehen. Sie sind aus dieser Perspektive ein Bündel von konkreten Bewegungs-,[19] Wahrnehmungs- und Handlungsmöglichkeiten, die der medial vermittelte Text den Rezipienten über seine konkreten wahrnehmbaren Erscheinungsformen signalisiert und in diesem Sinn nicht anders als die räumliche Umgebung, in der das Schwarze Brett zu finden ist (vgl. dazu auch Hausendorf/Kesselheim 2016).

Der „Kontext" tritt also nicht irgendwann später zum Text hinzu. Im Gegenteil: Es ist der Text, der in der Auswertung der Lesbarkeitshinweise aus der gesamthaften Wahrnehmungssituation heraustritt. Deshalb ist auch die Vorstellung, man könne in der Text(sorten)analyse Materialität, Medialität und Lokalität in einem zweiten Schritt zur ‚reinen' Textanalyse hinzuziehen, falsch.

Speziell mit Hinblick auf den räumlichen Kontext habe ich im vorliegenden Beitrag gezeigt: Die räumliche Umwelt tritt nicht irgendwann später zum Text hinzu: Wir werten sie schon im Moment der Lektüre aus, wenn wir uns fragen, „Ist das ein Text?" und „Was für ein Text ist das?". Diese Tatsache hat besonders unsere ‚hereinzoomende' Bewegung der obigen Analyse zutage gefördert. Nämlich, dass wir schon aufgrund der konkreten Platzierung der untersuchten Texte im öffentlichen Raum, aufgrund ihrer auffälligen Gestaltung und ihres Formats sowie aufgrund ihrer Anbringung innerhalb einer Textsammlung in der wir vertrautheitsbasiert das *Schwarzes Brett* wiedererkennen, ganz konkrete Erwartungen über die Textsortenzugehörigkeit eines Texts entwickeln können, lange bevor wir effektiv zu lesen beginnen.

Aber die additive Vorstellung ist auch deswegen falsch, weil der situative „Kontext" nicht als Fix-Fertiges, Äußerliches zum Text hinzutritt (vgl. dazu auch den Argumentationsgang in Bucher 2007: 49–53). Die beobachtete Bindung der

---

Konzept der „wilden Semiose", Assmann 1988). Dass die Bedeutung von Form und Materialität der Schrift lange Zeit übersehen wurde, ist eine ‚Nebenwirkung' der Entwicklung des Buchdrucks und darin der Normierung von Buchstaben und Textträgern: Durch die Nivellierung von Formunterschieden tritt die Bedeutung der Form von Schriftzeichen generell zurück, sodass wir gelernt haben, durch die Schriftzeichen hindurch direkt auf die sprachliche Bedeutung zu schauen, ohne dasjenige an ihrem Zeichenkörper wahrzunehmen, was über die Kodierung von Sprache hinausgeht.

[19] Tatsächlich begrenzt die Computertechnologie die Bewegungen der Rezipienten und Produzenten der untersuchten Texte: Über das Design der Eingabegeräte, die Eingaben aus der Ferne nicht gestatten, und über die Größe des Bildschirms.

untersuchten Texte an die Situation der Lektüre ist keine Einbahnstraße, sondern eine reflexive Beziehung.[20] Durch die Situationsbindung schreiben sich die untersuchten Texte nicht in einen objektiven, feststehenden „Kontext" ein (auf den sie durch Anpassung ihrer sprachlichen und materiellen Form reagieren); vielmehr konstruiert der Text die Lektüresituation und die räumliche Umwelt aktiv mit: Er suggeriert über seine Lesbarkeitshinweise, was von dem, was im Moment der Lektüre prinzipiell wahrnehmbar ist, als für das Textverständnis relevant aufgefasst werden soll. Bisweilen können Texte sogar zur Definition der räumlichen Umwelt beitragen, etwa wenn die auf Abb. 2 dokumentierte Raumbeschilderung den Raum, dessen Türe man im Moment der Lektüre sehen und durchschreiten kann, zu einem Seminarraum macht.

Wenn die Textsortenlinguistik also versucht, Materialität, Medialität und Lokalität in ihrer Analyse zu berücksichtigen, dann ist damit keine Abkehr von der Sprache verbunden. Denn das Ziel ist es, möglichst viel von dem in die Analyse einzubeziehen, was Lesende im Moment der Lektüre wahrnehmen und als Lesbarkeitshinweis auswerten können. Mit dem Fokus auf die Lektüresituation kommt die Textsortenlinguistik nicht weiter weg vom Text, selbst wenn sie sich dann bisweilen mit Reißzwecken und Glasabdeckungen beschäftigen muss. Sie kommt im Gegenteil näher an den Text heran, denn der Text, als im Moment der Lektüre immer wieder neu zu leistende (emergente) Hervorbringung, schöpft eben nicht nur aus Schriftsprachlichkeit, sondern ebenso aus in der Situation der Lektüre wahrnehmbaren nicht-sprachlichen Erscheinungsformen und schließlich aus der Vertrautheit mit relevanten Lektürekontexten.[21] Und diese Einsicht in das

---

[20] Vgl. dazu die ethnomethodologische Vorstellung vom reflexiven Verhältnis von Handlung und ihrem Kontext, gut dargestellt etwa in Auer (1999).

[21] Die obigen Analysen haben auf die Lesbarkeitsquelle *Wahrnehmung* fokussiert, weil die Relevanz der Lesbarkeitsquelle *Vertrautheit*, die es uns erlaubt, in der Lektüre bekannte Muster wiederzuerkennen, für die Textsortenforschung leicht zu ersehen ist. Ausführlich zur *Vertrautheit* s. Hausendorf/Kesselheim/Kato/Breitholz (2017: 96–106). Hier nur so viel: Selbst „Vorwissen" findet nur über die Lektüresituation Eingang in die Textkommunikation. Wenn Vorwissen in der Textkommunikation relevant werden soll, muss es *ausgehend von irgendetwas in der Lektüresituation Wahrnehmbaren* aktiviert werden, indem ein ‚Kundiger' aufgrund seiner Vertrautheit mit einem relevanten Lektürekontext in etwas möglicherweise Unscheinbarem einen Lesbarkeitshinweis entdeckt (den mit dem Kontext weniger Vertraute nicht als Hinweis auswerten können): etwa einen Link in einer Unterstreichung,

Funktionieren von Texten in verdauerter Kommunikation gilt es auch bei der Analyse von Textsorten zu berücksichtigen, indem man alle Quellen, aus denen die Lesenden schöpfen, um auf die Textsortenzugehörigkeit eines Texts zu schließen, in die Textsortenanalyse einfließen lässt. Dies macht nicht nur die Textsortenanalyse empirisch reicher und fruchtbarer. Nicht zuletzt nähert die Orientierung an der Lektüresituation die Text*sorten*linguistik wieder stärker an die Textlinguistik *allgemein* und deren zentrale Frage an, was Texte zu Texten macht und wie Kommunikation mit Texten funktioniert.

## Literatur

Adamzik, Kirsten (2011): „Textsortennetze", in: Habscheid, Stephan (Hg.): *Textsorten, Handlungsmuster, Oberflächen. Linguistische Typologien der Kommunikation.* Berlin/New York: de Gruyter, 367–385.

Assmann, Aleida (1988) unter Mitarbeit von Keller, Barbara: „Die Sprache der Dinge. Der lange Blick und die wilde Semiose", in: Gumbrecht, Hans Ulrich/Pfeiffer, K. Ludwig (Hgg.): *Materialität der Kommunikation.* Frankfurt a.M.: Suhrkamp, 237–251.

Auer, Peter (1999): „Indexikalität / Reflexivität. Harold Garfinkel", in: Auer, Peter: *Sprachliche Interaktion. Eine Einführung anhand von 22 Klassikern.* Tübingen: Niemeyer, 131–140.

Auer, Peter (2010): „Sprachliche Landschaften. Die Strukturierung des öffentlichen Raums durch die geschriebene Sprache", in: Deppermann, Arnulf/Linke, Angelika (Hgg.): *Sprache intermedial. Stimme und Schrift, Bild und Ton.* Berlin: de Gruyter (= Institut für deutsche Sprache; Jahrbuch 2009), 271–298.

Berkenkotter, Carol/Luginbühl, Martin (2014): „Producing genres: Pattern variation and genre development", in Jakobs, Eva-Maria/Perrin, Daniel (Hgg.): *Handbook of writing and text production.* Berlin: de Gruyter, 285–304.

Bucher, Hans-Jürgen (2007): „Textdesign und Multimodalität. Zur Semantik und Pragmatik medialer Gestaltungsformen", in: Roth, Kersten Sven/Spitzmüller, Jürgen (Hgg.): *Textdesign und Textwirkung in der massenmedialen Kommunikation.* Konstanz: UVK, 49–76.

Bühler, Karl (1982): *Sprachtheorie. Die Darstellungsfunktion der Sprache.* Stuttgart: Fischer.

Domke, Christine (2010): „Der Ort des Textes – Überlegungen zur Relevanz der Platzierung von Kommunikaten am Beispiel von Flughäfen", in: Stöckl, Hartmut (Hg.): *Mediale Transkodierungen. Metamorphosen zwischen Sprache, Bild und Ton.* Heidelberg: Universitätsverlag Winter (= Wissenschaft und Kunst, 17), 85–104.

Eckkrammer, Eva Martha/Held, Gudrun (Hgg.) (2006): *Textsemiotik. Studien zu multimodalen Texten.* Frankfurt a.M.: Lang.

Ehlich, Konrad (1994): „Funktion und Struktur schriftlicher Kommunikation", in: Günther, Hartmut/Ludwig, Otto (Hg.): *Schrift und Schriftlichkeit. Ein interdisziplinäres Handbuch internationaler Forschung.* Berlin: de Gruyter, 18–41.

Fix, Ulla (2008): „Nichtsprachliches als Textfaktor. Medium, Material, Ort", in: *Zeitschrift für Germanistische Linguistik* 36, 3, 343–354.

---

eine Telefonnummer, die den Lesenden zu Folgekommunikation auffordert, in einer Zahlenfolge usw.

Giltrow, Janet/Stein, Dieter (Hgg.) (2009): *Genres in the internet. Issues in the theory of genre.* Amsterdam: Benjamins.

Gross, Sabine (1994): *Lese-Zeichen. Kognition, Medium und Materialität im Leseprozeß.* Darmstadt: Wissenschaftliche Buchgesellschaft.

Hausendorf, Heiko/Kesselheim, Wolfgang (2008): *Textlinguistik fürs Examen.* Göttingen: Vandenhoeck & Ruprecht.

Hausendorf, Heiko/Kesselheim, Wolfgang (2016): „Die Lesbarkeit des Textes und die Benutzbarkeit der Architektur. Text- und interaktionslinguistische Überlegungen zur Raumanalyse", in: Hausendorf, Heiko/Schmitt, Reinhold/Kesselheim, Wolfgang (Hgg.): *Interaktionsarchitektur, Sozialtopographie und Interaktionsraum.* Tübingen: Narr Francke Attempto, 55–85.

Hausendorf, Heiko/Kesselheim, Wolfgang/Kato, Hiloko/Breitholz, Martina (2017): *Textkommunikation. Ein textlinguistischer Neuansatz zur Theorie und Empirie der Kommunikation mit und durch Schrift.* Berlin: de Gruyter.

Hauser, Stefan (2014): „Netze im Wandel – Wandel in Netzen. Diachrone Perspektiven auf die Vernetztheit von Textsorten", in: Hauser, Stefan/Kleinberger, Ulla/Roth, Kersten Sven (Hgg.): *Musterwandel - Sortenwandel. Aktuelle Tendenzen der diachronen Text(sorten)linguistik.* Bern u.a.: Lang, 275–312.

Hauser, Stefan/Luginbühl, Martin (Hgg.) (2015): *Hybridisierung und Ausdifferenzierung: kontrastive Perspektiven linguistischer Medienanalyse.* Bern u.a.: Lang.

Kesselheim, Wolfgang (2010): „Wechselspiele von ‚Text' und ‚Kontext' in multimodaler Kommunikation", in: Klotz, Peter/Portmann-Tselikas, Paul R./Weidacher, Georg (Hgg.): *Kontexte und Texte. Soziokulturelle Konstellationen literalen Handelns.* Tübingen: Narr,. 327–343.

Kesselheim, Wolfgang (2011): „Sprachliche Oberflächen: Musterhinweise", in: Habscheid, Stephan (Hg.): *Textsorten, Handlungsmuster, Oberflächen. Linguistische Typologien der Kommunikation.* Berlin/New York: de Gruyter, 337–366.

Kress, Gunther/van Leeuwen, Theo (2001): *Multimodal discourse. The modes and media of contemporary communication.* London: Arnold.

Sacks, Harvey (1992): *Lectures on conversation.* Bd. 1. Oxford: Blackwell.

Sandig, Barbara (2000): „Textmerkmale und Sprache-Bild-Texte", in Fix, Ulla/Wellmann, Hans (Hgg.): *Bild im Text – Text und Bild.* Heidelberg: Winter, 3–30.

Sandig, Barbara (2006): *Textstilistik des Deutschen.* Berlin: de Gruyter.

Schumacher, Peter (2009): *Rezeption als Interaktion. Wahrnehmung und Nutzung multimodaler Darstellungsformen im Online-Journalismus.* Baden Baden: Nomos.

Scollon, Ron/Scollon, Suzie Wong (2003): *Discourses in place: Language in the material world.* London: Routledge.

Stöckl, Hartmut (2006): „Zeichen, Text und Sinn - Theorie und Praxis der multimodalen Textanalyse", in: Eckkrammer, Eva Martha/Held, Gudrun (Hgg.): *Textsemiotik. Studien zu multimodalen Texten.* Frankfurt a.M.: Lang, 11–36.

Spitzmüller, Jürgen (2013): *Graphische Variation als soziale Praxis. Eine soziolinguistische Theorie skripturaler ‚Sichtbarkeit'.* Berlin: de Gruyter.

GEORG WEIDACHER

# Massenbettelbriefe als Knoten in multidimensionalen Textsortennetzen

Textsorten werden unweigerlich durch systematische, d.h. paradigmatische oder syntagmatische Relationen zu Netzwerken verwoben, wobei die Verknüpfungen sowohl den Praxis- als auch den Poiesis-Aspekt von Texten umfassen. Dass sich auch die Textsorte ‚Massenbettelbrief' wesentlich erst durch die Einbettung in solche Textsortennetzwerke in ihrer Eigenart konstituiert, wird anhand der Analyse dieser Textsorte und ihres Gebrauchs im Rahmen der Praktik der Spendenakquisition nachgewiesen. Dabei werden 12 Dimensionen der Vernetzung mit anderen Textsorten unterschieden, sodass die Textsorte ‚Massenbettelbrief' als Knoten in einem multidimensionalen, teils rhizomatisch, teils hierarchisch strukturierten Textsortennetz verortet werden kann.

## 1. Einleitung: Massenbettelbriefe

NGOs bzw. Organisationen, die nicht ausschließlich von staatlichen Institutionen finanziert werden, senden Massenbettelbriefe, wie sie in der vorliegenden Arbeit insbesondere in Hinblick auf ihre Vernetzung mit anderen Textsorten beschrieben und analysiert werden sollen, vor allem zum Zweck der Spendenakquisition aus. Sie sind einerseits eine wichtige Finanzierungsmöglichkeit für diese Organisationen, informieren andererseits Spendenwillige, wo und warum eine Notlage vorliegt und ermöglichen zugleich eine einfache Überweisung einer Spende. Da solche Massenbettelbriefe jedoch von vielen NGOs verschickt werden, empfinden sie manche unfreiwilligen Empfänger wohl zuweilen auch als Belästigung.

Abb. 1: Massenbettelbrief von „Licht für die Welt". (20.06.2014)

Wie immer man zu diesen Zusendungen – ein Beispiel findet sich in Abb. 1 – steht: Sie haben sich durch ihre mehr oder weniger stark konventionalisierten textuellen Spezifika als eine Textsorte etabliert, deren prototypische Vertreter durch folgende Merkmale charakterisiert sind:

Medium: Massenbettelbriefe werden als gedruckte Texte distribuiert, wobei zum Teil mit typographischen Mitteln der Anschein vermittelt werden soll, die Unterschrift, sofern vorhanden, wäre handschriftlich erfolgt oder ein Teil des Briefes wäre zumindest vor der Vervielfältigung mit der Hand geschrieben worden (siehe die Unterschrift und Markierungen in Abb. 1).

Kommunikationsform: Massenbettelbriefe erscheinen in zwei gängigen Formen, und zwar als Briefe bzw. komplexere Briefsendungen zusammen mit weiteren Texten oder ‚Werbegeschenken‘ wie Kugelschreibern etc. oder als Flyer, die einer Zeitung beigelegt werden.

Sender: Massenbettelbriefe werden im Allgemeinen von NGOs wie der *Caritas*, *Ärzte ohne Grenzen*, *Amnesty International* usw. verschickt.

Adressaten sind Privatpersonen, zum Teil speziell solche, die schon einmal für die jeweilige Organisation gespendet haben, aber auch andere, deren Adressen den NGOs bekannt sind. Diese Zusendungen sind zumeist namentlich adressiert. Die Adressaten werden typischerweise im Brief direkt und mit dem Namen angesprochen – frühere Spender manchmal auch mit einem persönlichen Hinweis auf die schon erhaltene Spende –, was bei einer Versendung als Flyer natürlich nicht möglich ist. In diesem Fall besteht der anvisierte Adressatenkreis aus den Zeitungsleserinnen und -lesern, weshalb er stets als unspezifizierter, anonymer und disperser zu betrachten ist.

Funktion: Die primäre Intention, die hinter den Massenbettelbriefen steht, und damit ihre Funktion ist es, um Spenden – zumeist für ein bestimmtes Projekt oder einen bestimmten Einsatzbereich der NGO – zu bitten und die Adressaten der Bitte davon zu überzeugen, dieser nachzukommen.

Form: Die formale Gestalt eines Massenbettelbriefes bzw. des zentralen Textes in einer aus mehreren Elementen bestehenden Massenbettelbriefsendung ist die eines – scheinbar – persönlich gehaltenen Briefes. Dies ist zumeist auch der Fall, wenn ein Flyer als Kommunikationsform dient.

Semiotischer Modus: Massenbettelbriefe sind immer multimodal, wobei die Verwendung der verschiedenen Modi (Sprache, Typographie, Farbgebung, graphische Elemente, Fotos) stark variieren kann.

Wesentlich ist für die Charakterisierung der Textsorte ‚Massenbettelbrief‘ aber auch, und zwar in einem ganz besonderen Ausmaß, dass diese Texte immer intertextuell mit anderen Texten verknüpft sind. Dabei handelt es sich nicht nur um mehr oder weniger akzidentielle Verbindungen der Einzeltexte zu anderen Texten, zum Beispiel mittels Zitaten, Anspielungen oder direkten Verweisen, sondern um die zumindest teilweise systematische Vernetzung der Massenbettelbriefe mit

Texten bestimmter anderer Textsorten, sodass man nicht nur von einer Text-, sondern von einer Textsortenvernetzung sprechen kann.

Um diese für Massenbettelbriefe spezifische Vernetzung mit anderen Textsorten analysieren zu können, wird zunächst der in dieser Arbeit verwendete Textsorten-Begriff erläutert (Kap. 2), sodann allgemein diskutiert, was unter einem Textsortennetzwerk zu verstehen ist (Kap. 3). Des Weiteren werden 12 Dimensionen der Textsortenvernetzung postuliert und beschrieben (Kap. 4), die schließlich als Basis für die Bestimmung von Massenbettelbriefen als Knoten in spezifischen Textsortennetzen dienen (Kap. 5).

## 2.  Textsorten

Texte können grundsätzlich einerseits als sprachlich – oder multimodal – vollzogene komplexe kommunikative Handlungen mit einem jeweils bestimmten pragmatischen Zweck betrachtet werden, andererseits als komplexe Zeichen oder als Zeichenkonglomerate, die das Resultat eines Formulierungsprozesses sind. Diese beiden Aspekte, die man in der auf Aristoteles (2004: 232–235) zurückgehenden Begrifflichkeit als den der Praxis und den der Poiesis bezeichnen kann, bilden die zwei wesentlich aufeinander bezogenen und de facto untrennbaren Facetten eines jeden Textes bzw. textuellen Handelns, wobei zu beachten ist, dass auch beim zweiten Aspekt, auch wenn hier der Text als Resultat fokussiert wird, eine Handlung vorliegt, nämlich die poietische Herstellungshandlung des Textformulierens, deren Ergebnis der Text – genauer: die Textur (vgl. Stetter 1999: 294) – ist.

Unter dem Praxis-Aspekt können Texte zunächst als komplexe kommunikative Handlungen mit einem spezifischen Handlungsziel bestimmt werden. Das heißt, sie weisen, sprechakttheoretisch gesprochen, eine Illokution und eine Perlokution auf. In Bühlers (vgl. 1999: 51–57) Terminologie – damit allerdings seinen Definitionen teilweise widersprechend – kann man auch sagen, dass Texte „Sprechhandlungen" sind, allerdings insofern ungewöhnliche Sprechhandlungen, als sie das für Sprechhandlungen definitorische Merkmal der empraktischen Einbindung in einen aktuellen und konkreten situativen Kontext vermissen lassen und sich stattdessen durch eine sprechsituationsüberdauernde Stabilität auszeichnen. Dennoch: Das Spezielle an Texten ist zwar, dass sie ihre pragmatische Funktion in

„zerdehnten Sprechsituationen" (Ehlich 1983) erfüllen, nichtsdestotrotz sind sie aufgrund dieser Funktionalisierung (auch) Sprechhandlungen.

Diese Beschreibung des Handlungsaspekts eines Textes greift jedoch noch zu kurz: Wichtig ist weiters zu berücksichtigen, dass Texte zwar Handlungen sind, dass sie aber auch immer in komplexe Handlungen und die sie umgebenden Situationen eingebettet sind (vgl. Kesselheim in diesem Band), d.h. als Sprachspiele im Sinne Wittgensteins (vgl. 1984: 250) Teile einer Tätigkeit oder einer Lebensform sind.

Ein zweiter Punkt ist bezüglich des Handlungsaspekts von Texten zu beachten: Auch wenn es sich bei einem Text um eine konkrete Sprechhandlung in einer spezifischen, wenn auch zerdehnten Situation handelt, so haben textuelle Handlungen doch kaum einmal einen Ad-hoc-Charakter. Vielmehr sind sie (Teile von) Instanziierungen routinisierter Handlungsschemata bzw. kommunikativer Praktiken, wobei sich die Spezifik – und damit die Textsortenzugehörigkeit – eines Textes als kommunikative Praktik aus der Relationierung mit einer sozialen Praktik ergibt (z.B. ein schriftlich ergehendes Gerichtsurteil als Element der sozialen Praktik „Gerichtsverhandlung").

Unter der Poiesis versteht man in Anlehnung an Aristoteles (vgl. 2004: 233) im Gegensatz zum sich selbst genügenden, in sich den Zweck tragenden Handeln, der Praxis, ein Hervorbringen oder Herstellen von etwas, das einen außerhalb seiner selbst liegenden Zweck erfüllen soll. Poiesis bzw. poietisches Handeln führt also zu bleibenden Produkten (vgl. Janich 2014: 24), die einem bestimmten pragmatischen Zweck dienen.

Wenn man Texte unter dem Gesichtspunkt ihrer Poiesis betrachtet, kann man mit Antos (2009: 410f.) feststellen:

> „Nicht mehr das per Zeichengebrauch vermittelte direkte auf den Adressaten gerichtete Erkennengeben der kommunikativen Intention und zu übermittelnden Botschaft ist das primäre Problem des Initianten, sondern die Herstellung eines Textes (in einem prononcierten Sinne), der dies in der Regel für eine Vielzahl von Adressaten zu leisten im Stande sein soll."

Diesem Bestreben, einen für die jeweiligen Zwecke adäquaten Text zu formulieren, liegt die Intention zugrunde, eine Äußerung als Text zu gestalten und zugleich als textuell formulierte Äußerung zu verdauern, d.h. ein Sprachwerk im Bühler'schen Sinn (vgl. 1999: 53f.) herzustellen.

Texte sind unter diesem Herstellungsaspekt keine komplexen praktischen Handlungen, sondern Ergebnisse poietischen Handelns, das heißt, Artefakte in Form von Texturen. Texte als Artefakte sind aber – ähnlich wie Texte als Handlungen – keine Resultate eines sich ad hoc und ausschließlich an den Anforderungen der jeweiligen Kommunikationssituation ausrichtenden poietischen Handelns. Vielmehr gehorcht die Art der Formulierung einer Textur routinisierten und konventionalisierten „Trampelpfaden" (vgl. Keller 1994: 99–107) der Textherstellung, die als Schemata sowohl für Textproduzenten als auch für Textrezipienten sozio-kognitiv verfügbar sind. Diese Schemata enthalten zwar auch generelle Regeln und Regularitäten der Textformulierung, aber darüber hinaus spezifischere Konventionen, die bei der Gestaltung von Exemplaren einzelner Textsorten zu berücksichtigen sind.

Das Fazit dieser kurzen Diskussion der beiden grundlegenden Aspekte textueller Kommunikation lässt sich folgendermaßen formulieren:

Der Praxis-Aspekt von Texten: Texte sind auf ein von den Kommunikationspartnern geteiltes und konventionalisiertes Handlungswissen zurückgreifende konkrete Handlungen im Rahmen von kommunikativen Praktiken oder Sprachspielen bzw. im weiteren Rahmen von Lebensformen.

Der Poiesis-Aspekt von Texten: Texte sind Artefakte, die auf der Basis schematisierter und ebenfalls in einer Kommunikationsgemeinschaft geteilter und konventionalisierter Herstellungsregeln produziert bzw. formuliert wurden.

Auf Basis dieser Beschreibung der beiden grundlegenden Aspekte von Texten kann man Textsorten definieren als konventionalisierte textuell-kommunikative Praktiken und zugleich als schematisierte poietische Formulierungsweisen von Texten, deren Gestalt sich aus ihrer Funktion als typisierte Antworten auf sich wiederholende rhetorische Anlässe bzw. Situationen (vgl. Devitt 2008: 13) und aus der stetigen Adaptation des kommunikativen „Trampelpfads" ergibt.

Anders ausgedrückt sind Textsorten typisierte textuelle Handlungen (Aspekt der Praxis) sowie Mengen spezifischer textueller Artefakte (Aspekt der Poiesis). Ihre jeweils spezifische Textoberflächengestaltung ist gekennzeichnet durch eine konventionelle, kontextuell selektive Ausdruckstypik, wie sie durch idiomatische

Prägung sozial hervorgebracht worden ist (vgl. Feilke 1996: 317) und eine (mehr oder weniger stark) konventionalisierte semiotische Gestaltung (z.B. Lay-out, Typographie, Multimodalität). Geprägt wird die Gestaltung des Schemas einer Textsorte durch die rhetorische Intention bzw. die Funktionalisierung eines Textes im Zuge einer kommunikativen Praktik und durch seine Thematik. Weiters spielen für die formale Prägung das jeweils verwendete Medium mit seinen *Affordances* und *Constraints* bzw. die jeweilige Kommunikationsform eine wesentliche Rolle sowie die Lebensform, das soziale Feld oder die Kultur, welche den Hintergrund für die jeweilige textuelle Praktik und damit für das sozial abgestimmte praktische und poietische Handeln bildet. Nicht zuletzt trägt zur Konstitution einer Textsorte auch die Einbindung in Textsortennetzwerke bei. Sie ist ebenfalls wesentlich für die Herausbildung einer textsortenspezifischen Gestalt, da Praktiken häufig „aus dem Vollzug von sequenziell und oft auch simultan koordinierten Aktivitäten" (Deppermann/Feilke/Linke 2016: 10) bestehen und Texte in solche komplexen Praktiken eingepasst werden müssen. Das heißt, ihre Formulierung wird einerseits mit anderen zur Praktik gehörenden Texten abgestimmt bzw. mit Texten, die für andere Praktiken funktionalisiert werden, entweder durch gestalterische Übereinstimmungen oder durch signifikante Unterschiede relationiert, um ihre Funktion adäquat erfüllen zu können. Daraus resultieren einerseits Textsortengestalten, andererseits bilden diese Relationierungen, die noch genauer zu beschreiben sind, die Kanten von Textsortennetzwerken, deren Knoten die einzelnen Textsorten selbst sind.

## 3. Textsortennetze

Die Vernetzungen in Textsortennetzwerken reichen über die intertextuelle Verknüpfung von Texten hinaus bzw. sind sie auf einer anderen Ebene anzusiedeln: Es werden nicht Einzeltexte, *tokens*, vernetzt, sondern die ihnen zugrundeliegenden prototypisierten und als kommunikative Problemlösungen mehr oder weniger fest konventionalisierten Schemata, also *types* (vgl. Hauser 2014: 278). Es geht also nicht um Intertextualität im traditionellen Sinn, sondern um „Textsortenintertextualität" (vgl. Klein 2000: 735) oder „intergenre-ality" (vgl. Devitt 2008: 74): „Mit Vernetzung sind damit anders als bei der Einzeltextreferenz nun nicht mehr konkrete inhaltliche oder formale Bezugnahmen gemeint, sondern syntagmatische und paradigmatische Beziehungen [...]" (Janich 2008: 194), die quasi den Wert („valeur") einer Textsorte im Saussure'schen Sinn im Textsortensystem einer Sprache bzw. im Textsortenrepertoire einer Sprachhandlungsgemeinschaft festlegen.

Paradigmatische Beziehungen[1] zwischen Textsorten – sowohl in ihrer Eigenheit als praktische Handlungen als auch als poietische Artefakte – beruhen auf der Relation der Ähnlichkeit bzw. Differenz und strukturieren Textsortenfelder, während syntagmatische Beziehungen über eine Relationierung per Kontiguität Textsortenketten oder „genre chains" (Fairclough 2003: 216) konstituieren.

Eine Form einer paradigmatischen Relation zwischen Textsorten lässt sich vom Begriff der „dispersed practices" (Schatzki 1996: 91–98.) ableiten:

> „[Dispersed practices] are woven into nexuses. They are not isolated and self-contained atoms. Their ‚dispersion' consists simply in their widespread occurrence across different sectors of social life, [...]." (Schatzki 1996: 91)

Es handelt sich dabei um Praktiken wie Beschreiben, Erzählen, Befehlen, Befragen, Erklären etc., die in verschiedenen Kontexten, d.h. im Rahmen komplexerer Praktiken, eingesetzt werden können, wobei sie quasi ein Paradigma bilden, aus dem die jeweils geeignetste Praktik gewählt werden kann. Wenn Schatzki auch eher Beispiele für Diskursmodi (vgl. Smith 2003) bzw. Praktiken der Vertextung auf mesostruktureller Ebene anführt und nicht Textsorten, so lassen sich doch auch diese als „dispersed practices" auffassen, die nach erfolgter Selektion mit anderen kombiniert oder in eine Sequenz eingefügt werden, sodass sie zum funktionalen Element einer komplexen Praktik werden.

Allerdings engen die Anforderungen der jeweiligen komplexen Praktik die Variationsmöglichkeiten der poietischen Gestalt der Textsorte gerade in einem Fall wie dem der Massenbettelbriefe stark ein, sodass ihre „Dispersion" in unterschiedliche komplexe Praktiken nicht so einfach möglich ist (im Gegensatz zu weniger eng definierten Textsorten wie z.B. Erlebnisberichten). Dennoch sind

---

[1]  Zu den paradigmatischen und syntagmatischen Beziehungen zwischen Textsorten vgl. Adamzik (2011: 372–380).

z.B. in ihrer Formulierung adaptierte Massenbettelbriefe denkbar, die von Einzelpersonen – heutzutage wohl eher per E-Mail – mit der Bitte um Geld verschickt werden, oder auch von Politikern oder Parteien, die Wahlkampfspenden sammeln. Massenbettelbriefe können jedenfalls zu einem Textsortenparadigma gezählt werden, das alle Textsorten bzw. textuellen Praktiken umfasst mit dem Ziel, finanzielle Unterstützung zu erhalten[2]. Die Ähnlichkeitsrelation zu anderen Textsorten dieses Paradigmas besteht in der grundlegenden Funktion, die Differenz hingegen in der unterschiedlichen Formulierung, die vor allem durch die Einbindung in die jeweilige komplexere Praktik geprägt ist. Im Falle der Massenbettelbriefe wäre dies die Praktik des sozialen Engagements (im Rahmen einer NGO).

Solche komplexeren Praktiken bezeichnet Schatzki (1996: 98–110) als „integrative practices": „By ‚integrative practices' I mean the more complex practices found in and constitutive of particular domains of social life." (Schatzki 1996: 98)[3] In „integrative practices" werden „dispersed practices" durch gemeinsames Vorkommen und funktionales Zusammenwirken – häufig in Sequenzen – miteinander verbunden und aufeinander bezogen, sodass syntagmatisch strukturierte Textsortennetzwerke entstehen.

Dass Textsorten sowohl paradigmatisch als auch syntagmatisch in Netzwerke eingebunden sind, ist demnach unvermeidlich, zumal Textsorten gar nicht vorstellbar sind, die quasi alleine und für sich in einem Textsortenrepertoire existieren bzw. nicht als Teile von Kommunikationsprozessen, d.h. (textuellen) Äußerungssequenzen im Rahmen einer „integrative practice", fungieren. Um von einer Textsortenvernetzung sprechen zu können, müssen diese Relationen jedoch systematisch sein.

Systematische Vernetzungen sind aber per definitionem strukturiert. Damit stellt sich die Frage, wie Textsortennetze strukturiert sind bzw. sein können. Grundsätzlich kann hier zwischen einer hierarchischen oder einer rhizomatischen Relationierung der einzelnen Knoten eines Textsortennetzes unterschieden werden.

---

[2]   Andere Textsorten dieses Paradigmas wären z.B. der persönliche Bittbrief oder das Erpresserschreiben.

[3]   Anzumerken ist hier, dass komplexere „dispersed practices" selbst als „integrative practices" betrachtet werden können. So enthalten z.B. Massenbettelbriefe (literale) Praktiken des Beschreibens, Erzählens, Argumentierens etc.

Paradigmatische Textsortenvernetzungen können, sofern man unter dem Textsortenbegriff in Anlehnung an den generell „weicher" definierten „genre"-Begriff der angloamerikanischen Textlinguistik auch Kommunikationsformen und Textsortenklassen subsumiert, hierarchisch strukturiert sein. Im Fall der Massenbettelbriefe kann eine solche Hierarchie folgendermaßen aussehen: Brief → Massenbrief → Massenbettelbrief.[4] Aus solchen hierarchisch strukturierten Vernetzungen resultieren Textsortentypologien (vgl. Bateman 2008: 218–223), in denen der einzelnen Textsorte ihr Wert im System mittels einer Einordnung in die Hierarchie zugewiesen wird. Diese Einordnung erfolgt durch die Vererbung von Merkmalen übergeordneter Textsortenklassen sowie durch die Zuschreibung zusätzlicher, die Textsorte spezifizierender Merkmale: „A genre [= Textsorte] is then described in terms of the ‚features' collected on one complete traversal of the possibilities that the network offers." (Bateman 2008: 219)

Paradigmatische Textsortennetze können jedoch auch als rhizomatisch strukturiert betrachtet werden, wenn man quasi auf der untersten Ebene, also auf der der Textsorte ‚Massenbettelbrief', bleibt und wenn es auf dieser Ebene keine zentrale Textsorte gibt, von der die anderen nur mehr oder weniger ausgeprägte Abweichungen darstellen. Vielmehr sind in diesem Fall alle relationierten Textsorten in ihrem Wert im System als gleich anzusehen. Bateman (vgl. 2008: 223–225) nennt solche Paradigmen „Textsortentopologien": „A topological space of genres is […] simply one in which each genre is characterised as being nearer or more distant from other genres along a number of dimensions of comparison." (ebd.: 223) In einer solchen Textsortentopologie steht die Textsorte Massenbettelbrief in Relation zu Werbefolder, (privatem) Bittbrief, Erpresserschreiben etc., mit denen sie einige Merkmale (z.B. Appellfunktion) teilt, von denen sie aber andere (z.B. Kommunikationsform) unterscheiden. Weder unter dem Aspekt der Praxis noch unter dem der Poiesis ist jedoch eine dieser Textsorten den anderen übergeordnet, noch ist eine zentral für dieses Textsortenparadigma.

Syntagmatische Textsortennetze ergeben sich aus der Sequenzierung oder anders gearteten Kombination textueller Praktiken. Sie sind tendenziell hierarchisch

---

[4]   Die Hierarchie kann, wenn man andere Kriterien heranzieht, auch anders aussehen, z.B.: appellierender Text → Bittbrief → Massenbettelbrief. Zu solchen hierarchischen Strukturen vgl. auch Adamzik (2016: 331f.).

strukturiert, da es zumeist einen zentralen Text gibt, der den anderen in funktionaler Hinsicht übergeordnet ist. Auch wenn dies nicht der Fall ist, kann man nicht von einer rhizomatischen Struktur sprechen, weil man meistens nur einem Weg durch einen Kommunikationsprozess folgen oder zumindest die Abfolge nicht einfach abändern kann.

Hierarchisch ist ein Netzwerk jedenfalls, wenn ein „supergenre" (Devitt 2008: 74) auszumachen ist: „[…] a genre that serves as the basis of and reference point for other genres." Ein Beispiel ist in unserem Zusammenhang die Seite einer Website einer NGO, auf der diese sich und ihre Aktivitäten vorstellt, z.B. „Über Amnesty" (http://www.amnesty.de/ueber-amnesty) auf der Website von *Amnesty International Deutschland*, da hier die Begründung für alle (auch kommunikativen) Aktivitäten der Organisation zu finden ist.

Massenbettelbriefe sind in die Kommunikationsprozesse einer NGO syntagmatisch eingebaut, indem sie in ihrer Argumentation auf Informationstexte, z.B. auf der Website, zuweilen aber auch in Presseaussendungen verweisen, oder dadurch, dass sie der direkten Spendenaufforderung in Form eines Erlagscheins vorangehen und sie diese Aufforderung ausformulieren. Außerdem zielen sie auf eine Reaktion in Form einer Spende ab, die diesen Prozess abschließen würde. Massenbettelbriefe sind also Teil einer Textsortenkette, wobei diese aber nicht notwendigerweise immer vollständig durchlaufen werden muss. Sie stellen ein wichtiges Element in dieser „genre chain" dar, sie sind aber sicher nicht zentral, sondern dem Erlagschein in gewissem Sinn untergeordnet, da sie die ihm implizite Spendenaufforderung – das zentrale Element beim Prozess der Spendenakquisition – nur unterstützen.

Zusammenfassend kann man feststellen, dass die Textsorte ‚Massenbettelbrief' in paradigmatische Textsortennetze eingebettet ist, die hierarchisch-typologisch oder rhizomatisch-topologisch beschreibbar sind, und in syntagmatische Textsortenketten mit einem, wenn auch nicht deutlich ausgeprägten Supergenre. Weiters sind Massenbettelbriefe als „dispersed practice" und im Rahmen von „integrative practices" mit anderen vernetzt. Diese Textsorte bildet also einen Knoten in einem komplexen Netzwerk. Dessen Verknüpfungen wiederum können sich in 12 Dimensionen konstituieren.

## 4.  Die 12 Dimensionen der Textsortenvernetzung

Bei den Relationen zwischen den Textsorten können drei Typen[5] unterschieden werden:

i.    Kontiguität im Sinne einer Art von „physischer" Nähe. Diese kann materiell, temporal, meronymisch oder virtuell sein, wobei letztere nicht als konkret physisch zu bezeichnen ist.

ii.   Ähnlichkeit / Kontrast in formaler, funktionaler oder thematischer Hinsicht.

iii.  Transkriptive Bezugnahmen (vgl. Jäger 2010: 309), d.h. Relationen, die auf dem intra- oder intermodalen bzw. intra- oder intermedialen Transkribieren eines Textes in einen anderen beruhen, wobei im resultierenden Text noch Spuren, z.B. in Form inhaltlicher Übernahmen, zu erkennen sind. In diesen manifestieren sich die Relationen zwischen Ausgangs- und Resultatstext.

Der jeweilige Relationstyp ist wesentlich für die Konstitution einer Kante in einem Netzwerk, wobei 12 Dimensionen für die Ausrichtung der Verknüpfungen möglich sind:

(1) Form: Dieser Dimension liegt das Ergebnis poietischen Handelns im engeren Sinn zugrunde, das sich vor allem im Textdesign und Lay-out, in der semiotischen Gestaltung sowie im sprachlichen Stil, also an der Textoberfläche bzw. in der Textur konkretisiert. Die Vernetzung mit anderen Textsorten erfolgt über Relationen der Ähnlichkeit mit bzw. des Kontrasts zu anderen Textsorten in Hinblick auf die jeweils konventionalisierte und schematisierte prototypische Textsortengestalt. Da Massenbettelbriefe – auch die als Flyer distribuierten – eine Briefform aufweisen (siehe Abb. 1) und formal wie eine Amalgamierung von Geschäftsbrief, persönlichem Schreiben und Werbesendung wirken, sind sie diesen Textsorten notwendigerweise in ihrer Formulierung ähnlich, wobei sie aber gerade durch diese Vermischung von musterhaft geprägten Formulierungsweisen auch wieder jeweils mit jeder von ihnen kontrastieren. Auf diese

---

[5]   Zu den ersten beiden Typen vgl. Adamzik (2011: 375–379).

Weise entstehen auf der Dimension der Form Relationen zu diesen, aber auch anderen Textsorten.

Dies gilt bei komplexen Massenbettelbriefsendungen im Übrigen nur für den Kerntext, eben den „Brief" im eigentlichen Sinn, während etwaige Zusatztexte formal an andere Textsorten (z.B. journalistischer Bericht oder persönliche Erlebniserzählung) angelehnt sein können.

(2) Funktion: Über die Ähnlichkeit der Funktion als Sprechhandlung im Bühler'schen Sinn bzw. als textuelle Praktik werden Massenbettelbriefe z.B. mit Werbetexten unterschiedlicher Form oder mit persönlichen Bittbriefen, bis zu einem gewissen Grad auch mit Erpresserbriefen relationiert. Bei allen diesen Textsorten ist die Appellfunktion (vgl. Brinker/Cölfen/Pappert 2014: 109–117) primär, wobei es bei allen spezifischer um einen Appell, vom Adressaten Geld zu bekommen, geht. Allerdings ist der Appell natürlich nicht in jeder Hinsicht als gleichartig zu beurteilen. Diese funktionalen Unterschiede, und damit die Kontraste auf dieser Dimension, entstehen vor allem auch dadurch, dass die den Appell in allen diesen Textsorten unterstützende und damit ihm untergeordnete Informationsfunktion jeweils anders ausgeprägt ist, obwohl man feststellen muss, dass jeweils zumeist über das bloße Informieren hinausgegangen und zusätzlich durch die Information auf eine Emotionalisierung abgezielt wird. Weiters ist bei diesen Textsorten neben der Kontaktfunktion auch eine Obligationsfunktion von Relevanz: In einem Massenbettelbrief verpflichtet sich eine NGO, mit den Spenden in der beschriebenen Notsituation zu helfen, in einem Erpresserschreiben verpflichtet sich der Sender, nach Erhalt des erpressten Geldes z.B. einen Entführten freizulassen. In beiden Fällen dienen die Textpassagen mit Obligationsfunktion der argumentativen Stützung des Appells.

(3) Strategie: Um ihre Funktion als Sprechhandlung erfüllen zu können, werden Massenbettelbriefe im strategischen Rahmen einer „integrative practice" („Spendenakquisition einer NGO") funktionalisiert. Die Vernetzung mit anderen Textsorten erfolgt auf dieser Dimension einerseits über die Ähnlichkeit mit der Funktionalisierung z.B. von Schreiben der *Österreichischen Klassenlotterie*, deren Gesamtstrategie allerdings nicht auf eine Spende, sondern auf den Kauf eines Lotterieloses abzielt. Andererseits werden Massenbettelbriefe durch

eine (virtuelle) meronymische Kontiguität mit anderen Textsorten der Gesamtstrategie der Kommunikation einer NGO vernetzt.

(4) Sequenz: Durch die mehr oder weniger notwendige Abfolgestruktur textueller Handlungen im Rahmen einer „integrative practice" wie der der Spendenakquisition bzw. von Textsorten in einer „genre chain" entsteht eine sequenzielle (temporale) Kontiguität zu anderen Textsorten, die Basis einer syntagmatischen Vernetzung ist. Im Falle der Spendenakquisition kann eine solche Sequenz folgendermaßen aussehen: Massenbettelbrief als Postwurfsendung / Flyer → Spende mittels Erlagschein → (Dankschreiben + neuer) Massenbettelbrief → Spende mittels Erlagschein → Massenbettelbrief etc.

(5) Materielle Kontiguität: Häufig werden Massenbettelbriefe als Elemente einer komplexen Briefsendung oder eines kleinen Päckchens ausgeschickt, d.h. zusammen mit z.B. einem Informationsfolder, einem konkreten oder allgemeinen Dankschreiben, dem (fingierten?) Wunschbrief eines Kindes / eines Katastrophenopfers, einem Foto einer Hilfsbedürftigen oder mit Losen, Glückwunschkarten, einem Schlüsselanhänger, einem Kugelschreiber mit Namen der NGO etc. und stets mit einem Erlagschein. Es ergibt sich also eine materielle Kontiguität zu anderen Textsorten im Kuvert und zu anderen Elementen, die semiotisch aufgeladen, aber nur im weitesten Sinn Texte sind.

(6) Hypertextuelle Verlinkung: Hypertextuell werden grundsätzlich Einzeltexte verlinkt. Wenn es sich aber um mehr oder weniger systematische Verlinkungen jeweils von Texten derselben Textsorten handelt, kann man von einer Textsortenvernetzung sprechen. So ist bei Massenbettelbriefen die Angabe der Internetadresse der NGO mittlerweile praktisch obligatorisch. Seltener ist die hypertextuelle Verlinkung mit einem elektronischen Informationstext per QR-Code oder die Nennung eines Hashtags zur Verknüpfung mit Tweets der NGO zu einer Notsituation (z.B. von Amnesty International: #MissionTraiskirchen). Beides könnte aber angesichts der zunehmenden Verknüpfung von Off- und Online-Kommunikation zur Stärkung dieser Dimension der Textsortenvernetzung beitragen.

(7) Diskursmodus: Diskursmodi sind Arten der Vertextung auf der Meso-Ebene eines Textes. Smith (2003: 8f.) nennt fünf solche Modi, wie ein Thema in einem

Text abgehandelt werden kann: „narrative", „description", „report", „information" und „argument". Textsorten sind geprägt durch die Dominanz eines Diskursmodus oder durch eine spezifische Kombination mehrerer dieser Diskursmodi. Massenbettelbriefe werden vom „argument mode" dominiert, weisen aber oftmals auch, vor allem in die Argumentation stützenden Passagen, den „description mode" (Beschreibung einer statischen Situation, z.B. in einem von Hunger bedrohten Notstandsgebiet) oder den „report mode" (Bericht, z.B. über die Auswirkungen einer Katastrophe auf die gegenwärtige Situation) auf. Auffallend sind in Massenbettelbriefen Textmodule im Reportmodus, die – meist semiotisch multimodal – entweder über die Ursachen einer Notsituation oder über die erfolgreiche Arbeit der NGO berichten (siehe Abb. 1). Die Vernetzung mit anderen Textsorten beruht auf der Ähnlichkeit der verwendeten Diskursmodi – also z.B. zu Textsorten der politischen Propaganda, die ebenfalls vom „argument mode" dominiert werden, aber in vergleichbarer Weise auch auf den „description mode" und den „report mode" zurückgreifen. Außerdem sind Massenbettelbriefe durch eine transkriptive Bezugnahme mit Texten, die vorherrschend im (atemporalen) „information mode" oder im (statischen) „description mode" formuliert sind, vernetzt, indem deren Inhalt z.B. in einen Bericht über einen konkreten exemplarischen Einzelfall in einer Katastrophensituation transkribiert wird.

(8) Semiotischer Modus: Massenbettelbriefe sind grundsätzlich, wenn auch in unterschiedlichem Ausmaß multimodal, da sie sprachlich-schriftliche, aber auch bildliche oder graphische Elemente in ihre Textur einbauen. Damit stehen sie in einer Ähnlichkeitsrelation zu anderen vornehmlich multimodalen Textsorten und in einem transkriptiven Verhältnis zu etwaigen rein oder zumindest dominant sprachlich-schriftlichen Textsorten, wie z.B. offiziellen Berichten des UN-HCR, wobei die multimodale Transkription zum Zweck der Stärkung des Appells an die Adressaten erfolgt.

Zu erwähnen ist hier noch, dass die sprachlich-schriftlichen Teile dieser Textsorte prinzipiell in Druckschrift gestaltet sind. Es gibt aber signifikante Ausnahmen: Zum Beispiel sind die Unterschriften am Ende der Massenbettelbriefe zwar natürlich auch aufgedruckt, aber stets im semiotischen Modus der Handschrift. Besonders auffällig ist auch, dass die NGO *Pro Juventute* ihren

Massenbettelbriefen zu Weihnachten einen Zusatztext beilegt, der wie der kopierte handschriftlich verfasste Brief eines Kindes ans Christkind aussieht. Damit wird – neben anderen Relationierungen – ein Bezug zu handschriftlich verfassten und so persönlicher wirkenden Textsorten hergestellt.

(9) Medium / Kommunikationsform: Über diese Dimension sind Textsorten miteinander vernetzt, die im selben Medium erscheinen, wobei die Vernetzung noch enger ist, wenn sie dieselbe Kommunikationsform nutzen und von dieser zusätzlich geprägt werden. Der Relationstyp ist dabei der der Ähnlichkeit bzw. Identität des verwendeten Mediums. Andererseits kann man auch von einer Vernetzung durch Kontrast mit Textsorten, die ein anderes Medium nutzen, sprechen. Auf diese Weise sind Massenbettelbriefe auf der einen Seite mit anderen gedruckten Textsorten relationiert, vor allem solchen, die texttypologisch der Kommunikationsform Brief zugeordnet sind, auf der anderen Seite z.b. mit E-Mails, also einer Kommunikationsform in einem anderen Medium.

(10) Diskurs: In einem Diskurs, verstanden als virtuelle Gesamtheit von Texten, Textteilen, andersartigen sprachlichen Äußerungen, Bildern, (seltener auch:) anderen semiotischen Gebilden, die durch eine gemeinsame oder zumindest überlappende Thematik verbunden sind, bewirkt die Ähnlichkeit der Diskurszugehörigkeit eine Vernetzung. Man kann diese auch als virtuelle Kontiguität durch Diskursivität (vgl. Warnke 2002) beschreiben, allerdings nicht akzidentiell auf der Ebene der Einzeltexte, sondern systematisch auf Textsortenebene. Bei Massenbettelbriefen findet sich diese Art der Textsortenvernetzung z.B. in Form von Verweisen auf journalistische Katastrophenberichte, die im Diskurs in der Regel den Massenbettelbriefen vorangehen.

(11) Kommunikationsgemeinschaft: In sozialen Feldern, zum Teil auch darüber hinaus entstehen Kommunikationsgemeinschaften (Ehlich 2011: 43), in denen bzw. für deren Zwecke sich ein Textsortenrepertoire herausbildet, das auch eine kommunitäre, d.h. die Gemeinschaft konstituierende und perpetuierende Funktion hat. Massenbettelbriefe gehören zum Textsortenrepertoire einer Kommunikationsgemeinschaft von NGOs mit karitativen und sozio-politischen Zielen und von Menschen, die helfen bzw. eine sozio-politische Agenda unterstützen wollen. Sie sind in diesem Textsortenrepertoire durch Kontiguität in Form einer

gemeinsamen Verwendung in kommunikativen Praktiken der Kommunikationsgemeinschaft vernetzt, aber auch durch Ähnlichkeit mit bzw. Kontrast zu anderen Textsorten aufgrund ihrer jeweiligen Funktionalität im Repertoire.

(12) Ideologie: Mit „Ideologie" ist hier keine politische Ideologie im engeren Sinn gemeint, sondern ein alle Lebensbereiche betreffendes System an Weltauffassungen, Einstellungen und Werten:

> „We can define as ideological any basic pattern of meaning or frame of interpretation bearing on or involved in (an) aspect(s) of social ‚reality' (in particular in the realm of social relations in the public sphere), felt to be commonsensical, and often functioning in a normative way." (Verschueren 2012: 10)

Massenbettelbriefe als kommunikative Praktik bzw. Element einer sozialen Praktik sind durch den religiös oder politisch begründeten ideologischen Wert der Solidarität mit Schwächeren oder Notleidenden (auch wenn man diese nicht persönlich kennt) motiviert. Daraus resultiert eine Ähnlichkeitsrelation mit anderen Textsorten mit demselben ideologischen Kontext (z.B. Fürbitten, Solidaritätsbekundungen) bzw. ein Kontrast zu solchen mit einem anderen ideologischen Hintergrund (z.B. Hetzschriften). Die Ähnlichkeit bzw. der Kontrast, der für diese Dimension der Textsortenvernetzung relevant ist, ist dabei nicht auf einer inhaltlichen Ebene zu verorten, sondern betrifft die Textsorte als kommunikative Praktik zum Zweck der Umsetzung ideologischer Einstellungen.[6]

## 5. Schluss: Massenbettelbriefe als Knoten in Textsortennetzen

Die Textsorte „Massenbettelbrief" ist ein Knoten in mehreren miteinander verknüpften Textsortennetzen, wobei sie als Knoten logischerweise nur aufgrund der Netze bzw. Vernetzungen existieren kann. Die Art der Gestaltung und der Funktionalisierung dieser Textsorte basiert daher wesentlich auf diesen Vernetzungen auf den 12 beschriebenen Dimensionen. Das Fazit der Analyse lautet demnach:

---

[6] Dass die Ideologie auch an den Inhalten einzelner Äußerungen innerhalb von Massenbettelbriefen erkennbar ist, stellt hingegen eine Textsortenvernetzung auf der Dimension des Diskurses dar. Ein religiös-ideologisch motiviertes Beispiel dafür ist: „Syrische Familien brauchen ein wärmendes Dach überm Kopf!" (Aus: Massenbettelbrief des *Diakonie-Flüchtlingsdiensts*, März 2015); ein politisch-ideologisches hingegen: „Österreich verletzt derzeit Menschenrechtsstandards in der Unterbringung und Verwaltung von Asylwerber*innen." (Aus: Massen-Bettelbrief von *Amnesty International*, August 2015).

Das Wesen dieser – wie auch jeder anderen – Textsorte ist notwendig nur durch Analyse der Einbettung in Textsortennetze beschreibbar und erklärbar.

## Literatur

Adamzik, Kirsten (2011): „Textsortennetze", in: Habscheid, Stephan (Hg.): *Textsorten, Handlungsmuster, Oberflächen. Linguistische Typologien der Kommunikation.* Berlin/New York: de Gruyter, 367–385.

Adamzik, Kirsten (2016): *Textlinguistik. Grundlagen, Kontroversen, Perspektiven.* 2. Aufl. Berlin/Boston: de Gruyter.

Antos, Gerd (2009): „Semiotik der Text-Performanz. Symptome und Indizien als Mittel der Bedeutungskonstitution", in: Linke, Angelika/Feilke, Helmuth (Hgg.): *Oberfläche und Performanz. Untersuchungen zur Sprache als dynamischer Gestalt.* Tübingen: Niemeyer (RGL 283), 407–427.

Aristoteles (2004): *Die Nikomachische Ethik.* 6. Aufl. München: Deutscher Taschenbuch Verlag (dtv 30126).

Bateman, John A. (2011): *Multimodality and Genre. A Foundation for the Systematic Analysis of Multimodal Documents.* Basingstoke: palgrave macmillan.

Brinker, Klaus/Cölfen, Hermann/Pappert, Steffen (2014): *Linguistische Textanalyse. Eine Einführung in Grundbegriffe und Methoden.* 8. neu bearb. und erw. Aufl. Berlin: Erich Schmidt (Grundlagen der Germanistik 29).

Bühler, Karl (1999): *Sprachtheorie. Die Darstellungsfunktion der Sprache.* 3. Aufl. Stuttgart: Lucius & Lucius (UTB 1159).

Deppermann, Arnulf/Feilke, Helmuth/Linke, Angelika (2016): „Sprachliche und kommunikative Praktiken: Eine Annäherung aus linguistischer Sicht", in: Deppermann, Arnulf/Feilke, Helmuth/Linke, Angelika (Hgg.): *Sprachliche und kommunikative Praktiken.* Berlin/Boston: de Gruyter (= Institut für deutsche Sprache; Jahrbuch 2015), 1–23.

Devitt, Amy J. (2008): *Writing Genres.* Carbondale: Southern Illinois University Press.

Ehlich, Konrad (1983): „Text und sprachliches Handeln. Die Entstehung von Texten aus dem Bedürfnis nach Überlieferung", in: Assmann, Jan/Assmann, Aleida/Hardmeier, Christof (Hgg.): *Schrift und Gedächtnis. Beiträge zur Archäologie der literarischen Kommunikation.* München: W. Fink (Archäologie der literarischen Kommunikation 1), 24–43.

Ehlich, Konrad (2011): „Textartenklassifikation. Ein Problemaufriss", in: Habscheid, Stephan (Hg.): *Textsorten, Handlungsmuster, Oberflächen. Linguistische Typologien der Kommunikation.* Berlin/New York: de Gruyter, 33–46.

Fairclough, Norman (2003): *Analysing Discourse. Textual analysis for social research.* London/New York: Routledge.

Feilke, Helmuth (1996): *Sprache als soziale Gestalt. Ausdruck, Prägung und die Ordnung der sprachlichen Typik.* Frankfurt a.M.: Suhrkamp.

Hauser, Stefan (2014): „Netze im Wandel – Wandel in Netzen. Diachrone Perspektiven auf die Vernetztheit von Textsorten", in: Hauser, Stefan/Kleinberger, Ulla/Roth, Kersten Sven (Hgg.): *Musterwandel – Sortenwandel. Aktuelle Tendenzen der diachronen Text(sorten)linguistik.* Bern u.a.: Lang (Sprache in Kommunikation und Medien 3), 269–306.

Jäger, Ludwig (2010): „Intermedialität – Intramedialität – Transkriptivität. Überlegungen zu einigen Prinzipien der kulturellen Semiosis", in: Deppermann, Arnulf/Linke, Angelika (Hgg.): *Sprache intermedial. Stimme und Schrift, Bild und Ton.* Berlin/New York: de Gruyter (= Institut für deutsche Sprache; Jahrbuch 2009), 301–323.

Janich, Nina (2008): „Intertextualität und Text(sorten)vernetzung", in: Janich, Nina (Hg.): *Textlinguistik. 15 Einführungen.* Tübingen: Narr, 177–196.

Janich, Peter (2014): *Sprache und Methode. Eine Einführung in die philosophische Reflexion.* Tübingen: A. Francke (UTB 4124).

Keller, Rudi (1994): *Sprachwandel. Von der unsichtbaren Hand in der Sprache.* 2. Aufl. Tübingen/Basel: A. Francke (UTB 1567).

Klein, Josef (2000): „Textsorten im Bereich politischer Institutionen", in: Brinker, Klaus/Antos, Gerd/Heinemann, Wolfgang/Sager, Sven F. (Hgg.): *Text und Gesprächslinguistik. Ein internationales Handbuch zeitgenössischer Forschung.* 1. Halbband. Berlin/New York: de Gruyter (HSK 16.1), 732–755.

Schatzki, Theodore R. (1996): *Social Practices. A Wittgensteinian Approach to Human Activity and the Social.* Cambridge: Cambridge University Press.

Smith, Carlota S. (2003): *Modes of Discourse. The Local Structure of Texts.* Cambridge: Cambridge University Press (Cambridge Studies in Linguistics 103).

Stetter, Christian (1999): *Schrift und Sprache.* Frankfurt a.M.: Suhrkamp (stw 1415).

Verschueren, Jef (2012): *Ideology in Language Use. Pragmatic Guidelines for Empirical Research.* Cambridge: Cambridge University Press.

Warnke, Ingo (2002): „Adieu Text – bienvenue Diskurs? Über Sinn und Zweck einer poststrukturalistischen Entgrenzung des Textbegriffs", in: Fix, Ulla/Adamzik, Kirsten/Antos, Gerd/Klemm, Michael (Hgg.): *Brauchen wir einen neuen Textbegriff? Antworten auf eine Preisfrage.* Frankfurt a.M.: Lang (Forum Angewandte Linguistik 40), 125–141.

Wittgenstein, Ludwig (1984): *Tractatus-logico-philosophicus. Tagebücher 1914-1916. Philosophische Untersuchungen.* Frankfurt a.M.: Suhrkamp (stw 501).

Tanja Škerlavaj

# Text und kulturelle Institution. Einige Überlegungen zum Textsortennetz ‚Theater'

Der Beitrag bietet einen Einblick in mein Forschungsvorhaben, in dem die Phänomene ‚Text' und ‚kulturelle Institution' zueinander in Beziehung gesetzt werden. Wie geben sich kulturelle Institutionen durch ihre Texte zu erkennen? Inwiefern wird eine Textsorte durch die kulturelle Institution bestimmt? Im geplanten Forschungsprojekt wird versucht, diese Fragen anhand des Texsortennetzes ‚Theater' zu beantworten. Im Beitrag werden nach einer kurzen theoretischen Auseinandersetzung mit der Textsortenvernetzung verschiedene Textsorten rund um eine Theaterinszenierung präsentiert. Anhand einer textlinguistisch-semiotischen Analyse der Textsorte ‚Spielplan' wird anschließend erläutert, wie die kulturelle Institution Theater diese Textsorte geprägt hat und wie sie im konkreten Fall der gewählten Theaterinstitution aussieht.

## 1. Einleitung

Trotz der relativ kurzen Geschichte der Textlinguistik hat sich der Textbegriff in den letzten Jahrzehnten entscheidend gewandelt. In jüngster Zeit beobachten wir Bestrebungen vieler Textlinguisten, den Textbegriff auf das Außersprachliche zu erweitern. Laut Fix (2008) sollen die von de Beaugrande/Dressler (1981) so genannten Textualitätskriterien um die gedanklichen Phänomene *Gestaltganz-heit*[1] und *Kulturalität* sowie um die Phänomene *Medialität, Materialität* und *Lokalität* ergänzt werden. Sowohl die ursprünglichen sieben Beschreibungsdimensionen als auch die später vorgeschlagenen *Gestaltganzheit* und *Kulturalität* erfassen all das, „was den Einsatz der sprachlichen Zeichen vor dem Hintergrund von Intention, Funktion, Situation etc. in Textexemplaren und Textsorten betrifft" (Fix 2008: 344). Die Gestaltganzheit, das Stilistische eines Textes, spielt in diesem Beitrag eine besonders wichtige Rolle, denn dabei geht es darum, WIE die Primärinformation eines Textes im Hinblick auf seinen Mitteilungszweck gestaltet wird, wobei dieses WIE auch pragmatische Informationen vermittelt (vgl. Fix 2011). Mit Hilfe der Faktoren Medialität, Materialität und Lokalität, die für die hier beabsichtigte Analyse ebenfalls von großer Bedeutung sind, kann man zudem „die Wahrnehmbarkeit der Texte und das durch sie vermittelte Bedeutungspotenzial" (Fix 2008: 344) erfassen.

---

[1] Hervorhebung im Original.

Dass wir heutzutage Zeugen einer veränderten ‚semiotischen Landschaft' sind (vgl. Stöckl 2004a: 2) und nicht-sprachliche Aspekte im Text zunehmend eine bedeutungskonstitutive Rolle übernehmen, ist unumstritten. Der multimodale und materialitätsbetonte[2] Text wird somit zum Thema zahlreicher textlinguistischer Untersuchungen. Zudem setzen sich sprachwissenschaftliche Arbeiten in der letzten Zeit zunehmend mit dem Verhältnis Sprache und/im Raum bzw. mit der Abhängigkeit der Kommunikation vom Ort der Produktion und Rezeption auseinander (vgl. Domke 2014).

Der Beitrag bietet einen Einblick in das Konzept meines Forschungsprojektes, in dem die Phänomene ‚Text' und ‚kulturelle Institution' zueinander in Beziehung gesetzt werden. Was bedeutet es, wenn man einen Bezug zwischen Text und Institution annimmt? Wie geben sich kulturelle Institutionen durch ihre Texte zu erkennen? Inwiefern wird ein Text bzw. eine Textsorte durch die kulturelle Institution bestimmt? In der geplanten Untersuchung wird versucht, diese Fragen anhand des Textsortennetzes ‚Theater' zu beantworten. In der Textsorten-forschung schien der Kulturbetrieb als Kommunikationsbereich bis vor Kurzem unterrepräsentiert zu sein. Zwar gibt es Studien zu bestimmten Textsorten wie z.B. zur Kunst- bzw. speziell der Musikkritik (Böheim 1987; Beile 1997; Löffler 2006), zur Filmkritik (Stegert 1993; Schnee 1995; Holly 2007), zur Theater- (Gloning 2008) und Literaturkritik (vgl. Thim-Mabrey 2007), einen systematischen Überblick darüber, „welche Rolle(n) die Sprache für die Kom-munikation mit und durch Kunst spielt" (Hausendorf/Müller 2016: IX), bietet jedoch erst der Band *Handbuch Sprache in der Kunstkommunikation* der Reihe ‚Handbücher Sprachwissen' (Hausendorf/Müller 2016). Dieses Handbuch beschränkt sich allerdings auf den Bereich der bildenden Kunst. Als kom-plementäre Darstellung zur Sprachkunst ist der Band *Handbuch Sprache in der Literatur* der Reihe ‚Handbücher Sprachwissen' (Betten/Fix/Wanning 2015) zu sehen. In der Textsortenforschung liegen bis dato jedoch keine breit angelegten Untersuchungen zum Verhältnis von Textsorte und kultureller Institution Theater vor.

Im vorliegenden Beitrag werden nach einer kurzen theoretischen Auseinan-dersetzung mit der Textsortenvernetzung in Anlehnung an Klein (2000b)

---

[2]    Zur Definition der Materialität siehe weiter unten.

verschiedene Textsorten rund um eine Theaterinszenierung präsentiert. Nach der Bestimmung einiger zeichenhafter Möglichkeiten, die zu einer Theaterinszenierung gehören, wird anhand eines konkreten Textbeispiels die Textsorte ‚Spielplan' näher beschrieben und somit erläutert, wie sich die kulturelle Institution Theater auf den Text auswirkt. Anschließend soll auf Desiderata hingewiesen werden, die im Rahmen des Forschungsvorhabens konkretisiert und bearbeitet werden.

## 2.  Textsortennetze: Theoretischer Umriss und Ziele

Aus den technischen Entwicklungen der letzten Jahrzehnte ergibt sich in der heutigen Medienwissenschaft die Perspektive „[ü]ber den Text hinaus" und „die früher so zentral gesetzte Annahme [...], der Text stelle die oberste Einheit der linguistischen Beschreibung und eine in sich abgeschlossene Ganzheit aus linear verketteten sprachlichen Einheiten dar" (Adamzik 2011: 371), tritt in den Hintergrund. Gedruckte Texte sind heutzutage, ähnlich wie Hypertexte, nicht nur multimodal, sondern verfügen über die Eigenschaft „De-Linearisierung": „Langtexte werden zunehmend weniger ganz gelesen" (ebd.: 372), woran man sich auch bei der Textproduktion anpasst. „Wenn nun", so Adamzik, „in diesem bedeutenden, weil omnipräsenten Kommunikationsbereich der Medien die Texteinheit in so starkem Maße in den Hintergrund rückt, dann ist es zweifellos an der Zeit, sich von der Fixierung auf diese Ebene zu befreien und der Frage nachzugehen, welche Rolle Vernetzungen zwischen (Teil)-Texten auch sonst spielen" (ebd.).

Es ist also davon auszugehen, dass zwischen Texten bzw. Textsorten Beziehungen bestehen. Während Klein (2000a) von der sog. Textsorten-Intertextualität spricht, bei der es um funktionale Beziehungen zwischen Textsorten geht und er dieses Phänomen an dem Gesetzgebungsverfahren sowie an der Seifenoper exemplifiziert (Klein 1991, 2000a, 2000b), können Textsorten nach Adamzik (2011: 372f.) anhand folgender Relationen bzw. Kriterien miteinander vernetzt sein:

— Paradigmatische Relationen (z.B. thematische und funktionale Ähnlichkeiten zwischen Textsorten),

— syntagmatische Relationen (Vor- und Nachtextsorten, „Textsortenketten"),
— Relationen der Kontiguität (z.B. Ähnlichkeiten zwischen Texten anhand der räumlichen Nähe),
— Relationen der Formähnlichkeit bzw. -differenz,
   o „Textsorten für bestimmte Zielgruppen"[3] (Adamzik 2011: 379) bzw. „Textsorten vom gleichen Produzenten" (ebd.),
   o „Textsorten aus einem bestimmten Themenbereich"[4] (ebd.).

Da sich die Textsorten des in diesem Beitrag erarbeiteten Textsortennetzes auf die Institution Theater bzw. auf eine Theaterinszenierung beziehen, könnte man – auf paradigmatischer Achse – von institutionellen Beziehungen zwischen den Textsorten sprechen. Diese Textsorten haben also einen gemeinsamen Bezug (auf die Institution Theater bzw. auf eine Theaterinszenierung). Dabei kann man auf einer syntagmatischen Achse auch von Vor- und Nachtextsorten sprechen, denn manche Textsorten setzen die anderen voraus. So setzt z.B. die Kritik einer Theaterinszenierung voraus, dass es einen Text des Bühnenstücks, wahrscheinlich ein Regiebuch usw. gibt.

Da verschiedene Textsorten durch die kulturelle Institution Theater (aber auch durch das Medium, durch das sie vermittelt werden sowie durch den Ort, an dem sie vorkommen) mitbestimmt sind (oder eben nicht), erweist sich eine Erarbeitung des Textsortennetzes ‚Theater' (siehe Abschnitt 3) für die geplante Arbeit als äußerst nützlich. Anhand dieses Textsortenrepertoires werden die Fragen beantwortet, wie die Institution Theater ihre spezifischen Textsorten geprägt hat und wie sie im konkreten Fall der gewählten Theaterinstitutionen aussehen. Im Zentrum der Untersuchung stehen somit die (nicht unbedingt physische) Gebundenheit der zu analysierenden Textsorten an die Institution Theater und ihre Folgen für den Inhalt und die Semiotik der Texte.

---

[3] Dieser Relationstyp wird in der heutigen Textlinguistik jedoch kaum noch beachtet (vgl. Adamzik 2011: 379).
[4] Da Textsorten – anders als Einzeltexte – nicht immer entsprechend ihrer Thematik charakterisiert werden können, spielt dieses Kriterium in der Textsortenforschung – konträr zur Diskurslinguistik – eine untergeordnete Rolle (vgl. Adamzik 2011: 379).

## 3.  Textsorten und Kommunikationsangebote im Textsortennetz ‚Theater'

Die Bühne, Geräusche, Beleuchtung, Kostüme, artikulierte Sprache, Mimik und Gestik der Schauspieler – das sind Assoziationen, die wir normalerweise mit dem Begriff ‚Theater' verbinden. Jedoch sind es nicht nur das aufgeführte Stück, die Schauspieler und die anderen erwähnten Erscheinungen, die im Theater über eine semiotische Bedeutung verfügen und dem Besucher[5] etwas zu verstehen geben. Plakate, Programmhefte und Spielpläne – all das sind Texte, die ebenfalls zum kulturellen System Theater (vgl. Fischer-Lichte 2007) gehören und vom Theaterbesucher wahrgenommen werden (können). Im vorliegenden Beitrag handelt es sich also um eine text(sorten)linguistische Untersuchung der nicht poetischen Texte rund um die Institution Theater.

Bevor ich mich dem konkreten Textsortennetz ‚Theater' zuwende, soll kurz erläutert werden, wie im Beitrag (und im späteren Forschungsprojekt) die Begriffe ‚Text' und ‚Textsorte' verstanden werden. Es wird von einem Text im weiteren Sinn ausgegangen, der, ähnlich wie bei Domke (2014: 15), „alle semiotischen Ebenen umfasst, mit denen durch eine abgrenzbare, funktional bestimmbare Einheit kommunikativ gehandelt wird"[6]. In der Arbeit werden neben rein sprachlichen (schriftlichen sowie mündlichen) Texten vor allem Kombinationen von Verbalem und Visuellem (vgl. Fix 2001: 45) analysiert. Textsorten sollen

> „als konkrete Realisationsformen komplexer **Muster** sprachlicher Kommunikation verstanden werden, die innerhalb der Sprachgemeinschaft im Laufe der historisch-gesellschaftlichen Entwicklung aufgrund kommunikativer Bedürfnisse entstanden sind" (Brinker/Cölfen/Pappert 2014: 133).

Laut Adamzik (2000: 109) sind Textsorten in umfassendere kommunikative Strukturen eingebettet und – wie bereits erwähnt – aufgrund verschiedener Relationen miteinander vernetzt. Innerhalb des Interaktionsrahmens ‚Theater'

---

[5]  In diesem Beitrag wird die generische Maskulinform für Theaterbesucher verwendet – es handelt sich natürlich sowohl um männliche als auch um weibliche Theaterbesucher.

[6]  Hierfür kann auch der Begriff „Kommunikat" verwendet werden (vgl. Adamzik 2016: 69).

ergeben sich im Netzformat (vgl. Klein 2000b: 35) die folgenden Textsorten mit den folgenden Beziehungen zu einer Theaterinszenierung[7]:

Grafik 1: Textsortennetz ‚Theater'

Dabei handelt es sich also nicht nur um schriftlich, sondern auch um mündlich realisierte Textsorten, die sich zudem bezüglich ihrer Medialität unterscheiden. So kann eine Theaterinszenierung beispielsweise im Radio, in der Zeitung oder in Facebook angekündigt werden, ähnlich gibt es Werbetexte im Bereich Theater, die durch Medien bzw. Textträger wie ‚Plakat', ‚Flyer' oder sogar ‚Postkarte' realisiert werden.

In der geplanten Forschungsarbeit werden die dem Textsortennetz ‚Theater' gehörenden Textsorten nicht nur sprachlich, sondern auch hinsichtlich ihrer

---

[7]   Anders als in Klein (2000b) steht im Zentrum des hier untersuchten Textsortennetzes keine Textsorte (wie z.B. die „fernsehtypische Textsorte [...] ‚Folge einer TV-Soap-Opera'" (Klein 2000b: 35)) sondern eine Theaterinszenierung, also eine „inszenierte Aufführung eines Theaterstücks" (Duden Online). Das gemeinsame Merkmal der in diesem Netz paradigmatisch miteinander verbundenen Textsorten ist, wie bereits erwähnt, der gemeinsame Bezug (auf eine Theaterinszenierung).

Medialität, Materialität sowie Orts- und Zeitgebundenheit analysiert. Es wird sich in einem ersten Schritt um Analysen einzelner Exemplare jeder Textsorte handeln; diese werden – um die Vielfältigkeit des Textsortennetzes ‚Theater' aufzuzeigen – durch Analysen weiterer Textexemplare ergänzt.

In der nachfolgenden textlinguistisch-semiotischen Analyse, die als eine Pilotstudie dienen soll, wird die Textsorte ‚Spielplan' samt ihrer Form und kommunikativen Funktion genauer beschrieben und somit erläutert, wie diese Textsorte von der kulturellen Institution Theater mitbestimmt wird.

## 4. Textlinguistisch-semiotische Analyse der Textsorte ‚Spielplan'

Welche Rolle spielt also das Theater bzw. eine Theaterinszenierung bei der Konstitution der im obigen Textsortennetz präsentierten Textsorten? Welche Bedeutung hat Theater für die Textsorte Spielplan und wie ist der Spielplan auf grundlegende Funktionen bzw. kommunikative Aufgaben im Theater bezogen? Um diese Fragen zu beantworten, wird im Folgenden ein Beispieltext, und zwar der Spielplan des Schauspiels Leipzig für März 2015 analysiert. Dabei werden teils in Anlehnung an Klein (2000b: 34f.) und teils in eigener Vorgehensweise[8] die folgenden Analyseschritte vollzogen:

— Benennung des Emittenten des Textes;
— Auseinandersetzung mit der Lokalität sowie der Orts(un)gebundenheit der Textsorte;
— Benennung der Adressaten der Textsorte;
— Bestimmung der Textart;
— Auseinandersetzung mit der Medialität der Textsorte;
— Auseinandersetzung mit der Materialität der Textsorte und ihrer Funktion, zugleich Besprechung der Zeit(un)gebundenheit der Textsorte sowie des Textinhalts;

---

[8] In der vorliegenden Analyse stütze ich mich auf Kleins Textsortenbeschreibung mit erweiterten Beschreibungskategorien Geltungsmodus, Texthandlungsmuster und Textsorten-Intertextualität, und erweitere diese um die Beschreibungsdimensionen Materialität (die im Fall der geschriebenen Texte neben der ‚Bauform' – vgl. Klein (2000b: 41) – auch Bildliches sowie die Typographie in Betracht zieht), Medialität sowie Orts- und Zeitgebundenheit.

— Bestimmung des Textthemas und der Grundfunktion der Textsorte;
— Auseinandersetzung mit der Kategorie Geltungsmodus;
— Auseinandersetzung mit der Sprache der Textsorte;
— Beschreibung der Textsorten-Intertextualität.

Der Spielplan, im Theater-Jargon auch ‚Leporello' genannt, hat eine (mehr oder weniger) textsortenspezifische Form und wird normalerweise (wenn nicht via Internet) durch den Textträger Faltbuch vermittelt.

Der hier zu analysierende Spielplan für März 2015, dessen Emittent (vgl. Klein 2000b: 40) das Schauspiel Leipzig ist, wurde zusammen mit den anderen aktuellen Spielplänen im Hauptgebäude des Schauspiels an der Kasse gefunden. Solche Spielpläne sind zudem in verschiedenen Gebäuden der Universität, in Bibliotheken, Konzertsaalgebäuden, Museen und anderen kulturellen Institutionen, aber auch in Studentenkneipen oder -bars sowie in Pensionen und Hotels zu finden. Die Textsorte ist somit „ortsungebunden" (vgl. Domke 2014: 144f.). Die Adressaten sind potenzielle Theaterbesucher und andere an Kultur interessierte Menschen. Deswegen wird vom Emittenten wahrscheinlich vorausgesetzt, dass die Textsorte ‚Spielplan' an Orten, die mit Kultur und Bildung verbunden sind, eher rezipiert werden als beispielsweise auf einer Baustelle, im Krankenhaus oder auf einem Obst und Gemüse-Markt.

Was die Textart (vgl. Klein 2000b: 40) angeht, so handelt es sich bei der Textsorte ‚Spielplan' um Schrifttexte kürzeren bzw. mittleren Umfangs. Sie können, wie bereits erwähnt, durch die Textträger bzw. Medien Faltbuch oder Internet vermittelt werden. Da das Faltbuch auch ‚Leporello' genannt wird, wird mit diesem Ausdruck oft auf die Textsorte selbst referiert, obwohl es sich primär um das Medium bzw. den Textträger der Textsorte ‚Spielplan' handelt (vgl. Sandig 2006: 427). Leporello, der als „harmonikaartig gefalteter, breiter und längerer Streifen Papier" (Duden Online) definiert wird, kann somit als Textträger auch für Bilder, Ansichtskarten, Wanderkarten, Kalender u.a.m. verwendet werden. Wenn man im Theater-Jargon jedoch vom ‚Leporello' spricht, liegt auf der Hand, dass damit der Spielplan und nicht der physische Textträger gemeint ist, obwohl die Bedeutung ‚Spielplan' des Wortes *Leporello* (noch) nicht lexikalisiert ist. Dass die Theater-Fachleute fast nur vom ‚Leporello' und kaum vom ‚Spielplan' sprechen, weist darauf hin, dass das Medium bzw. der Textträger

typisch für diese Textsorte und somit für die Institution Theater (und beispielsweise nicht für Kino oder Museum) ist. Die Textsorte ‚Spielplan' in gedruckter
Form ist also an das Medium ‚Leporello' gebunden.

Da die Gestaltung der digitalen Version des hier zu analysierenden Spielplans
der Vorderseite der gedruckten Version gleich ist, wird die Materialität der
Textsorte Spielplan nur anhand der gedruckten Version analysiert. Mit dem
Begriff ‚Materialität' ist die graphische Gestaltung des Spielplans gemeint,
darunter werden Bilder und die Typographie im weiteren Sinn[9] verstanden. Auf
der ersten bzw. oberen Seite des Spielplans (wenn aufgefaltet) (siehe Abb. 1) gibt
es einen bunten Rahmen, oben rechts steht in einem schwarzen Kästchen
„Schauspiel Leipzig" und unter dem Strich (in demselben Kästchen) „März[15]",
alles in weißer Farbe. In der Mitte der Seite ist in einer sehr großen Schriftgröße
(‚Mikrotypographie') in schwarzer Farbe auf weißer Grundlage die Nummer drei
abgebildet, die für den Monat März steht. Diese Seite wird vom Monat zu Monat
nur dadurch geändert, dass die Monatsnummer und der -name dem jeweiligen
Monat angepasst werden. Die Textsorte ‚Spielplan' ist also insofern
zeitgebunden, als sich ihr Inhalt monatlich ändert.

Auf der letzten (hinteren) Seite des Spielplans, die außer der ersten die einzige
sichtbare Seite ist, wenn der Spielplan nicht aufgefaltet ist, steht innerhalb des
bunten Rahmens auf weißer Grundlage wiederum in einer großen Schriftgröße
die Aufschrift „Kartentelefon" mit der aktuellen Telefonnummer darunter. Diese
Seite bleibt durch das ganze Jahr unverändert (vgl. Abb. 2).

Zwischen der ersten Vorder- und der letzten Hinterseite ist auf acht Seiten der
Spielplan abgebildet (vgl. Abb. 3). Dieser enthält von oben nach unten in
zeitlicher Abfolge alle Tage im Monat, an denen es (mindestens) eine Aufführung
gibt. Ganz links sind die ersten zwei Buchstaben des Tages (So, Mo, Di...)

---

[9]    Stöckl (2004b: 12) weist darauf hin, dass sich die Typographie nicht nur auf das Design der
       Schriftzeichen beschränkt, „sondern auf die gesamte graphisch-räumliche Konzeption eines
       Textdokuments, d. h. auf sein Layout und seine Materialität zu beziehen" ist (ebd.). In die-
       sem Sinn unterscheidet er zwischen der Mikro- (Schriftgestaltung), Meso- (Gestaltung des
       Schriftbilds in der Fläche und Gebrauch von Schrift im Text), Makro- (Organisation von
       Text und Textteilen) und Paratypographie (Materialität der Dokumentgestaltung). Vgl. auch
       Škerlavaj (2015).

hochgestellt abgebildet, in Großbuchstaben, aber in einer relativ kleinen Schrift-
größe. Rechts neben dem Tag steht in einer relativ großen Schriftgröße das Datum
(von oben nach unten z.b. 01, 02, 03), das zudem fettgedruckt ist. Weiter rechts
ist in einer etwas kleineren Schrift der Name der Bühne abgebildet (im Schauspiel
Leipzig gibt es vier Bühnen: „Große Bühne", „Hinterbühne", „Diskothek" und
„Baustelle", außerdem gibt es manche Aufführungen in der „Residenz" oder
„Außer Haus"[10]). Unter jeder Benennung der Bühne steht in gleicher Größe die
Zeit der Aufführung, und rechts neben der Bühne und Zeit der Titel der
Aufführung. Dieser ist wiederum größer, fettgedruckt und in einer anderen
Schriftart als das Datum abgebildet. Die größere Schriftgröße des Datums und des
Titels hat ohne Zweifel eine aufmerksamkeitsgenerierende Funktion. Das Datum
und der Titel spielen somit die Rolle eines sprachlichen und typographischen
Blickfangs – wahrscheinlich schaut sich der Rezipient zunächst die Titel der
Theaterstücke an und informiert sich darüber, an welchem Tag sie aufgeführt
werden, erst dann liest er die anderen Informationen zur Aufführung (Uhrzeit,
Bühne usw.). Neben dem Titel stehen bei einigen Aufführungen Hinweise in
Form dreier verschiedener Zeichen, für die es ganz unten, in der rechten Ecke der
letzten/unteren Seite, eine Legende gibt. Die Zeichen stehen für die Uraufführung
(weiße Buchstaben UA in einem schwarzen Kreis), Audiodeskription (ein
durchgestrichenes Auge, ein Zeichen für Blinde) und Simultanübersetzung
(Kopfhörer). Bei den Aufführungen, wo neben dem Titel das Zeichen für die
Simultanübersetzung vorkommt, steht unter den Kopfhörern noch die Sprache, in
die die Aufführung übersetzt ist (z.B. „Eng" oder „Esp"). Rechts von bzw. unter
diesen Hinweisen (bzw. gleich nach dem Titel, falls es keine Hinweise gibt)
stehen weitere Informationen zum Stück. Diese sind knapp gefasst und in einer
sehr kleinen Schriftgröße gesetzt. Es handelt sich um Informationen über die
Autoren der Theaterstücke (z.B. „von Elfride Jelinek"), über weitere Geschehen
rund um die Aufführung (z.B. „Einführung: 19.00 im Rangfoyer"), über
Besonderheiten der Aufführung (z.B. „Premiere", „Szenische Lesung"), über
weitere Daten der Gastspiele (z.B. „25. + 26.3.: Gastspiel Rechnitz (Der
Würgeengel) am Stadttheater Aschaffenburg") usw. Wenn es an einem Tag
mehrere Aufführungen gibt, stehen rechts vom Tag und Datum mehrere Uhrzeiten

---

[10]  Siehe <http://www.schauspiel-leipzig.de/buehnen/> [25.7.2015].

mit jeweils einem Titel untereinander angereiht. Damit der Spielplan über-sichtlicher ist, gibt es nach jeder beendeten Woche (also, nach jedem Sonntag) einen schwarzen fettgedruckten Strich, der die Wochen voneinander trennt. Während die Textkohäsion im ganzen Spielplan durch die Kombination der schwarz-weißen Farbe signalisiert wird, sind Premieren in einem lila Ton ab-gebildet und stechen somit leicht heraus.

Auf der Rückseite des hier zu analysierenden Spielplans sind auf den ersten sechs Seiten unter Rubriken „Große Bühne", „Hinterbühne", „Diskothek", „Bau-stelle" und „Außer Haus" die Theaterstücke, die in diesem Monat aufgeführt werden, noch einmal in einer etwas ausführlichen Form dargestellt (vgl. Abb. 4). Den verschiedenen Rubriken/Bühnen sind mehrere Kurztexte zugeordnet, die alle gleich gestaltet sind: Nach einem größer abgebildeten fettgedruckten Titel gibt es zunächst Informationen über den Autor („von..."), die Regie („R"), über die Bühne („B"), Kostüme („K"), Dramaturgie („D") und die Schauspieler („Mit..."). Diesen Informationen folgen eine kurze Zusammenfassung des Inhalts, die fettgedruckt ist, eventuell besondere Zeichen/Hinweise (Kopfhörer, durchge-strichenes Auge) und Termine der Aufführungen (Datum, Uhrzeit). Während die Größe der Titel wiederum eine besondere, aufmerksamkeitserregende Funktion aufweist, ist die Rolle der fettgedruckten Schrift im Fließtext, auf die Wichtigkeit des Inhalts der Theateraufführung aufmerksam zu machen. Auch die Farben auf der Hinterseite des Leporellos sind schwarz-weiß und lila (für Premieren).

Den Kurztexten in den oben erwähnten Rubriken folgen auf einem lila Hintergrund noch einige besondere Veranstaltungen, die beispielsweise im Rahmen der Leipziger Buchmesse usw. vom Schauspiel Leipzig (mit)organisiert sind. Durch den lila Hintergrund unterscheidet sich dieser Teil vom Rest des Spielplans, die Farbe weist auf die ‚Besonderheit' dieses Teils hin.

Auf der vorletzten, siebten, Seite (hinten) befindet sich weiterer Fließtext mit Informationen zur Theaterkasse, zu den Abendkassen, dem Kartentelefon, den Vorverkaufsstellen, Preisen, Ermäßigungen und öffentlichen Verkehrsmitteln (vgl. Abb. 5). Neben den fettgedruckten Überschriften gibt es auf dieser Seite keine typographischen Besonderheiten. In der unteren rechten Ecke findet man außerdem Hinweise auf die Internetseite des Freundeskreises Schauspiel Leipzig und auf zwei Kulturpartner (Figaro und ETC) samt ihren Logos.

Das Thema der Textsorte 'Spielplan' ist der Monatsplan aller Theateraufführungen und wird auf der Vorder- und teilweise der Hinterseite des Leporellos
aufzählend entfaltet. Die Grundfunktion der Textsorte ist es, einen potenziellen
Theaterbesucher über diesen Monatsplan zu informieren. Der Emittent, also das
Theater, INFORMIERT den Adressaten, den Theaterbesucher, über den Spielplan, indem er die Theateraufführungen BENENNT und sie ZEITLICH
SITUIERT. Eine sekundäre Funktion ist es, den Theaterbesucher über die Inhalte
der Aufführungen zu informieren[11].

Was die Kategorie Geltungsmodus der Textsorte 'Spielplan' angeht (vgl. Klein
2000b: 36f.), so bindet der Spielplan den Emittenten (das Theater) und den
Adressaten (die potenzielle Theaterbesucher), jedoch könnte man behaupten, dass
der Stärkegrad der Bindung adressatenseits etwas niedriger ist. Das Theater gibt
den Spielplan heraus, es hängt jedoch von jedem einzelnen Theaterbesucher ab,
ob er sich ihn anschauen will oder nicht. In der Regel kann man sich über den Tag
und die Zeit der Aufführung auch durch eine Zeitungs- oder beispielsweise FB-
Ankündigung informieren oder abends einfach im Theater vorbeikommen und
sich eine Aufführung anschauen. Außerdem gibt es für den Rezipienten keine
Konsequenzen, falls er keinen Spielplan in Anspruch nimmt. Somit könnte
behauptet werden, dass der Stärkegrad der Bindung der Adressaten an Texte bei
rein informativen Textsorten nicht so hoch wie z.B. bei politischen Textsorten
(wie etwa Verfassungstexten oder internationalen Verträgen) ist.

Da es sich bei der Textsorte Spielplan überwiegend um Anführungen der
Theaterstücke handelt, weisen der Monatsplan auf der Vorderseite, aber auch die
Benennungen des Regisseurs, des Dramaturgen, der Schauspieler usw. auf der
Hinterseite keine vollständigen Sätze auf. Weitere syntaktische Besonderheiten
der Spielpläne sind Ellipsen (in Beispielen wie „von Friedrich Schiller" und „nach
Arthur Schnitzler" fehlen oft Partizipien wie 'verfasst' oder 'inszeniert', in
„Eintritt frei" fehlt die finite Verbform 'ist' usw.). Während die erste Seite des
Leporellos mit der Darstellung der Titel der Theateraufführungen also nur wenige
Verben enthält, stehen die Verben in Zusammenfassungen der Aufführungs-
inhalte auf der Rückseite fast ausschließlich im Indikativ Präsens. Dieses kann als

---

[11] Deswegen befinden sich diese Informationen auf der Rückseite und haben eine kleinere
Schriftgröße.

dramatisches Präsens bezeichnet werden und drückt eine besondere Spannung aus („Die Wheelers sind nur halb am Leben. Alles ist Warten aufs Später, jetzt ist alles Provisorium: das Haus, der Job, die Ansichten, die Freunde"... – Zeiten des Aufruhrs, Rückseite des Spielplans des Schauspiels Leipzig für März 2015). Diese Zusammenfassungen haben zudem einen erzählenden Ton.

Die Lexik des hier zu analysierenden Spielplans enthält (vor allem in Titeln der Theaterstücke) viele Anglizismen („She She Pop: Schuhbladen", „My love was a ghost. And your love, your love was leaving this rotten town", „Report", „Frozen") und Wörter aus anderen Fremdsprachen („Der Reigen oder Vivre sa vie"), was das Repertoire modern und international macht und überraschend wirkt. Eine weitere Besonderheit sind auch Mischungen von Deutsch und Fremdsprachen (wie oben in „Der Reigen oder Vivre sa vie" oder in „Diskurs. Pop und beyond"). Während viele Wörter im Spielplan der Alltagssprache angehören (z.B. „Schubladen", „am beispiel der butter"), wird die Lexik in einigen Titeln der Aufführungen aus dem Bereich der Literatur ausgewählt („Read-O-Rama", „Party der jungen Verlage"). Diese lexikalischen Besonderheiten und Abweichungen in Orthographie sind jedoch nicht nur typisch für die Textsorte ‚Spielplan', sondern für den Bereich ‚Theater' im Allgemeinen.

Weitere Charakteristika der Texte aus dem Bereich ‚Theater' und somit der Textsorte ‚Spielplan' sind Abweichungen in der Rechtschreibung wie z.B. Kleinschreibung der Substantive („am beispiel der butter"), Auslassung oder Hinzufügung der Interpunktionszeichen („wohnen. unter glas"), Großschreibung („SPOT") u.a.m. Der stilistische Effekt solcher Abweichungen ist, die Aufmerksamkeit des Lesers zu wecken und poetisch zu wirken.

Was die Textsorten-Intertextualität anbelangt, so können als Vortexte im weiteren Sinn (vgl. Klein 2000b: 42) Texte verschiedener Bühnenstücke sowie Regiebücher, aber auch der Spielplan des letzten Monats verstanden werden und als Vortexte im engeren Sinn z.B. Entwürfe des aktuellen Spielplans. Begleitet werden Spielpläne durch Programmhefte, Ankündigungen in der Zeitung, im Internet oder im Radio, durch Werbetexte usw. Textsorten, die einem Spielplan (z.B. am Ende einer Theaterinszenierung bzw. am Ende des Monats) folgen, sind Zuschaueräußerungen, Kritiken oder wissenschaftliche Arbeiten zu einem inszenierten Theaterstück. Obwohl diese zeitlich gesehen *nach* einem Spielplan erscheinen, beziehen sie sich jedoch nicht direkt auf den Spielplan, sondern auf die Theateraufführung.

In der oben dargestellten Analyse wurde gezeigt, dass die Textsorte ‚Spielplan', obwohl ortsungebunden, über ihr Medium ‚Leporello', ihren Emittenten (Theater) und Adressaten (Theaterbesucher), über ihre typische Bauform (Untereinanderreihung der Theateraufführungen im Monat) und Typographie (größere Schriftgröße des Datums und des Titels der Theateraufführung), über ihre Funktion, besondere sprachliche Eigenschaften und ihre Textsorten-Intertextualität als eine besondere Textsorte der Institution ‚Theater' beschreibbar ist. Ihre Interpretation setzt beim Rezipienten ein bestimmtes Allgemein- und vor allem spezifisches Sprach- bzw. Textsortenwissen sowie kulturelles Wissen voraus.

## 5.  Schlussbemerkungen und Desiderata

Die kulturelle Institution Theater lässt sich nicht nur über die Bühne, über ihre Schauspieler und Theaterstücke, sondern auch über ihre nicht poetischen Textsorten erkennen – auch diese werden von Theaterbesuchern wahrgenommen und verfügen über eine Funktion für das Theater und seine Aktivitäten. Die Analyse der Textsorte ‚Spielplan' sollte zentrale Beschreibungsdimensionen einer solchen Textsorte veranschaulichen und die Frage beantworten, ob und auf welche Art und Weise das Theater diese Textsorte mitbestimmt.

In der geplanten Untersuchung im Rahmen des Habilitationsvorhabens bedürfen die Phänomene ‚Text', ‚Textsorte' und ‚kulturelle Institution' einer vertieften theoretischen Auseinandersetzung. Da der Zusammenhang zwischen Textsorte und Institution anhand des Textsortennetzes ‚Theater' untersucht wird, müssen die Grundeigenschaften dieses Textsortennetzes als theoretisches Instrumentarium ebenfalls gründlich erarbeitet werden.

Für die empirische Studie wird ein Korpus mit den wichtigsten Textsorten aus dem Kommunikationsbereich ‚Theater' erhoben, die im Schauspiel Leipzig, Stadttheater Gießen sowie im Nationaltheater Mannheim gesammelt wurden. Die Textsorten werden nicht nur auf ihre Sprache, ihr Thema und ihre Funktion hin untersucht, sondern auch hinsichtlich ihrer Medialität, Materialität sowie Orts- und Zeitgebundenheit analysiert.

Da Theater verschiedener Länder fraglos kulturrelevante Unterschiede aufweisen, könnten in einer späteren Phase der Untersuchung anhand der Textsortennetze Textsorten aus deutschen und slowenischen Theatern genauer bestimmt und mittels kultur-kontrastiver Analyse miteinander verglichen werden.

## Literatur

Adamzik, Kirsten (2000): „Was ist pragmatisch orientierte Textsortenforschung?", in: Adamzik, Kirsten (Hg.): *Textsorten. Reflexionen und Analysen.* Tübingen: Stauffenburg (= Textsorten 1), 1–112.

Adamzik, Kirsten (2011): „Textsortennetze", in: Habscheid, Stephan (Hg.): *Textsorten, Handlungsmuster, Oberflächen. Linguistische Typologien der Kommunikation.* Berlin/New York: de Gruyter, 367–385.

Adamzik, Kirsten (2016): *Textlinguistik: Grundlagen, Kontroversen, Perspektiven.* 2., völlig neu bearbeitete, aktualisierte und erweiterte Neuauflage. Berlin/Boston: de Gruyter.

Beaugrande, Robert-Alain de/Dressler, Wolfgang Ulrich (1981): *Einführung in die Textlinguistik.* Tübingen: Niemeyer.

Beile, Birgit H. (1997): *Gesangsbeschreibung in deutschen und englischen Musikkritiken. Fachsprachenlinguistische Untersuchungen zum Wortschatz.* Frankfurt a.M. u.a.: Lang.

Betten, Anne/Fix, Ulla/Wanning, Berbeli (Hgg.) (2017): *Handbuch Sprache in der Literatur.* Berlin/Boston: de Gruyter.

Böheim, Gabriele (1987): *Zur Sprache der Musikkritiken. Ausdrucksmöglichkeiten der Bewertung und/oder Beschreibung.* Innsbruck: Institut für Germanistik.

Brinker, Klaus/Cölfen, Hermann/Pappert, Steffen (2014): *Linguistische Textanalyse. Eine Einführung in Grundbegriffe und Methoden.* 8. neu bearb. und erw. Aufl. Berlin: Erich Schmidt (Grundlagen der Germanistik 29).

Domke, Christine (2014): *Die Betextung des öffentlichen Raumes. Eine Studie zur Spezifik von Meso-Kommunikation am Beispiel von Bahnhöfen, Innenstädten und Flughäfen.* Heidelberg: Universitätsverlag Winter (= Wissenschaft und Kunst 26).

Fischer-Lichte, Erika (2007): *Semiotik des Theaters. Das System der theatralischen Zeichen. Band 1.* Tübingen: Gunter Narr.

Fix, Ulla (2001): „Die Ästhetisierung des Alltags – am Beispiel seiner Texte", in: *Zeitschrift für Germanistik* 11/1, 36–53.

Fix, Ulla (2008): „Nichtsprachliches als Textfaktor: Medialität, Materialität, Lokalität", in: *Zeitschrift für Germanistische Linguistik* 36, 3, 343–354.

Fix, Ulla (2011): „Textstilistik", in: Bračič, Stojan/Fix, Ulla/Greule, Albrecht (2011): *Textgrammatik, Textsemantik, Textstilistik. Ein textlinguistisches Repetitorium.* 2., bearbeitete und erweiterte Auflage. Ljubljana: Znanstvena založba Filozofske fakultete, 95–131.

Gloning, Thomas (2008): „Man schlürft Schauspielkunst... Spielarten der Theaterkritik", in: Hagestedt, Lutz (Hg.): *Literatur als Lust. Begegnungen zwischen Poesie und Wissenschaft. Festschrift für Thomas Anz.* München: belleville, 59–86.

Hausendorf, Heiko/Müller, Marcus (2016): „Sprache in der Kunstkommunikation – Einleitung", in: Hausendorf, Heiko/Müller, Marcus (Hgg.): *Handbuch Sprache in der Kunstkommunikation*. Berlin/Boston: de Gruyter, S. IX–X.

Holly, Werner (2007): „Schreiben über Film(e). Linguistische Anmerkungen zur Beschreibung und Deutung von Bildern in Filmkritiken", in: Hausendorf, Heiko (Hg.): *Vor dem Kunstwerk. Interdisziplinäre Aspekte des Sprechens und Schreibens über Kunst*. München: Fink, 225–242.

Klein, Josef (1991): „Politische Textsorten", in: Brinker, Klaus (Hg.): *Aspekte der Textlinguistik*. Hildesheim/Zürich/New York: Olms (= Germanistische Linguistik 106–107), 245–278.

Klein, Josef (2000a): „Textsorten im Bereich politischer Institutionen", in: Brinker, Klaus/Antos, Gerd/Heinemann, Wolfgang/Sager, Sven F. (Hgg.): *Text und Gesprächslinguistik. Ein internationales Handbuch zeitgenössischer Forschung*. Berlin/New York: de Gruyter (Handbücher zur Sprach- und Kommunikationswissenschaft / Handbooks of Linguistics and Communication Science 16/1), 732–755.

Klein, Josef (2000b): „Intertextualität, Gestaltungsmodus, Texthandlungsmuster. Drei vernachlässigte Kategorien der Textsortenforschung – exemplifiziert an politischen und medialen Textsorten", in: Adamzik, Kirsten (Hg.): *Textsorten. Reflexionen und Analysen*. Tübingen: Stauffenburg (Textsorten 1), 31–44.

Löffler, Heinrich (2006): „Originalität und Konvention. Zur Sprache der Musikkritik", in: Breuer, Ulrich/Hyvärinen, Irma (Hgg.): *Wörter-Verbindungen. Festschrift für Jarmo Korhonen zum 60. Geburtstag*. Frankfurt a.M. u.a.: Lang, 197–211.

Sandig, Barbara (2006): *Textstilistik des Deutschen*. Berlin/New York: de Gruyter.

Schnee, Christa (1995): *Filmkritiken zwischen Information und Wertung. Untersuchungen zur Sprache der Filmkritik*. Dissertation. Frankfurt a.M.

Stegert, Gernot (1993): *Filme rezensieren in Presse, Radio und Fernsehen*. München: TR-Verl.-Union.

Stöckl, Hartmut (2004a): *Die Sprache im Bild – das Bild in der Sprache*. Berlin/New York: de Gruyter (Linguistik – Impulse & Tendenzen 3).

Stöckl, Hartmut (2004b): „Typographie: Gewand und Körper des Textes – Linguistische Überlegungen zu typographischer Gestaltung", in: *Zeitschrift für Angewandte Linguistik* 41, 5–48.

Škerlavaj, Tanja (2015): „Zur Typographie normabweichender Überschriften in Moderubriken", in: Čuden, Darko/Valenčič Arh, Urška (Hgg.): *V labirintu jezika = Im Labyrinth der Sprache*. Ljubljana: Znanstvena založba Filozofske fakultete (Slovenske germanistične študije 12), 345–361.

Thim-Mabrey, Christiane (2007): „Linguistische Aspekte der Kommunikation über Kunst", in: Hausendorf, Heiko (Hg.): *Vor dem Kunstwerk. Interdisziplinäre Aspekte des Sprechens und Schreibens über Kunst*. München: Fink, 99–121.

**Links**

[Schauspiel Leipzig] <http://www.schauspiel-leipzig.de/buehnen> [25.7.2015]

# Quellen

Spielplan des Schauspiels Leipzig für März 2015
Schauspiel Leipzig
Intendant Enrico Lübbe
Gestaltung HawaiiF3 & Bureau David Voss

# Anhang

Abb.1: Erste/obere Seite des Spielplans für März 2015

Abb. 2: Letzte/hintere Seite des Spielplans für März 2015

**SO 01** Hinterbühne 19³⁰ — 21⁰⁰ **Der Reigen oder Vivre sa vie** nach Arthur Schnitzler und Jean-Luc Godard Einführung: 19⁰⁰ im Rangfoyer

Diskothek 20⁰⁰ — 21⁰⁰ **wohnen. unter glas** von Ewald Palmetshofer

**MO 02** Hinterbühne 19³⁰ — 21⁰⁰ **Rechnitz (Der Würgeengel)** von Elfriede Jelinek / Einführung: 19⁰⁰ im Rangfoyer

**DI 03** Mendelssohn-Haus 19⁰⁰ **7. Leseabend des Freundeskreises Schauspiel Leipzig e. V.** „Sie war eine große Dame und gleichzeitig eine Klacke" / Lesung über Alma Mahler-Werfel mit Bernd-Michael Baier und Annett Sawallisch / Eintritt frei

**MI 04** Große Bühne 19³⁰ **She She Pop: Schubladen** [Gastspiel] Koproduktion von She She Pop mit dem Hebbel am Ufer Berlin, Kampnagel Hamburg, FFT Düsseldorf und brut Wien

**DO 05** Diskothek 18⁰⁰ — 19⁰⁰ **Öffentliche Probe** zu Eigentlich schön Eintritt frei / Begrenzte Platzzahl!

Große Bühne 19³⁰ **She She Pop: Schubladen** [Gastspiel] Koproduktion von She She Pop mit dem Hebbel am Ufer Berlin, Kampnagel Hamburg, FFT Düsseldorf und brut Wien

Baustelle 20⁰⁰ **Rebooters of the cränk Theatersystem** Problemanalyse gestartet Produktion des Theaterjugendclubs „Anonoma" am Schauspiel Leipzig

**FR 06** Große Bühne 19³⁰ — 21⁰⁰ **Komödie im Dunkeln** von Peter Shaffer

Diskothek 20⁰⁰ — 21⁰⁰ **My love was a ghost. And your love, your love was leaving this rotten town** 16+ von Jörg Albrecht / Überschreitung I / Zum vorletzten Mal!

**SA 07** Große Bühne 19³⁰ **Maria Stuart** von Friedrich Schiller / Samstags-Abo Einführung: 19⁰⁰ im Rangfoyer

Diskothek 20⁰⁰ **Report** 16+ von Ulrike Syha

**SO 08** Hinterbühne 19³⁰ — 20⁰⁰ **Frozen (Eisrauschen)** nach Falk Richter Produktion des Theaterjugendclubs „Sorry, eh!" am Schauspiel Leipzig

Diskothek 20⁰⁰ — 21⁰⁰ **Und dann** 16+ von Wolfram Höll Eingeladen zu den Mülheimer Theatertagen – Stücke 2014, zum Heidelberger Stückemarkt 2014 und zu den Autorentheatertagen Berlin 2014

**DI 10** Große Bühne 11⁰⁰ — 12³⁰ **Emilia Galotti** von Gotthold Ephraim Lessing Nur wenige Vorstellungen!

Große Bühne 19³⁰ — 20³⁰ **Antigone** 14+ von Sophokles / in der Neuübertragung von Walter Jens Einführung: 19⁰⁰ im Rangfoyer

**MI 11** Große Bühne 19³⁰ — 21⁰⁰ **Kabale und Liebe** von Friedrich Schiller Einführung: 19⁰⁰ im Rangfoyer Im Anschluss Verleihung Leipziger Theaterpreis 2014 des Freundeskreises Schauspiel Leipzig e.V. an Matthias Hummitzsch, Laudatio: Friedhelm Eberle

Abb. 3: Vorderseite des Spielplans für März 2015

Abb. 4: Rückseite des Spielplans für März 2015

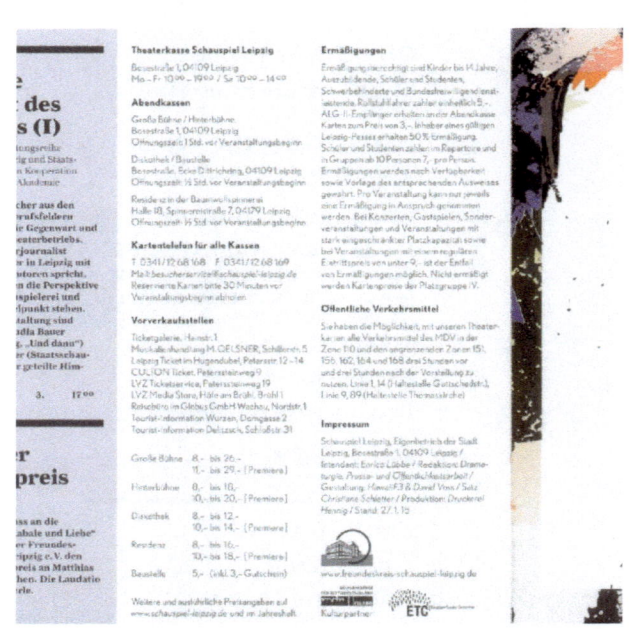

Abb. 5: Vorletzte Seite (hinten) des Spielplans für März 2015

Simone Heekeren

## Popularisieren – Visualisieren – Transkribieren.
## Überlegungen zu intra- und intertextuellen Verfahren der Wissenschaftsvermittlung in populärwissenschaftlichen Zeitschriftenartikeln

Populärwissenschaftliche Zeitschriftenartikel stehen nicht nur im Zentrum der Trias *Wissenschaft – Text – Öffentlichkeit*, sondern dort immer auch in einem Netzwerk anderer Texte und Textsorten. Darüber hinaus sind sie zumeist auch intratextuell vernetzte, nämlich modular aufgebaute und multimodale Kommunikate, in denen Bildanteile als Teiltexte angesehen werden können. Zur Beschreibung von intra- und intertextuellen Verfahren der Popularisierung und Visualisierung wissenschaftlicher Erkenntnisse werden speziell solche Bilder in den Blick genommen, die vor ihrer Aufnahme in populärwissenschaftliche Zeitschriftenartikel in wissenschaftlichen Forschungskontexten entstanden und zunächst in Fachpublikationen erschienen sind – die also eine intertextuelle ,Vorgeschichte' haben. Im Zuge der popularisierenden De- und Rekontextualisierung unterliegen solche Bilder verschiedenen transkriptiven Bearbeitungsverfahren, die mit einer semantischen und funktionalen Verschiebung einhergehen und in diesem Beitrag exemplarisch näher beleuchtet werden.

## 1. Einleitung[1]

Im Kontext der zunehmenden Bestrebungen innerhalb heutiger demokratischer Gesellschaften, wissenschaftliche Methoden und Erkenntnisse allgemeinverständlich an die Öffentlichkeit, d.h. an einen unspezifischen Adressatenkreis außerhalb der jeweiligen Fachdiskurse zu vermitteln, liefern insbesondere populärwissenschaftliche Zeitschriftenartikel als zentrale massenmediale Texte entscheidende Beiträge zu dem, was in einer Gesellschaft als wissenschaftliches Wissen wahrgenommen wird. Dabei handelt es sich eher selten um strikt lineare und rein sprachliche, sondern meist um modular angelegte multimodale Kommunikate, in denen Visualisierungen als Teiltexte wesentlich zur Semantik und kommunikativen Funktion semiotisch komplexer Gesamttexte beitragen.[2]

---

[1]  Für hilfreiche Hinweise zu diesem Aufsatz danke ich Steffen Pappert, Thomas Niehr, Anna Valentine Ullrich und nicht zuletzt – auch für zahlreiche Diskussionen und Impulse zum Thema – Ludwig Jäger.

[2]  Vgl. zu Multimodalität und semiotisch komplexen Texten exemplarisch Kress (2010); Stöckl (2016); Klug/Stöckl (2014); speziell zu journalistischen Texten Bucher (2002, 2016) und zu Visualisierungen in populärwissenschaftlichen Texten Niederhauser (1999: 179ff.).

Populärwissenschaftliche Zeitschriftenartikel werden in diesem Aufsatz daher als in mehrfacher Hinsicht vernetzte Kommunikate bzw. Kommunikationsangebote der Wissenschaftsvermittlung thematisiert: als Gesamttexte in intertextueller Relation zu anderen Kommunikaten und Textsorten, aber auch als in sich selbst netzwerkartig organisierte, aus Teiltexten bestehende multimodale Gebilde.

Am Beispiel der Popularisierung neurowissenschaftlicher Forschung liegt der Schwerpunkt dieses Aufsatzes auf den nichtsprachlichen visuellen Anteilen populärwissenschaftlicher Clustertexte. In neurowissenschaftlichen Forschungs- und Publikationspraktiken kommen Bildern verschiedenster Art, insbesondere aber den Ergebnissen bildgebender Verfahren wie der (funktionellen) Magnetresonanztomographie ((f)MRT) oder der Positronenemissionstomographie (PET), zentrale argumentative und evidenzgenerierende Funktionen zu – ebenso wie in der Präsentation dessen, was einer („Laien‘-)Öffentlichkeit als verlässliches, d.h. evidentes neurowissenschaftliches Wissen vermittelt wird (vgl. hierzu Hasler 2012; Hagner 2008).

Als besonders aufschlussreich für die Frage nach der Funktion bildlicher Elemente in populärwissenschaftlichen Texten erweist sich die Beschäftigung mit solchen Bildern, die vor ihrer Popularisierung in wissenschaftlichen Forschungskontexten entstanden und zunächst in Fachpublikationen erschienen sind – die somit selbst eine intertextuelle Vorgeschichte haben. Sie unterliegen im Zuge der popularisierenden De- und Rekontextualisierung verschiedenen „transkriptiven Verfahren" (Jäger 2008) bzw. „Wissenstransformationen" (Liebert 2002), die mit einer Bedeutungs- und Funktionsverschiebung einhergehen.

## 2. Wissenschaftspopularisierung als kulturelle Praxis

Forschung ist in demokratischen Wissensgesellschaften immer eingebettet in kulturelle Prozesse, die über disziplinäre und akademische Grenzen hinausgehen. Zwischen Wissenschaft und Öffentlichkeit besteht jedoch kein unidirektionales Top-down-Verhältnis, wie es etwa noch im 19. Jahrhundert den Ideen der „Volksbildung" zugrunde lag (vgl. hierzu Daum 2002). Vielmehr handelt es ich um eine komplexe Wechselbeziehung zwischen sehr heterogenen und nur analytisch und relativ zueinander abzugrenzenden Handlungsbereichen und Akteuren. Ist vom

*Handlungsbereich Wissenschaft* die Rede, so wird in zahlreichen Arbeiten zur Wissenschaftstheorie und -popularisierung eine mehr oder weniger explizite Einschränkung auf die Naturwissenschaften vorgenommen. Die folgenden Überlegungen beschäftigen sich speziell mit der Vermittlung von Erkenntnissen aus dem (immer noch heterogenen) Bereich der Neurowissenschaften. Der Begriff der *Öffentlichkeit* hingegen soll in seiner Unterbestimmtheit belassen werden, weil genau diese ein konstitutives Moment von Popularisierung als kultureller Praxis, nämlich das einer „Universalitätsfiktion" (Sicks 2012: 223) beinhaltet. Hinsichtlich der an dieser Praxis beteiligten Akteure ist anzumerken, dass Experten als Akteure des Bereichs *Wissenschaft* und Laien als solche des Bereichs *Öffentlichkeit* immer nur in Bezug auf bestimmte Forschungsgebiete, -diskurse und sogar einzelne Probleme oder Methoden als „relative Experten" oder „relative Laien"[3] anzusehen sind.

Anschaulich wird das Verhältnis von Öffentlichkeit und Wissenschaft bei Ludwik Fleck, der Gesellschaften als „Denkkollektive" (Fleck [1935] 2015: 138) konzeptualisiert, in denen sich um wissenschaftliche Erkenntnisse jeweils kleine „esoterische" Kreise bilden, denen die jeweiligen Experten angehören und die von größeren „exoterischen" Kreisen (vgl. ebd.) mit „mehr oder weniger ‚gebildeten' Dilettanten'" (ebd.: 147f.) umgeben sind. Jedes Gesellschaftsmitglied gehört mehreren sich überlagernden exoterischen und ggf. wenigen esoterischen Kreisen an:

> „Es gibt eine stufenweise Hierarchie des Eingeweihtseins und viele Fäden, die sowohl die einzelnen Stufen als auch die verschiedenen Kreise verbinden. Der exoterische Kreis hat keine unmittelbare Beziehung zu jenem Denkgebilde, sondern nur durch die Vermittlung des esoterischen. […] Doch auch diese Eingeweihten sind keineswegs unabhängig: sie sind mehr oder weniger – bewußt oder unbewußt – von der ‚öffentlichen Meinung', d. h. der Meinung des exoterischen Kreises abhängig." (Fleck 2015: 138f.)

Die popularisierende Vermittlung von Wissenschaft hat also einen nicht unwesentlichen Anteil an dem, was in einer Gesellschaft als Erkenntnis der Forschung oder – mit Fleck – als wissenschaftliche Tatsache (vgl. ebd.: 1), als stabiles „Mei-

---

[3]  Vgl. zum Begriff des *relativen Laien* Liebert (1996: 791ff. und 2002: 35) sowie zur Abgrenzung und medialen Inszenierung von *Laie* und *Experte* auch Burger/Luginbühl (2014: 363f.).

nungssystem" (ebd.: 40) wahrgenommen und akzeptiert wird. Als Tatsachen etablierte wissenschaftliche Erkenntnisse haben umgekehrt aber eben auch direkten Einfluss auf demokratische Entscheidungen, die auf die Wissenschaften zurückwirken, wie etwa solche über Curricula und die Zuweisung öffentlicher Mittel, und damit über Forschungsprojekte und Bildungseinrichtungen.

Aus kulturwissenschaftlicher Perspektive lässt sich Popularisierung mit Kai Marcel Sicks beschreiben als eine „kommunikative Konstellation, die auf die letztlich fiktive Adressierung der ‚ganzen' Gesellschaft (All-Inklusion) abzielt" (Sicks 2012: 221). Die hierzu notwendigen Verfahren der „Übersetzung spezialisierter in ‚allgemein' verständliche Sprachen" beschreibt Sicks als „Sonderfälle inter- und intramedialer Bezugnahmen (Transkriptionen)" (ebd.). Im Folgenden wird es darum gehen, spezifische Verfahrensformen dieser inter- und intratextuellen, aber auch intra- und intermodalen Transkriptionen für multimodale populärwissenschaftliche Zeitschriftenartikel innerhalb eines Netzwerks anderer Texte und Textsorten ausschnittsweise zu skizzieren.

Unter *Transkriptionen* verstehe ich Ludwig Jägers Ansatz entsprechend (vgl. z.B. Jäger 2002, 2008, 2012) solche Verfahren bzw. kulturellen Praktiken der „weiterverarbeitenden Erzeugung von Sinn" (Jäger 2012: 310), die durch Readressierung und Umschreibung unter anderem zur „Lesbarmachung der Welt" (Jäger 2002: 40) beitragen. Genau das ist es, was für den populärwissenschaftlichen Text per se bestimmend ist: dass er für eine Öffentlichkeit unlesbare, spezialisierte Texte aus dem wissenschaftlichen (esoterischen) Kontext für eine heterogene (exoterische) Adressatengruppe (anders) lesbar macht. Kommunikative Vorkommnisse jeglicher Art – und damit sind in Jägers Ansatz nicht nur sprachliche Texte, sondern explizit auch etwa statische wie auch bewegte Bilder und Musikstücke eingeschlossen – sind „zunächst Skripturen, ein in den Diskursen medialer Dispositive zirkulierendes oder im kulturellen Gedächtnis stillgestelltes Reservoir möglicher Transkriptionen" (Jäger 2012: 310). Durch transkriptive Bearbeitung werden diese Skripturen zu *Skripten*, auf die das *Transkript*, d.h. das Ergebnis der Transkription, zurückwirkt. Skripte im ausschließlich retrospektiv zu bestimmenden Zustand *vor* der Transkription nennt Jäger *Präskripte* (ebd.).

Als *intra-* und *intertextuelle Transkriptionen* möchte ich in diesem Kontext Verfahren der Bezugnahme innerhalb und außerhalb von Gesamttexten/-kommunikaten, hier also von einzelnen Zeitschriftenartikeln, bezeichnen. Diese können sowohl *intra*modal, also in derselben Zeichenmodalität, realisiert sein als auch *inter*modal zwischen verschiedenen *modes* – also z.b. schriftsprachlichem Text und Bild – operieren.[4]

Wenn also im Kontext von Wissenschaftspopularisierung von *Übersetzung*, *Umschreibung*, von *Transformation, Transfer* und *Vermittlung* die Rede ist, dann handelt es sich dabei um kulturelle Verfahren der Transkription, die sich für verschiedene Textsorten ebenso wie für die in ihnen wirksamen semiotischen Ressourcen näher spezifizieren lassen.

## 3. Der populärwissenschaftliche Zeitschriftenartikel

Rosemarie Gläsers Feststellung, dass der „akademisch-wissenschaftliche Zeitschriftenaufsatz [...] in der fachinternen Kommunikation die typische Form des (inter)nationalen Informationsaustausches unter Fachleuten [...] und nicht zuletzt Ausdruck eines bestimmten Wissenschaftsparadigmas" (Gläser 1998: 483) sei, trifft auch auf die Neurowissenschaften als Naturwissenschaften zu. „Der populärwissenschaftliche Zeitschriftenartikel dagegen ist das Ergebnis eines Umformungsprozesses fachinterner Primärinformationen für einen nichteingeweihten, aber fachlich interessierten Adressatenkreis", dessen kommunikative Funktion „die Verbreitung wissenschaftlicher Kenntnisse in einer allgemeinverständlichen und unterhaltsamen Form und in gewissem Sinne auch die niveauvolle Befriedigung von Freizeitinteressen" (ebd.) sei – wobei letzteres neuerdings auch unter den Begriff *Sciencetainment* gefasst wird (vgl. Held 2015).

---

[4]   Sprache-Bild-Bezüge innerhalb eines Gesamttextes nenne ich demzufolge beispielsweise *intratextuell-intermodal*, über den Gesamttext hinausverweisende Bild-Bild-Bezüge – die in diesem Aufsatz fokussiert werden – *intertextuell-intramodal*. Dies weicht insofern von Jägers medientheoretischer Terminologie ab, als er von inter- und intra*medialen* Verfahren spricht (vgl. z.B. Jäger 2012: 306), hier jedoch im Anschluss an Stöckl (z.B. 2011: 46f.) *(Zeichen-)Modalität (mode)* als mehrdimensionales Konzept, das Wahrnehmungskanal, Medialität und Kodiertheit integriert, verwendet wird (vgl. Stöckl 2016: 6ff. und Klug/Stöckl 2014: 243ff.; zum vielschichten Verhältnis von Medialität und Modalität auch Schneider/Stöckl 2011: 24ff. und mit Blick auf Medialität und Modalität von Sprache Jäger 2013).

Ungeachtet dieses Unterhaltungsaspekts von Popularisierung möchte ich populärwissenschaftliche Zeitschriftenartikel in einer noch weiteren Definition und in
Anlehnung an Cherubim (1982: 83) als über wissenschaftliche Erkenntnisse, Methoden oder Probleme informierende massenmediale Kommunikate verstehen,
die an eine Leserschaft außerhalb des jeweiligen wissenschaftlichen Fachdiskurses adressiert sind. Entscheidend für die Abgrenzung zu anderen Textsorten der
Kommunikationsform *Zeitschriftenartikel* ist also die Adressierung und die primäre Funktion, zwischen zwei heterogenen Handlungsbereichen, nämlich dem
der Wissenschaft und dem der Öffentlichkeit, informierend zu vermitteln.[5] Weitere mögliche Einschränkungen, etwa hinsichtlich der Art der Themenentfaltung,
der formalen Struktur und sprachlichen Gestaltung sollen an dieser Stelle ebenso-
wenig vorgenommen werden wie eine Spezifizierung auf bestimmte Zeitschrif-
ten(typen) oder eine Unterscheidung zwischen Artikeln, die von (Wissen-
schafts-)Journalisten – also Autoren, die selbst in der oben genannten Hinsicht
relative Laien sind – oder von am Fachdiskurs selbst beteiligten Wissenschaftlern
verfasst werden.[6]

Um die transkriptiven Verfahren, denen Bilder als Teiltexte dieser Textsorte
unterliegen, zu beschreiben, erscheint es sinnvoll, zunächst Intertextualität, Modularität und Multimodalität als drei in dieser Hinsicht zentrale Eigenschaften der
Textsorte zu betrachten.

### 3.1 Intertextualität und Textsortenintertextualität

Die vorangegangenen Überlegungen haben bereits gezeigt, dass intertextuelle Bezugnahmen – insbesondere solche auf andere Textsorten – ein zentrales Merkmal
der Wissenschaftsvermittlung in populärwissenschaftlichen Zeitschriftenartikeln
ist. Möchte man textsortenintertextuelle (vgl. Klein 2000: 34f.) Bezüge aufzeigen,

---

[5]  Vgl. zum Zusammenhang von *Kommunikationsform, Handlungsbereich* und *Textsorte* z.B.
    Brinker/Cölfen/Pappert (2014: 140ff.).
[6]  Vgl. zu möglichen Kriterien einer umfassenden Textsortendifferenzierung allgemein Brin-
    ker/Cölfen/Pappert (2014: 133ff.) oder auch Heinemann (2000); Adamzik (2008); für Pres-
    setexte Burger/Luginbühl (2014: 220ff.) und für einen Überblick über verschiedene Typo-
    logien von Fachtextsorten speziell auch im Hinblick auf populärwissenschaftliche Texte z.B.
    Göpferich (1992, 1995); Gläser (1997); Baumann (1998); Niederhauser (1999: 68ff.).

so gilt es zunächst, anhand von Intertextualitätshinweisen bzw. – in der Terminologie Renate Lachmanns (1984: 136) – „Referenzsignalen" die einzelnen „Referenztexte" (ebd.) – mit Jäger: Skripte/Präskripte – zu identifizieren. Wolf-Andreas Liebert plädiert in seiner Arbeit zu Wissenstransformationen zu recht dafür, nur solche Verweise populärwissenschaftlicher auf wissenschaftliche Texte zu berücksichtigen, die in ersteren „mehr oder weniger explizit" gemacht werden (Liebert 2002: 104).[7] Anders als in wissenschaftlichen Texten sind Quellenangaben in populärwissenschaftlichen Texten jedoch nicht normiert, sondern in ihrer Präzision sehr variabel. Intertextualitätsmarker reichen von vollständigen Quellenangaben über die konkrete Nennung von Forschergruppen, mehr oder weniger genauen Lokalisationen und Forschungszeiträumen bis hin zur schlichten Nichtnennung von Quellen. Geht man allen noch so fragmentarischen Intertextualitätsmarkern populärwissenschaftlicher Zeitschriftenartikel nach, so lässt sich für die verschiedenen Text- und Bildmodule des Gesamt-, aber auch hinsichtlich des Fließ- bzw. Haupttexts selbst typischerweise eine „kompositionelle Intertextualität" (Burger/Luginbühl 2014: 108) nachweisen.[8]

Dabei handelt es sich bei den vorgängigen Fachtexten um mehr oder weniger ausdifferenzierbare unterschiedliche Textsorten, deren Einzeltexte, zumindest wenn sie aus denselben oder sich überschneidenden Fachdiskursen stammen, auch wieder untereinander intertextuell vernetzt sind und aufeinander Bezug nehmen. Entsprechend den oben genannten Kriterien *Adressierung, Handlungsbereich* und *Funktion* ist hinsichtlich der typischen „Vortextsorten" (Klein 2000: 36) mindestens eine Unterscheidung sinnvoll, nämlich die zwischen Originalartikel und Überblicksartikel (Review). Als Originalartikel werden der wissenschaftli-

---

[7] Liebert entwickelt ein Vermittlungsmodell aus der Methode der fachlichen Bezugstextanalyse, die „besagt, dass ein ‚Wissenstransfer' nur dann untersucht werden kann, wenn man die in den Vermittlungstexten explizit genannten fachlichen Bezugstexte heranzieht und anhand dieser Texte dann analysiert, welche Transformationen vom Vermittlungsautor vorgenommen wurden." (Liebert 2002: 9; vgl. auch ebd.: 113). Genau diese Transformationen bzw. Transkriptionen sind es, die sich auch für Bildmodule analysieren lassen (dazu mehr in Abschnitt 4 und 5 dieses Aufsatzes).

[8] Dem in Abb. 1a gezeigten sechsseitigen Beispielartikel etwa liegen 13 Fachtexte unterschiedlicher Textsorten (Originalarbeiten, Monographien, Manuale) als Präskripte zugrunde.

chen Praxis entsprechend solche Texte verstanden, die in Abgrenzung zu Überblicksartikeln oder Fallberichten zwei wichtige Kriterien erfüllen müssen: Erstens müssen in ihnen eigene empirische Forschungsergebnisse der Einreichenden präsentiert werden, die zweitens noch an keiner anderen Stelle publiziert wurden (vgl. hierzu Ylönen 1993: 85f.). Überblicksartikel hingegen referieren mehrere Originalarbeiten zu einem Themenbereich unter einer bestimmten Fragestellung für einen fachlichen Leserkreis. Mit populärwissenschaftlichen Zeitschriftenartikeln haben sie gemeinsam, dass es sich im Hinblick auf Originalartikel um „Filtertextsorten" (Klein 2000: 36) handelt, also solche Textsorten, „deren Hauptfunktion darin besteht, in gefilterter Form, d.h. meist in komprimierter Reformulierung" (ebd.) Inhalte vorgängiger Texte zu präsentieren. Das Verhältnis zwischen wissenschaftlichem Original-, Überblicks- und populärwissenschaftlichem Zeitschriftenartikel lässt sich daher als „Textsortenkette" (vgl. Adamzik 2011: 373f.) vorstellen, in der das Mittelglied auch übersprungen werden kann. Diese Textsortenkette wiederum ist Teil eines „Textsortennetzes" (ebd.), in dem weitere Positionen von Handbuchartikeln und Sammelbandbeiträgen, wissenschaftlichen Monographien, Lehrbüchern, Manualen und Sachbüchern eingenommen werden – um nur einige ausschließlich schriftlich-visuelle Textsorten zu nennen.

Dieses Textsortennetz ließe sich in Anlehnung an das fachtexttypologische Vorgehen Göpferichs noch nach zeitlicher Abfolge, Größe des Adressatenkreises und der „Abnahme des Fachlichkeits- und Abstraktionsgrads" strukturieren (vgl. Göpferich 1992: 195): So ist ein Originalartikel an relativ wenige Rezipienten, die zu einem speziellen Thema arbeiten, adressiert und bietet zu einer konkreten Forschungsfrage die erste Publikation, während ein später publizierter Überblicksartikel darüber hinaus bereits an einen größeren (exoterischen) Rezipientenkreis *innerhalb*, der populärwissenschaftliche Artikel hingegen an einen *außerhalb* des erweiterten Fachdiskurses gerichtet ist. Zudem erweitern Nach- und „Sekundärtextsorten" (ebd.: 202f.) wie (Online-)Kommentar, Leserbrief, Erratum, aber auch etwa auf populärwissenschaftlichen Artikeln basierende Ratgebertexte etc. das Netz.

Textsortennetze wie diese sind jedoch nicht starr, sondern durchlässig und flexibel. Sie sind, wie Adamzik feststellt, nicht hierarchisch, sondern eher wie semantische Netze (Adamzik 2011: 368) oder – wie sich passend zum Thema formulieren ließe – wie neuronale Netze organisiert: In ihnen können sich immer wieder, u.a. durch Textsortenwandel (vgl. Fix 2014), durch Hybridisierung und Differenzierung (vgl. Hauser/Luginbühl 2015) und auch durch Wandel epistemischer und wissenskultureller Praktiken neue Verknüpfungen bilden und alte lösen, wobei nicht nur die Verfahren der Vor- auf die der Nachtextsorten einwirken, sondern auch Nach- bzw. Phänotexte/Transkripte immer auf ihre Vor- bzw. Referenztexte/Skripte zurückwirken und sie dabei „unaufhebbar semantisch kontaminier[en]" (Jäger 2008: 111).[9] Letzteres lässt sich beispielsweise immer dann feststellen, wenn populärwissenschaftliche Zeitschriftenartikel dazu beitragen, die Lesart von Fachartikeln und damit auch den Blick auf die Textsorte selbst zu beeinflussen, wie es etwa gerade in neurowissenschaftlichen Diskursen und Diskursen über Neurowissenschaften nicht selten vorkommt.[10]

**3.2 Multimodalität und Modularität**

Die hier thematisierten Kommunikate stehen nicht nur in Vernetzung zu anderen Texten und Textsorten, sondern sie sind selbst schon in sich netzwerkartig organisierte Gebilde, in denen verschiedene visuelle Teiltexte inter- und intramodal zusammenwirken. Vor dem Hintergrund der sozialsemiotischen Grundannahme, dass „multimodality' as the normal state of human communication" angesehen werden kann (Kress 2010: 1) und auch schriftliche Texte nie aus „Sprache pur" (Holly 2009: 389) bestehen, ist offensichtlich, dass dies auch für populärwissenschaftliche Zeitschriftenartikel gelten sollte – selbst dann, wenn sie keine Bilder enthalten. Betrachtet man nämlich *Zeichenmodalität* (*mode*) als „socially shaped and culturally given semiotic resource for making meaning" (Kress 2010: 79),

---

[9]  Vgl. hierzu auch Lachmann (1986: 136): „Es scheint, als affiziere die im Phänotext durch die Intertextualität gewonnene Sinnkomplexion auch den Referenztext, als erfasse der sinndynamisierende Prozeß beide Texte, die evozierend-evoziert miteinander in Kontakt treten."

[10]  Vgl. zur Diskussion über die Rolle populärwissenschaftlicher Darstellung auf das öffentliche Bild der Neurowissenschaften beispielsweise Heinemann (2012); Langlitz (2008); Hagner (2008).

dann sind neben (geschriebener) Sprache und Bild auch Seitenlayout und Typographie als potentielle *modes* zu betrachten, die zur Semantik des Gesamttexts
beitragen.[11]

Hans-Jürgen Bucher beschreibt für Printmedien allgemein zwei aus diachroner
Perspektive beobachtbare Tendenzen:

> „erstens die *Multimodalisierung*, die darin besteht, dass der ursprünglich dominierende
> Textmodus durch andere Darstellungsmodi wie Fotos, Grafiken, Design, Layout und
> Farbe systematisch erweitert wurde; und zweitens die *Delinearisierung*, der zufolge aus
> dem linearen, buchähnlichen Text der Zeitungen ein non-lineares Informationsangebot
> geworden ist, bei dem der Leser selbst über die Rezeptionsreihenfolge entscheiden kann."
> (Bucher 2016: 26f.)

Ähnlich wie Hypertexte eröffnen multimodale, nichtlineare Clustertexte dieser
Art nicht nur unterschiedliche Lese- bzw. Rezeptionswege, sondern ermöglichen
es auch, einzelne Module – als Kommunikations*angebote* – selektiv zu rezipieren
und andere zu überspringen, ohne dass ein Eindruck von Inkohärenz entsteht. Der
Rezipient kann sich somit „ein – je nach Interesse – mehr oder weniger fachliches
Bild vom Thema machen" (Burger/Luginbühl 2014: 200).

---

[11]   Vgl. hierzu u.a. Kress (2010: 84ff.); Stöckl (2004: 16 und 2016: 6).

Ein Beispiel für die visuelle Gestaltung eines solchen modularen und multimodalen Clustertexts, bei dem bildliche und schriftsprachliche Module als Teiltexte zu betrachten sind, zeigt Abb. 1a. Dieser Artikel aus der populärwissenschaftlichen Zeitschrift *Gehirn & Geist* thematisiert mit dem Depersonalisations-/Derealisationssyndrom (kurz: DP/DR) eine selten diagnostizierte psychische Erkrankung.

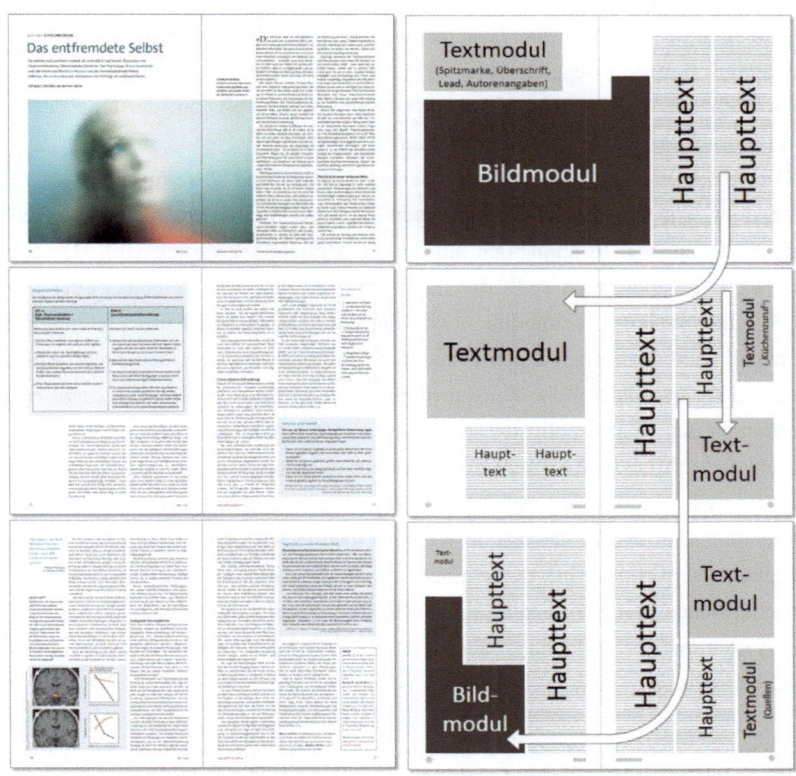

Abb. 1a: Übersicht über das Seitenlayout eines exemplarischen populärwissenschaftlichen Artikels aus der Zeitschrift Gehirn & Geist (Canterino/Michal 2011).

Abb. 1b: Teiltexte (Module) des Gesamttexts und explizite intratextuelle Querverweise (Pfeile).

Es gibt zwei Bildmodule[12]: zunächst auf der ersten Doppelseite ein Aufma-
cherbild einer Bildagentur mit der Funktion eines Catch-Visuals, das den rechts
darüberstehenden Kotext – *Gefangen im Nebel. Patienten mit einer Depersonalisationsstörung fühlen sich, als lebten sie in einem Traum, der die Realität ver-
schleiert* – metaphorisch illustriert, bzw. mit Jäger: transkribiert. Auf das zweite,
komplexere Bildmodul wird unten in Abschnitt 5 näher eingegangen. Das Layout
ist durch die Reduktion auf Türkis- und Rottöne auffällig auf farbinduzierte Kohäsion angelegt. *Seitenlayout, Typographie* und *Farbe* bewirken als Zeichenmodalitäten bzw. semiotische Ressourcen auf allen drei Doppelseiten trotz der mo-
dularitätsbedingten Unterbrechungen des Haupttexts bereits auf der Oberfläche
den Eindruck eines strukturell kohärenten Gesamttexts.[13]

Die verschiedenen Teiltexte dieses Beispielartikels sind abstrahiert in Abb. 1b
dargestellt, wobei die drei eingezeichneten Pfeile die Stellen im Haupttext anzeigen, an denen explizit sprachlich auf andere Module verwiesen wird. Bei den
nicht explizit verknüpften Teiltexten handelt es sich zum einen um mehr oder weniger standardisierte Textmodule – wie die Artikelüberschrift mit Spitzmarke,
Lead und Autorenangaben, einen Textkasten mit ausgewählten Quellen und einen
für populärwissenschaftliche Zeitschriften typischen Teiltext, der eine kurze Zusammenfassung der wichtigsten Aussagen des Gesamttexts, den sogenannten
„Küchenzuruf"[14] enthält –, zum anderen aber auch um weniger standardisierte
Elemente wie eine Infobox mit Zusatzinformationen und ein typographisch her-
vorgehobenes direktes Zitat, das im Wortlaut identisch auch im ersten Absatz des
Haupttexts verwendet wird. Diese inhaltliche Redundanz, die sich in populärwissenschaftlichen Zeitschriftenartikeln häufig findet, spricht einerseits für die relative Autonomie der Teiltexte, andererseits wirkt sie hinsichtlich des Gesamttexts
kohärenzstiftend.

---

[12]  Als *Bildmodul* möchte ich solche Teiltexte bezeichnen, die einen bildlichen, nichtsprachli-
     chen Anteil haben, der über das Textlayout hinausgeht. Dabei bestehen Bildmodule immer
     aus Bild(ern) und ggf. Kotext(en).

[13]  Man beachte z.B. auch den Blick der im Catch-Visual abgebildeten Person über den Falz
     hinweg in Richtung des Textanfangs.

[14]  Unter einem „Küchenzuruf" wird in Anlehnung an den *Stern*-Gründer Henri Nannen die in
     wenigen Sätzen wiederzugebende Kernaussage eines journalistischen Textes verstanden, die
     – im konservativen Weltbild Nannens – der lesende Ehemann seiner Frau in Richtung der
     Küche zuruft (vgl. Könneker 2012: 13ff.).

Insgesamt lässt sich in Anlehnung an Bucher (2011: 126) von einem hinsichtlich der Linearität *hybriden* Kommunikat sprechen, das einerseits non-linear organisiert ist, andererseits aber mit dem von der zweiten bis zur letzten Artikelseite durchgehenden Haupttext über ein lineares Element verfügt. Durch die visuellen Unterbrechungen, wie auch durch Querverweise auf andere Module, die einladen, den Haupttext zu verlassen, ist ohne empirische Verfahren (vgl. hierzu ebd.: 143ff.) höchstens eine Aussage über mögliche, wahrscheinlichere und unwahrscheinlichere oder über vom Produzenten intendierte, nicht aber über tatsächliche Rezeptionswege möglich.[15] Denkbar ist daher auch ein selektiver und durch visuelle Textmerkmale gesteuerter ‚Kurzpfad' durch einen solchen Text, bei dem z.B. nur Titel und Lead, Küchenzuruf und Bildmodule rezipiert werden, der Haupttext aber ungelesen bleibt.

## 4. Transkriptive Popularisierungs- und Visualisierungsprozesse

Transkriptive Verfahren können, wie bereits erwähnt, mit Blick auf das Gesamtkommunikat intra- und intertextuell und hinsichtlich der verschiedenen Zeichenmodalitäten intramodal und intermodal operieren.

Die folgenden Überlegungen fokussieren *inter*textuell-*intra*modale Verfahren, wobei jedoch andere Verfahrenskonstellationen – wie u.a. die intratextuell-intermodale sprachliche Einbettung von Bildern in das Gesamtkommunikat – nicht unberücksichtigt bleiben können. Im konkreten Anwendungsbeispiel, in dem es darum geht, in neurowissenschaftlichen Kontexten entstandene und in populärwissenschaftlichen Artikeln verwendete Bilder zu betrachten, bedeutet dies, dass text(sorten)übergreifende Bild-Bild-Bezüge unter folgender Fragestellung beleuchtet werden: Durch welche Verfahren werden Bilder aus wissenschaftlichen Textsorten in populärwissenschaftlichen Vermittlungstexten, speziell Zeitschriftenartikeln, rekontextualisiert und readressiert und welcher semantischen und funktionalen Verschiebung unterliegen sie dabei?

Zur Beantwortung dieser Frage werden zunächst solche Bilder identifiziert, die in einem wissenschaftlichen Kontext entstanden sind und bereits zuvor in anderen

---

[15] Vgl. hierzu auch Liebert (2002: 128ff.), der sich für seine handlungssemantische Analyse von Vermittlungstexten mit Textdesign und Lesewegen durch Clustertexte beschäftigt.

Publikationen verwendet wurden.[16] Die durch die intertextuelle Analyse ermittelten transkriptiven Verfahren lassen sich in unterschiedliche, teils zusammenwirkende, teils unabhängige Transkriptionstypen einteilen, die sich als typisch für den Prozess der Popularisierung von neurowissenschaftlichen Bildern erwiesen haben und die ich *Selektion, Reduktion, Rekomposition, Modifikation* und *Iteration* nennen möchte.[17]

## 4.1 Transkriptionstypen

Ein erstes und obligatorisches Verfahren für die Verwendung wissenschaftlicher Bilder in populärwissenschaftlichen Kontexten ist das der *Selektion*: Aus der Fülle von verfügbaren, in Forschungskontexten entstandenen und zumeist bereits in Fachtexten veröffentlichten, neurowissenschaftlichen Bildern zum relevanten Thema müssen für Vermittlungstexte diejenigen ausgewählt werden, die für geeignet erachtet werden. Dabei unterscheidet sich die Bildpraxis nicht sehr von den Verfahren und Strategien sprachlicher Textgestaltung: Für die Darstellung ausgewählt wird, was besonders typisch, besonders dramatisch oder besonders geeignet zur Komplexitätsreduktion ist.[18]

Werden nach der Selektion Bildelemente und damit Zeichenanteile der für die Popularisierung ausgewählten wissenschaftlichen Abbildungen wie Bildteile, Zahlenwerte, Skalen, Graphen, Pfeile, Beschriftungen getilgt, möchte ich von *Reduktion* sprechen. Dieses Verfahren ist nicht obligatorisch, aber prototypisch für popularisierte Hirnbilder.

Mit *Rekomposition* beziehe ich mich auf spezielle Verfahren, die Änderungen im Bereich der räumlichen Anordnung *innerhalb* der Bildmodule zur Folge haben. Der Begriff basiert auf dem von Gunther Kress und Theo van Leeuwen im

---

[16] Eigens für populärwissenschaftliche Texte erstellte Visualisierungen werden bei der Beschreibung zunächst nicht berücksichtigt. Typischerweise sind dies u.a. Infographiken, Fotographien von Wissenschaftsakteuren oder technischen Geräten. Hinzu kommen Deko- bzw. Aufmacherbilder, teils aus Bildarchiv-Material (vgl. Abb. 1a, links oben).

[17] Ein detailliertes Beschreibungsmodell zu Verfahren der visuellen Popularisierung wird Teil meiner Dissertation zu multimodalen Texten in der Wissenschaftsvermittlung sein. Dort werden die genannten Verfahrenstypen zudem weiter spezifiziert und Untertypen dargestellt.

[18] Vgl. zu den sprachlichen Verfahren popularisierender Wissenschaftsvermittlung z.B. Burger/Luginbühl (2014: 364ff.) und ausführlich Niederhauser (1999: 117ff.).

Rahmen ihrer *Grammar of Visual Design* entworfenen Konzept der *composition* (Kress/van Leeuwen 2006: 175ff.). Jedoch sollen hierbei anders als bei Kress/van Leeuwen tatsächlich nur die Aspekte räumlicher Anordnung („placement of the elements", ebd.: 177) berücksichtigt werden.

Werden Bildelemente hingegen in den Aspekten Farbe, Form, relative Größe und damit u.a. auch hinsichtlich ihres Salienzpotentials im Bildmodul bearbeitet oder Bildelemente hinzugefügt, so lässt sich zusammenfassend von *Modifikation* sprechen.[19]

Ein weiteres transkriptives Verfahren ist das der *Iteration*, der mehrfachen Wiederholung bzw. Wiederaufnahme von Bildern in einer Vielzahl von Texten innerhalb und außerhalb bestimmter Diskurse. Durch dieses Verfahren werden Bilder zu dem, was Uwe Pörksen (1997) „visuelle Stereotype" oder kurz „Visiotype" nennt: Bilder, die in einen „durch die Entwicklung der Informationstechnik begünstigten Typus sich rasch standardisierender Visualisierung" (Pörksen 1997: 27) eingebunden sind. Als durch wiederholte transkriptive Um- und Überschreibung standardisierte Bilder werden sie ihrer ursprünglichen, auf einen konkreten Forschungskontext bezogenen Semantik entleert und übernehmen die Funktion von Markenzeichen.[20] Oft zitierte Beispiele für solche durch Iteration entstandenen Visiotype sind Darstellungen der DNA-Doppelhelix oder des Atommodells (vgl. Pörksen 1997). Auch in neurowissenschaftlichen Kontexten haben sich bis heute bereits Bilder solcher Art etabliert, etwa in der popularisierenden Berichterstattung über Forschung zu Morbus Alzheimer und in der Darstellung von Neuronennetzen. Iteration als fünftes transkriptives Verfahren unterscheidet sich insofern graduell von den anderen vier genannten, als es sich erst nach einem mehr oder weniger langen Zeitraum immer wiederkehrender Wiederholungen im Diskurs retrospektiv zeigt. Es kann aber besonders aufschlussreich hinsichtlich der Frage sein, welche Visualisierungen durch Popularisierung semantisch besonders anschlussfähig und damit innerhalb einer Gesellschaft wirkmächtig sind.

Im Folgenden werden die ersten vier Transkriptionstypen an einem Beispiel erläutert.

---

[19] Dieser Verfahrenstyp lässt sich je nach Erkenntnisinteresse weiter unterteilen.
[20] Vgl. Hagner (2008), der in anderem Zusammenhang aus wissenschaftshistorischer Perspektive vom „Hirnbild als Markenzeichen" spricht.

## 4.2 Ein Beispiel: Visuelle Evidenzverstärkung durch Transkription

Abbildung 2 zeigt ein aus zwei MRT-Bildern, zwei Graphen und Kotexten (Bildbeschriftungen und Legende) bestehendes Bildmodul aus dem bereits oben herangezogenen Artikel über das Depersonalisations-/Derealisationssyndrom (DP/DR) mit dem Titel *Das entfremdete Selbst* (Canterino/Michal 2011). In Abbildung 1a, unten links, ist die Position des Moduls im Gesamttext zu sehen: Der Bildanteil nimmt im Layout eine Haupttext-Spaltenbreite plus die Breite der Marginalspalte auf einer Höhe von zwei Fünfteln der Seite ein. Der zugehörigen Bildlegende, die darüber in der Breite der Marginalspalte gesetzt und dort ein knappes weiteres Drittel der Seitenhöhe beansprucht, ist zu entnehmen, worum es geht.

Interessant ist nun der Vergleich mit dem Fachtext, auf den die exakte Quellenangabe am linken Bildrand verweist. Es handelt sich dabei um einen Originalartikel aus dem psychiatrischen Fachmagazin *The British Journal of Psychiatry*, der unter dem Titel *Cerebral and Autonomic Responses to Emotional Facial Expressions in Depersonalisation Disorder* (Lemche et al. 2008) veröffentlicht wurde. In dieser am Londoner *King's College* durchgeführten fMRT-Studie wurde die Reaktion von Patienten mit Depersonalisationsstörung auf emotionale Gesichtsausdrücke untersucht. Im Haupttext des Fachartikels findet sich die Information, dass neun Patienten und zwölf gesunden Kontrollprobanden im Tomographen Bilder mit neutralen, fröhlichen und traurigen Gesichtsausdrücken in je zwei Intensitätsstufen präsentiert wurden. Die exakte Quellenangabe im populärwissenschaftlichen Artikel verweist auf „Fig. 2" dieser britischen Originalarbeit (vgl. Abb. 3).

**ABGESTUMPFT**

Bei Patienten mit Depersonali-
sationsstörung reagieren
Areale des limbischen Systems
schwächer auf emotionale
Reize als die entsprechenden
Hirnregionen gesunder Proban-
den. Bild A und nebenstehende
Graphen geben wieder, wie
stark der Hippocampus von
DP-DR-Patienten sowie von
Kontrollpersonen auf Gesichter
mit zunehmend fröhlicher
Mimik antwortete. Darunter ist
die Reaktion der Amygdala bei
Präsentation trauriger Gesichts-
ausdrücke dargestellt.

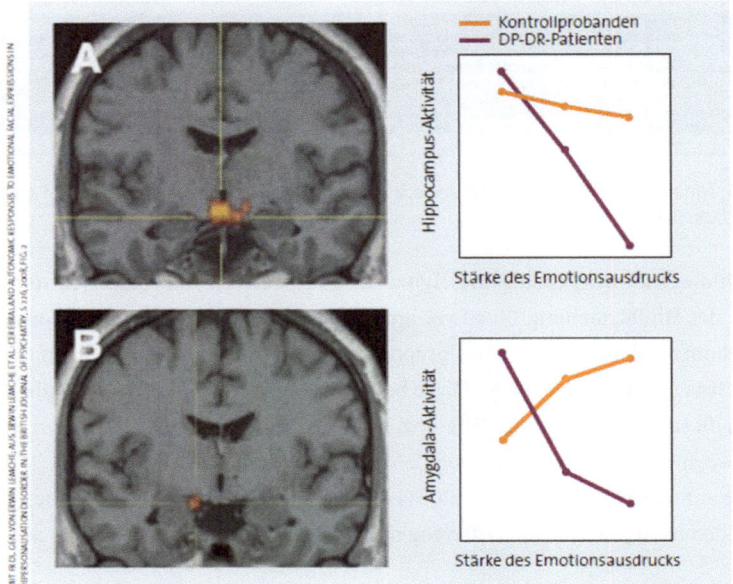

Abb. 2: Modulinterne Multimodalität im populärwissenschaftlichen Zeitschriftenartikel (aus: Canterino/Michal 2011: 74).

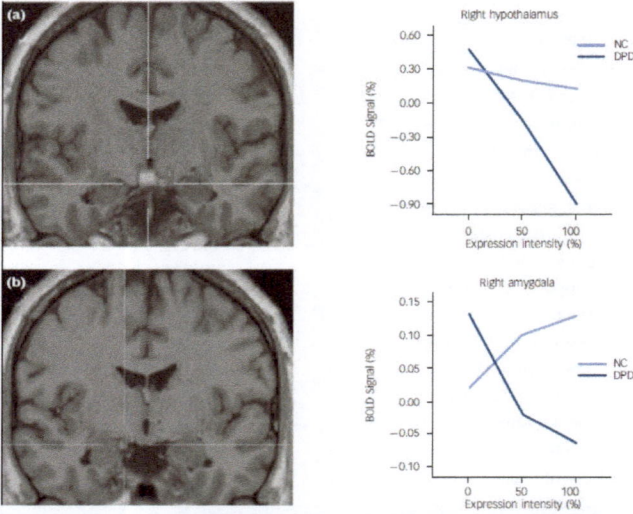

Fig. 2  Between-group trend comparison maps for happiness and sadness, representing blood oxygen level dependent (BOLD) signal by expression intensity interaction effects. Displayed in coronal sections are main clusters for each trend comparison, based on effect sizes of BOLD signal intensities (radiological convention; Talairach coordinates x, y, z). (a) Comparison of happy expression trends between the depersonalisation disorder and control groups. Regions moderated by expression intensities and group at cluster level threshold P < 0.005 with 0.42 error clusters expected over the entire brain: right hypothalamus (4, −4, −13). (b) Comparison of sad expression trends between the depersonalisation disorder and control groups. Regions moderated by expression intensities and group at cluster level threshold P < 0.0005 with 0.071 error clusters expected over the entire brain: right amygdala (10, −11, −13).

DPD, depersonalisation disorder group; NC, normal control group.

Abb. 3: Modulinterne Multimodalität im fachwissenschaftlichen Originalartikel (aus: Lemche et al. 2008: 226).

Die Bildlegende des Moduls im Originalartikel gibt exakte Informationen zur Me-thode der Bildherstellung: Zur Erzeugung der Bilder wurden demnach zunächst die erhobenen Daten der Kontrollgruppe und die der Patienten zu je einem Grup-pendatensatz zusammengelegt. Diese beiden Datensätze wurden dann verglichen, das heißt subtrahiert, um die Differenz, also den Gruppenunterschied zu ermitteln („between-group trend comparison").

Die auf den MRT-Bildern durch das Koordinatenkreuz markierten Stellen ver-orten demnach jeweils eine Differenz aus zwei Gruppenmittelwerten, die auf ein standardisiertes Gehirn abgebildet wurde.[21] Die beiden markierten helleren Stellen verweisen auf das Mehr an Aktivierung, das sich in der Gruppe der gesunden Kontrollprobanden im rechten Hypothalamus bei (a) fröhlichen und in der rechten Amygdala bei (b) traurigen Gesichtsausdrücken – in Differenz zu dem Mittelwert der Probanden mit Depersonalisationsstörung – messen ließ. Damit steht die relevante Markierung zwar aus semiotischer Sicht in einer komplexen Kausalitätsbeziehung zum Dargestellten, indem sie indexikalisch auf ein Ergebnis tatsächlich gemessener und sichtbar gemachter Werte referiert, sie verweist jedoch nicht, wie man annehmen könnte, auf eine tatsächliche Hirnstruktur und eine dort gemessene Aktivierung, sondern verzeichnet mittels statistischer Verfahren ermittelte Zahlenwerte nach einer konventionalisierten Methode. Bereits dieser Prozess der Bildgenerierung lässt sich demnach als ein transkriptives Verfahren verstehen, durch das Zahlenwerte in Helligkeitsunterschiede als konventionalisierte, d.h. symbolische Zeichen ‚übersetzt‘ werden.

Im *Selektion*sprozess wurde dieses Bildmodul nicht nur aus drei verfügbaren Abbildungen des Originalartikels ausgewählt, sondern aus der Vielzahl verfügbarer Bilder aus den insgesamt 13 Referenztexten – und weiteren nicht referierten Publikationen zum Thema. Gewählt wurde ein Bildkomplex, der ein signifikantes und damit glaubwürdiges Ergebnis einer Bildgebungsstudie zeigt – und der damit geeignet erscheint, intertextuell eine sprachliche Aussage bildlich, d.h. intermodal, zu stützen.

Eine *Reduktion* lässt sich zunächst im Bereich der Graphen feststellen (vgl. Abb. 2 und 3): Hier wurden zur Komplexitätsreduktion für den populärwissenschaftlichen Artikel sämtliche Skalenwerte und Beschriftungen gelöscht bzw. ersetzt. Das Fehlen der Zahlenwerte auf der y-Achse, die im Fachartikel die Ausprägung des BOLD-Signals, also die Information über den relativen Blutsauerstoffgehalt im Gehirn, angeben, hat zur Folge, dass die Beschriftung der Achse angepasst werden muss und diese nun schlicht „Aktivitäten" in bestimmten Arealen verzeichnet. Zudem wird die Information, dass die Differenz der Aktivität in

---

[21] Was man auf den Bildern sieht, ist also wahrscheinlich kein individuelles menschliches Gehirn. Da die anatomische Struktur nur der Orientierung über den relevanten Ort dient, ist es wahrscheinlicher, dass es sich um ein gemorphtes, aus vielen Hirnbildern zusammengesetztes Modell oder um ein Bild aus einem Hirnatlas handelt.

der Bedingung A erheblich geringer als in Bedingung B ist, nach Löschung der Skalenwerte verdeckt.

Dass außerdem im Bereich der Kotexte einige für wissenschaftliche Zeitschriftenartikel obligatorische Informationen zur Methodik, zur genauen Lokalisation im Gehirn (im Original den in der Bildlegende angegebenen Talairach-Koordinaten zu entnehmen) und zu statistischen Verfahren im Transkriptionsprozess fehlen, ist für populärwissenschaftliche Zeitschriftenartikel textsortentypisch, denn die Anforderung der Überprüfbarkeit und Replizierbarkeit, die an wissenschaftliche Publikationen gestellt wird, muss von einem populärwissenschaftlichen Text nicht erfüllt werden.

Hinsichtlich der räumlichen Anordnung der Bildelemente ist festzustellen, dass die Platzierung der Legende geändert wurde. Diese Form der *Rekomposition* ließe sich mit Stöckl als Änderung des „räumlich-syntaktischen Musters" (Stöckl 2011: 56) und damit als eine mögliche Änderung „der Reihenfolge der Wahrnehmung von Botschaften aus Sprache und Bild", die „letztlich das Zustandekommen einer Gesamtaussage mitbestimmt" (ebd.: 57) betrachten – eine verlässliche Aussage über die tatsächliche Wahrnehmungs- bzw. Rezeptionsreihenfolge im Clustertext ist aber wie bereits oben erwähnt nicht möglich. Vielmehr sorgt die Rekomposition für eine räumlich rahmende Einbettung in das Gesamtkommunikat.

Gewichtiger sind die *Modifikationen* in den bildlichen Anteilen des Moduls: Neben der Änderung von Schrifttyp und -größe fällt zunächst auf, dass die im Referenztext noch in Graustufen gehaltenen MRT-Bilder an den beiden signifikanten Stellen nachträglich in Rot-orange-Tönen eingefärbt wurden. Diese Bearbeitung erhöht den visuellen Kontrast zwischen dem markierten Areal und den für die Aussage irrelevanten Bereichen, macht den Unterschied also leichter sichtbar. Die durch diese Bearbeitung, d.h. diese transkriptive Lesbarmachung, erzeugte ‚Offensichtlichkeit' impliziert durch Salienzerhöhung eine höhere Signifikanz des im Phänotext/Transkript Gezeigten.

Es lassen sich darüber hinaus weitere Modifikationen feststellen: Das Koordinatenkreuz und der Bildhintergrund wurden komplementär grün bzw. helltürkis eingefärbt, was ebenfalls eine wahrnehmungspsychologisch wirksame Kontrast- und damit Salienzerhöhung zur Folge hat. Die Rot-orange-Töne des Hirnbilds finden sich in den auch in der Darstellungsform leicht abgewandelten Graphen wieder, die im Referenztext blau gefärbt sind. Letztere Bearbeitung schafft modulinterne Kohäsion und damit inhaltliche Kohärenz, während die Einfärbung des Hintergrunds dasselbe auf der Ebene des multimodalen Gesamttexts bewirkt.

Berücksichtigt man nun, dass weder der Kotext innerhalb des Bildmoduls noch der Haupttext Informationen darüber geben, was tatsächlich auf den beiden Hirnbildern zu sehen ist, lässt sich ein mögliches Rezeptionsmuster wie folgt darstellen: Möchte man bei der Artikellektüre beispielsweise Bildteil A entnehmen, was diesem durch die darüberstehende Bildlegende transkriptiv zugeschrieben wird, nämlich dass zu sehen sei, „wie stark der Hippocampus von DP-DR-Patienten sowie von Kontrollpersonen auf Gesichter mit zunehmend fröhlicher Mimik antwortet", so wird man sich zwangsläufig die Frage stellen müssen, wie in einem Einzelbild (pro Versuchsbedingung) ein visueller Vergleich möglich ist, und feststellen, dass das Hirnbild mit den gegebenen sprachlichen Informationen zumindest *als Visualisierung von Daten* nicht mehr lesbar ist.

Visuell verstärkt wird durch das transkribierte, das *anders* lesbar gemachte Bild aber die ihm sprachlich zugeschriebene Aussage, die sich im Haupttext des populärwissenschaftlichen Artikels findet:

> „In den letzten Jahren konnten Forscher mit Hilfe moderner bildgebender Verfahren [...] auch auf neurobiologischer Ebene Unterschiede zwischen Menschen mit und ohne Depersonalisationsstörung belegen. Besonders der häufig beklagte Gefühlsverlust spiegelt sich in der Hirnaktivität wider." (Canterino/Michal 2011: 73)

Unter Berücksichtigung der oben genannten Möglichkeit der Rezeption einzelner Module unabhängig vom Haupttext könnte das Bildverständnis intramodular-intermodal durch den Bildtitel „ABGESTUMPFT" sogar noch radikaler ausfallen.

Das Ergebnis der Originalstudie hingegen wird – auch in Anbetracht der von den Autoren selbst erwähnten Mängel wie der kleinen Versuchspersonenanzahl – entsprechend relativierender und unspektakulärer formuliert:

> „The results suggest that fMRI signal decreases are possible correlates of emotion suppression in depersonalisation disorder." (Lemche et al. 2008: 222)

Im Zuge seiner Popularisierung wurde die zugehörige Visualisierung in einen textsortenübergreifenden transkriptiven Prozess eingebunden, der eine semantische und funktionelle Verschiebung bewirkt hat. Der populärwissenschaftliche

Zeitschriftenaufsatz verstärkt durch das textsortentypische Zusammenspiel der transkriptiven Verfahren einerseits die Aussage des hier fokussierten Bildes, erklärt aber andererseits weniger, wie er zu dieser kommt.

Je komplexer ein wissenschaftliches Bild in einer Fachpublikation ist, desto intensiver ist meist die transkriptive Bearbeitung. Werden Bilder dadurch wie im hier behandelten Beispiel im wissenschaftlichen Sinne für ‚Experten' unlesbar, werden sie gleichzeitig für ‚Laien' anders lesbar, nämlich – so meine Behauptung – als unspezifische Verstärker der Evidenz des Gesamttexts.

Ein als unspezifischer Evidenzverstärker fungierendes Bild muss selbst gar nichts zeigen, sondern es übernimmt in „Arbeitsteilung" (Stöckl 2011: 48) mit dem sprachlichen Text die Aufgabe, zu visualisieren, *dass* es etwas zu sehen, etwas im wörtlichen Sinne Evidentes, nämlich Augenscheinliches gibt. Diese Evidenzverstärkung hat das Potential, auch auf die jeweiligen Referenztexte, die Skripte, zurückzuwirken, die dem jedoch nicht wehrlos ausgeliefert sind, sondern ein „Interventionsrecht" (Jäger 2002: 33) innerhalb des intertextuellen Netzwerks haben.[22]

## 5. Fazit

Populärwissenschaftliche Zeitschriftenartikel sind als multimodale und modular aufgebaute Clustertexte konstitutiv mit anderen Texten und Textsorten verknüpft und auf diese angewiesen. Innerhalb dieser multimodalen Texte unterliegen auch Bilder als Teiltexte verschiedenen transkriptiven Verfahren, die sich näher spezifizieren und beschreiben lassen.

Die vorangehenden Überlegungen haben gezeigt, dass diese Verfahren zu einer semantischen und funktionellen Verschiebung beitragen können, durch die be-

---

[22] So ließe sich zum Beispiel durch Konsultation des Originalartikels feststellen, dass in der populärwissenschaftlichen Visualisierung ein Fehler vorliegt, der in folgendem, vom Autor eben dieses Originalartikels initiierten Erratum korrigiert wurde: „Leider ist uns in dem Artikel über Depersonalisation bei der Beschriftung der […] Hirnaufnahmen ein Fehler unterlaufen: Bild A zeigt keine Aktivierung des Hippocampus, wie […] behauptet. Stattdessen ist diese hauptsächlich im anterioren Hypothalamus oberhalb des Hypophysenstiels lokalisiert. Wir bitten, den Fehler zu entschuldigen, und danken Herrn Erwin Lemche für den Hinweis." *Gehirn & Geist* (6/2011: 7).

stimmte ursprünglich epistemische Bilder als Visualisierungen von Forschungs-
daten in populärwissenschaftlichen Texten eine andere, textsortenspezifische
Funktion übernehmen können. Dabei gilt es zu betonen, dass sie dadurch nicht
*falsch* oder unlesbar, sondern *anders* lesbar werden. Ihre Aufgabe ist dann nicht
(mehr), Daten für einen wissenschaftlichen (esoterischen) Kreis nachvollziehbar
zu visualisieren, sondern z.B. als *unspezifische Evidenzverstärker* oder auch als
Markenzeichen zu dienen. Andere Funktionen, wie die der Ästhetisierung und der
Aufmerksamkeitserregung, bleiben davon unberührt.[23] Umgekehrt wirken Transkriptionen immer auch auf ihre Skripte/Präskripte zurück. Aus wissenschafts-
und medizinhistorischer Perspektive bemerken etwa Sybilla Nikolow und Lars
Bluma:

> „Der Erfolg von Wissenschaftsbildern sowohl in der wissenschaftsinternen Kommunika-
> tion als auch in der Auseinandersetzung mit der Öffentlichkeit scheint davon abhängig zu
> sein, inwiefern Bilder als besonders mobile Objekte semantische Flexibilität und Identität
> für verschiedene Rezipientengruppen bereitstellen." (Nikolow/Bluma 2009: 47f.)

Diese semantische Flexibilität und Anschlussfähigkeit wissenschaftlicher Bilder
ist es, die in transkriptiven Verfahren innerhalb von Textsortennetzen, im Zusammenspiel verschiedener Zeichenmodalitäten und im Spannungsfeld von Wissenschaft und Öffentlichkeit zum Tragen kommt – und die es näher zu beschreiben
gilt.

## Literatur

Adamzik, Kirsten (2008): „Textsorten und ihre Beschreibung", in: Janich, Nina (Hg.): *Textlinguistik. 15 Einführungen*. Tübingen: Narr, 145–175.
Adamzik, Kirsten (2011): „Textsortennetze", in: Habscheid, Stephan (Hg.): *Textsorten, Handlungsmuster, Oberflächen. Linguistische Typologien der Kommunikation*. Berlin: de Gruyter, 367–385.
Baumann, Klaus-Dieter (1998): „Fachsprachliche Phänomene in den verschiedenen Sorten von
populärwissenschaftlichen Vermittlungstexten", in: Hoffmann, Lothar (Hg.): *Fachsprachen. Ein internationales Handbuch zur Fachsprachenforschung und Terminologiewissenschaft*. Berlin: de Gruyter, 728–735.

---

[23] Ebenso gibt es fraglos Bilder in populärwissenschaftlichen Texten, die Sachverhalte visualisieren und durch Anschauung verständlich machen.

Brinker, Klaus/Cölfen, Hermann/Pappert, Steffen (2014): *Linguistische Textanalyse. Eine Einführung in Grundbegriffe und Methoden*. 8. neu bearb. und erw. Aufl. Berlin: Erich Schmidt (Grundlagen der Germanistik 29).

Bucher, Hans-Jürgen (2002): „Visualisierungen – das Ende der journalistischen Schriftkultur? Grundlagen einer multimodalen Konzeption der Medienkommunikation", in: Haller, Michael (Hg.): *Die Kultur der Medien. Untersuchungen zum Rollen- und Funktionswandel des Kulturjournalismus in der Mediengesellschaft*. Münster: Lit, 143–178.

Bucher, Hans-Jürgen (2011): „Multimodales Verstehen oder Rezeption als Interaktion. Theoretische und empirische Grundlagen einer systematischen Analyse der Multimodalität", in: Diekmannshenke, Hajo/Klemm, Michael/Stöckl, Hartmut (Hgg.): *Bildlinguistik. Theorien – Methoden – Fallbeispiele*. Berlin: Erich Schmidt, 123–156.

Bucher, Hans-Jürgen (2016): „Mehr als Text mit Bild. Zur Multimodalität der Illustrierten Zeitungen und Zeitschriften im 19. Jahrhundert", in: Igl, Natalia/Menzel, Julia (Hgg.): *Illustrierte Zeitschriften um 1900. Multimodalität und Metaisierung*. Bielefeld: Transcript, 25–73.

Burger, Harald/Luginbühl, Martin (2014): *Mediensprache. Eine Einführung in Sprache und Kommunikationsformen der Massenmedien*. 4., überarb. und erw. Aufl. Berlin/Boston: de Gruyter.

Canterino, Marco/Michal, Matthias (2011): „Depersonalisation: Das entfremdete Selbst", in: *Gehirn & Geist* 5, 70–75.

Cherubim, Dieter (1982): „Wissenschaftliche und populärwissenschaftliche Texte im Kontrast: Beispielanalysen", in: Ermert, Karl (Hg.): *Wissenschaft, Sprache, Gesellschaft. Über Kommunikationsprobleme zwischen Wissenschaft und Öffentlichkeit und Wege zu deren Überwindung*. Rehburg-Loccum: Evangelische Akademie Loccum, 83–89.

Daum, Andreas W. (2002): *Wissenschaftspopularisierung im 19. Jahrhundert. Bürgerliche Kultur, naturwissenschaftliche Bildung und die deutsche Öffentlichkeit, 1848-1914*. 2. Aufl. München: Oldenbourg.

Fix, Ulla (2014): „Aktuelle Tendenzen des Textsortenwandels – Thesenpapier", in: Hauser, Stefan/Kleinberger, Ulla/Roth, Kersten Sven (Hgg.): *Musterwandel – Sortenwandel. Aktuelle Tendenzen der diachronen Text(sorten)linguistik*. Bern u.a.: Lang, 15–48.

Fleck, Ludwik ([1935] [10]2015): *Entstehung und Entwicklung einer wissenschaftlichen Tatsache. Einführung in die Lehre vom Denkstil und Denkkollektiv*. Mit einer Einleitung herausgegeben von Lothar Schäfer und Thomas Schnelle. Frankfurt a.M.: Suhrkamp.

Gläser, Rosemarie (1998): „Fachtextsorten der Wissenschaftssprachen I: der wissenschaftliche Zeitschriftenaufsatz", in: Hoffmann, Lothar/Kalverkämper, Hartwig/Wiegand, Herbert E. (Hgg.): *Fachsprachen. Ein internationales Handbuch zur Fachsprachenforschung und Terminologiewissenschaft*. 1. Halbband. Berlin/New York: de Gruyter, 482–488.

Göpferich, Susanne (1992): „Eine pragmatische Typologie von Fachtextsorten der Naturwissenschaften und der Technik", in: Baumann, Klaus-Dieter/Kalverkämper, Hartwig (Hgg.): *Kontrastive Fachsprachenforschung*. Tübingen: Narr, 190–210.

Göpferich, Susanne (1995): *Textsorten in Naturwissenschaften und Technik. Pragmatische Typologie – Kontrastierung – Translation*. Tübingen: Narr.

Hagner, Michael (2008): „Das Hirnbild als Marke", in: Bredekamp, Horst/Bruhn, Matthias/Werner, Gabriele (Hgg.): *Ikonografie des Gehirns*. Berlin: Akademie Verlag, 43–51.

Hasler, Felix (2012): *Neuromythologie. Eine Streitschrift gegen die Deutungsmacht der Hirnforschung*. Bielefeld: Transcript.

Hauser, Stefan/Luginbühl, Martin (2015): „Hybridisierung und Ausdifferenzierung – Einführende begriffliche und theoretische Anmerkungen", in: Dies. (Hgg.): *Hybridisierung und Ausdifferenzierung. Kontrastive Perspektiven linguistischer Medienanalyse*. Bern u.a.: Lang, 7–30.

Heinemann, Torsten (2012): *Populäre Wissenschaft. Hirnforschung zwischen Labor und Talkshow*. Göttingen: Wallstein.

Heinemann, Wolfgang (2000): „Textsorten. Zur Diskussion um Basisklassen des Kommunizierens. Rückschau und Ausblick", in: Adamzik, Kirsten (Hg.): *Textsorten. Reflexionen und Analysen*. Tübingen: Stauffenburg, 9–29.

Held, Gudrun (2015): „Inszeniertes Science-tainment? Hybride oder differenzierte Spielformen im populären Wissenschaftsjournalismus", in: Hauser, Stefan/Luginbühl, Martin (Hgg.): *Hybridisierung und Ausdifferenzierung. Kontrastive Perspektiven linguistischer Medienanalyse*. Bern u.a.: Lang, 289–319.

Holly, Werner (2009): „Der Wort-Bild-Reißverschluss. Über die performative Dynamik audiovisueller Transkriptivität", in: Linke, Angelika/Feilke, Helmuth (Hgg.): *Oberfläche und Performanz. Untersuchungen zur Sprache als dynamischer Gestalt*. Tübingen: Niemeyer, 389–406.

Jäger, Ludwig (2002): „Transkriptivität. Zur medialen Logik der kulturellen Semantik", in: Jäger, Ludwig/Stanitzek, Georg (Hgg.): *Transkribieren. Medien/Lektüre*. München: Fink, 19–41.

Jäger, Ludwig (2008): „Transkriptive Verhältnisse. Zur Logik intra- und intermedialer Bezugnahmen in ästhetischen Diskursen", in: Buschmeier, Gabriele/Konrad, Ulrich/Riethmüller, Albrecht (Hgg.): *Transkription und Fassung in der Musik des 20. Jahrhunderts*. Stuttgart: Steiner, 103–134.

Jäger, Ludwig (2012): „Transkription", in: Bartz, Christina/Jäger, Ludwig/Krause, Marcus/Linz, Erika (Hgg.): *Handbuch der Mediologie. Signaturen des Medialen*. Paderborn: Fink, 306–315.

Jäger, Ludwig (2013): „Sprache", in: Binczek, Natalie/Dembeck, Till/Schäfer, Jörgen (Hgg.): *Handbuch Medien der Literatur*. Berlin: de Gruyter, 11–26.

Klein, Josef (2000): „Intertextualität, Geltungsmodus, Texthandlungsmuster. Drei vernachlässigte Kategorien der Textsortenforschung – exemplifiziert an politischen und medialen Textsorten", in: Adamzik, Kirsten (Hg.): *Textsorten. Reflexionen und Analysen*. Tübingen: Stauffenburg, 31–44.

Klug, Nina-Maria/Stöckl, Hartmut (2014): „Sprache im multimodalen Kontext", in: Felder, Ekkehard/Gardt, Andreas (Hgg.): *Handbuch Sprache und Wissen*. Berlin/München/Boston: de Gruyter, 242–264.

Könneker, Carsten (2012): *Wissenschaft kommunizieren. Ein Handbuch mit vielen praktischen Beispielen*. Weinheim: Wiley-VCH.

Kress, Gunther (2010): *Multimodality. A Social Semiotic Approach to Contemporary Communication*. London: Routledge.

Kress, Gunther/Leeuwen, Theo van (2006): *Reading Images. The Grammar of Visual Design*. Second edition. New York: Routledge.

Lachmann, Renate (1984): „Ebenen des Intertextualitätsbegriffs", in: Stierle, Karlheinz/Warning, Rainer (Hgg.): *Das Gespräch*. München: Fink, 133–138.

Langlitz, Nicolas (2008): „Neuroimaging und Visionen. Zur Erforschung des Halluzinogen-rauschs seit der Dekade des Gehirns", in: Bredekamp, Horst/Bruhn, Matthias/Werner, Gabriele (Hgg.): *Ikonografie des Gehirns*. Berlin: Akademie Verlag, 30–42.

Lemche, Erwin et al. (2008): „Cerebral and Autonomic Responses to Emotional Facial Expressions in Depersonalisation Disorder", in: *The British Journal of Psychiatry* 193 (3), 222–228.

Liebert, Wolf-Andreas (1996): „Die transdiskursive Vorstellungswelt zum Aids-Virus. Heterogenität und Einheit von Textsorten im Übergang von Fachlichkeit und Nichtfachlichkeit", in: Kalverkämper, Hartwig/Baumann, Klaus-Dieter (Hgg.): *Fachliche Textsorten. Komponenten – Relationen – Strategien*. Tübingen: Narr, 789–811.

Liebert, Wolf-Andreas (2002): *Wissenstransformationen. Handlungssemantische Analysen von Wissenschafts- und Vermittlungstexten*. Berlin: de Gruyter.

Niederhauser, Jürg (1999): *Wissenschaftssprache und populärwissenschaftliche Vermittlung*. Tübingen/Bern: Narr.

Nikolow, Sybilla/Bluma, Lars (2009): „Die Zirkulation der Bilder zwischen Wissenschaft und Öffentlichkeit. Ein historiographischer Essay", in: Hüppauf, Bernd/Weingart, Peter (Hgg.): *Frosch und Frankenstein. Bilder als Medium der Popularisierung von Wissenschaft*. Bielefeld: Transcript, 45–78.

Pörksen, Uwe (1997): *Weltmarkt der Bilder. Eine Philosophie der Visiotype*. Stuttgart: Klett-Cotta.

Schneider, Jan Georg/Stöckl, Hartmut (2011): „Medientheorien und Multimedialität: Zur Einführung", in: Dies. (Hgg.): *Medientheorien und Multimodalität. Ein TV-Werbespot – Sieben methodische Beschreibungsansätze*. Köln: Halem, 10–38.

Sicks, Kai M. (2012): „Popularisierung", in: Bartz, Christina/Jäger, Ludwig/Krause, Marcus/Linz, Erika (Hgg.): *Handbuch der Mediologie. Signaturen des Medialen*. Paderborn: Fink, 221–226.

Stöckl, Hartmut (2004): „Typographie: Gewand und Körper des Textes – Linguistische Überlegungen zu typographischer Gestaltung", in: *Zeitschrift für Angewandte Linguistik* 41, 5–48.

Stöckl, Hartmut (2011): „Sprache-Bild-Texte lesen. Bausteine zur Methodik einer Grundkompetenz", in: Diekmannshenke, Hajo/Klemm, Michael/Stöckl, Hartmut (Hgg.): *Bildlinguistik. Theorien – Methoden – Fallbeispiele*. Berlin: Erich Schmidt, 45–70.

Stöckl, Hartmut (2016): „Multimodalität – Semiotische und textlinguistische Grundlagen", in: Klug, Nina-Maria/Stöckl, Hartmut (Hgg.): *Handbuch Sprache im multimodalen Kontext*. Berlin: de Gruyter, 3–35.

Ylönen, Sabine (1993): „Stilwandel in wissenschaftlichen Artikeln der Medizin. Zur Entwicklung der Textsorte ‚Originalarbeiten' in der Deutschen Medizinischen Wochenschrift von 1884 bis 1989", in: Schröder, Hartmut (Hg.): *Fachtextpragmatik*. Tübingen: Narr, 81–98.

NINA-MARIA KLUG

# Wenn Schlüsseltexte Bilder sind. Aspekte von Intertextualität in Presse und öffentlichem Raum

Wird ein Diskurs als semantische Gesamtheit aller Texte verstanden, die „durch explizite oder implizite (text- oder kontextsemantisch erschließbare) Verweisungen aufeinander Bezug nehmen bzw. einen intertextuellen Zusammenhang bilden" (Busse/Teubert 1994: 14), so findet sich hierin der Ausgangspunkt dieses Beitrags. In ihm soll begründet werden, warum Diskurse nicht nur als transtextuelle, über den Einzeltext hinausreichende sprachliche Einheiten verstanden werden sollten, sondern auch als transmodale,[1] die sich über das singuläre Zeichensystem der Sprache hinaus konstituieren und für die ein dichtes Netz intertextueller Bezugnahmen charakteristisch ist, die ihre Referenz nicht in sprachlichen Texten finden.

## 1. Intertextualität

Mit *Intertextualität* werden im Folgenden alle impliziten wie expliziten „Beziehungen zwischen Texten" bezeichnet (Broich/Pfister 1985: 11; Broich 2000: 175), d.h. alle „mehr oder weniger sichtbare[n] Spuren anderer Texte" in einem Text (Berndt/Tonger-Erk 2013: 7). Diese Beziehungen zwischen Texten werden von der literatur- und sprachwissenschaftlichen Forschung musterhaft in zwei Globaltypen von Intertextualität unterschieden. Auf der einen Seite stehen Formen von Intertextualität, die als typologisch verstanden werden (vgl. z.B.

---

[1] Wenn im Rahmen des vorliegenden Beitrags von *Modalität* die Rede ist, so ist damit eine *Zeichenmodalität* im Sinne eines autonomen Zeichensystems gemeint (v.a. Sprache, Bild, Musik, Geräusch). Sie wird zum einen von *Wahrnehmungsmodalitäten* im Verständnis möglicher Sinneskanäle unterschieden, mit denen Zeichen gleicher oder unterschiedlicher Modalität erfasst werden können (z.B. visuell, auditiv, audiovisuell usw.). Zum anderen wird die Zeichenmodalität von *Medien* unterschieden, die als technische Apparaturen zur Speicherung, Überlieferung oder Übertragung von Kommunikation begriffen werden (z.B. Fernsehen, Internet, Buch, Zeitung, Zeitschrift, Plakat etc.). Im Rahmen der linguistischen Forschung, die auch andere Zeichensysteme (hier: Modalitäten) als die Sprache in ihre Betrachtung einbezieht, hat sich bislang noch keine einheitliche Bezeichnungskonvention durchgesetzt. Zur Bezeichnung von Zeichenmodalitäten (wie Sprache oder Bild) benutzen andere Autorinnen und Autoren Termini wie z.B. *Mode, Kode* oder *Kodalität* (zur Übersicht s. z.B. Klug/Stöckl 2015; Stöckl 2016). Mit *Transmodalität* wird hier der Fokus auf Phänomene bezeichnet, der von einem spezifischen Zeichensystem (z.B. der Sprache) ausgeht und den Blick von dort auf Bezugnahmen richtet, die die im Fokus der Betrachtung stehende Zeichenmodalität (die Sprache) überschreiten, von dieser auf Zeichen bzw. Texte anderer Zeichenmodalitäten (z.B. Bilder oder Musikstücke) verweisen.

Holthuis 1993; Opilowski 2006).[2] Sie beziehen sich auf die Bezugnahme eines konkreten Textes (*token*) auf ein oder mehrere ihm zu Grunde liegende Muster (*type*). Besonders häufig wird hier der Bezug eines Texts auf (s)eine Textsorte oder (s)einen Diskurstyp beschrieben (vgl. Holthuis 1993; Heinemann 1997; Rößler 1999; Adamzik 2001). Auf der anderen Seite werden Formen von Inter-textualität gefasst, die sich im Anschluss an Holthuis (1993) als referenziell be-zeichnen lassen.[3] Mit ihnen werden Bezugnahmen eines spezifischen Einzeltexts auf andere Einzeltexte erfasst, z.B. in Form von Zitaten, Anspielungen, Adaptio-nen, Übersetzungen, Paraphrasen, Montagen oder auch Plagiaten.

## 1.1 Intertextualität in der linguistischen Diskursanalyse

Im Rahmen linguistischer Diskursanalyse wird Intertextualität als „*das* offen-sichtlichste Kennzeichen der diskursiven Verfasstheit von Sprache" verstanden (Spitzmüller/Warnke 2011: 189, Hervorhebung im Original). Aus diesem Grund wird dafür plädiert, „jegliche Form von Intertextualität [...] als zentral relevant für diskurslinguistische Analysen von Sprache" zu erachten (ebd.). Betrachtet man diskursanalytische Studien jedoch genauer, so lässt sich hier eine Präferenz er-kennen: Der Fokus wird typischerweise auf die Beschreibung semantischer Be-ziehungen gelegt, die die einzelnen Texte des Diskurses seriell miteinander ver-binden (vgl. zuerst: Busse/Teubert 1994: 14). Es wird nach Formen der transtex-tuellen Konstitution und Repräsentation gesellschaftlichen Wissens gefragt und bspw. beschrieben,

> „wie sich die Konzepte in Textmengen entfalten, wie dabei aktualisierte Wissensbereiche variieren, wie allmählicher Gebrauchswandel zu Konzeptverschiebungen führen kann und wie durch diese Phänomene intertextuelle Relationen induziert werden." (Fraas 1997: 219f.).

In das Forschungsinteresse transtextueller Analyse treten konzeptuelle Muster auf der Ebene des *Types*, z.B. diskurssemantische Grundfiguren (vgl. Busse 2003)

---

[2]   In der Forschungsliteratur finden auch andere Bezeichnungen Anwendung, z.B. *allgemeine Intertextualität* (Krause 2000); *Architextualität* (Genette 1993) oder *Systemreferenz* (Broich/Pfister 1985; Rößler 1997; Janich 2008).

[3]   Broich/Pfister (1985) und Janich (2008) bezeichnen diese Form von Intertextualität als *Einzeltextreferenz*, Genette (1993) und Krause (2000) differenzieren diese auf einer feineren Ebene in *translatorische, deiktische, transformierende Intertextualität* (Krause 2000) bzw. *Intertextualität, Hypertextualität* und *Metatextualität* (Genette 1993).

wie ‚Frames' (Ziem 2008, Lautenschläger demn.), ‚Topoi' (Wengeler 2003) oder ‚Konzeptuelle Metaphern' (Klug 2012, Kuck demn.), die sich transtextuell von der *Token*-Ebene konkreter Texte abstrahieren lassen.

> „Diskursive Grundfiguren ordnen textinhaltliche Elemente, steuern unter Umständen ihr Auftreten an bestimmten Punkten des Diskurses, bestimmen eine innere Struktur des Diskurses, die nicht mit der thematischen Struktur der Texte, in denen sie auftauchen, identisch sein muss. Sie bilden ein Raster, das selbst wieder als Grundstruktur diskursübergreifender epistemischer Zusammenhänge wirksam werden kann. Diskursive Grundfiguren sind in diesem Sinne nicht unbedingt an einen bestimmten Diskurs gebunden oder auf einen einzigen Diskurs beschränkt, sondern sie können selbst wiederum in verschiedenen Diskursen zugleich auftauchen." (Busse 2003: 29)

Ihres transtextuellen Auftretens wegen werden sie als charakteristisch für einen oder mehrere Diskurs(e), für spezifische „Gesellschaftsgespräche" (Wichter 1999: 274) verstanden.

Ist man nun bestrebt, die oben knapp umrissenen Globaltypen typologischer und referenzieller Intertextualität auf Forschungsinteresse und -praxis linguistischer Diskursanalyse zu übertragen, so lässt sich sagen: Dominant erscheinen in linguistischen Diskursanalysen vor allem Aspekte typologischer Intertextualität. Es wird nach dem gemeinsamen Type-Bezug von in konkreten Einzeltexten realisierten Tokens gefragt. Phänomene in Einzeltexten werden in Beziehung gesetzt zu einem übergeordneten Thema (z.B. Konzepten/Frames), zu Argumentationsmustern (Topoi), Denkmustern (Metaphern, Metonymien etc.) usw., die den kommunikativen Umgang mit diesem, oft gesellschaftlich brisanten, zumindest aber relevanten Thema bestimmen. Durch ihr gemeinsames Thema (das/der sie verbindende Konzept/Frame etc.) stehen die untersuchten Texte in serieller Beziehung zueinander. Sie werden zu einer transtextuellen semantischen Einheit verbunden, zu einem Diskurs.

> „Zu einem Diskurs gehören alle Texte, die [...] sich mit einem als Forschungsgegenstand gewählten Gegenstand, Thema, Wissenskomplex oder Konzept befassen, untereinander semantische Beziehungen aufweisen und/oder in einem gemeinsamen Aussage-, Kommunikations-, Funktions- oder Zweckzusammenhang stehen." (Busse/Teubert 1994: 14).

Werden die Texte als komplexe kommunikative Einheiten begriffen, die sich aus einer begrenzten Folge von Zeichen konstituieren, die in eine kohärente und funktionale Beziehung zueinander gesetzt werden (vgl. zum sprachlichen Textbegriff z.B. Brinker/Cölfen/Pappert 2014: 17), dann greift dieser Textbegriff auch für nichtsprachliche kommunikative Einheiten – z.B. Bilder oder Musikstücke. Ihnen kommt ein ebenso begrenzter, kohärenter und funktionaler Charakter zu wie sprachlichen Texten. Auch sie können damit relevanter Bestandteil von Diskursen sein.

Um dies zu begründen, müsste im Folgenden also gezeigt werden, dass auch sie einen wichtigen Beitrag zur diskursiven Konstitution und Repräsentation gesellschaftlichen Wissens leisten, indem sie sich mit sprachlichen Texten einen gemeinsamen Bezug zu jenen semantischen Mustern teilen, die im Fokus transtextueller Analyse stehen. Diese Beweisführung ist nicht schwer. Mitunter benötigt es nicht mehr als fünf Striche unterschiedlicher Breite in spezifischer bildsyntaktischer Anordnung (vgl. Abb. 1), um einen bildlichen Text zu konstituieren, der das Potenzial hat, auf Seiten seiner Rezipientinnen und Rezipienten Wissen zu evozieren, der ihn folglich semantisch mit vielen anderen Texten im Diskurs kohärent verbindet.

Abb. 1: Piktogramm der Terroranschläge am 11. September 2001 (© Nina-Maria Klug)

Trotz seiner formalen Reduktion erkennen wir im Bild die Terroranschläge des 11. September 2001. Dabei rufen uns die bildlichen Signifikanten nicht nur Wissen über den spezifischen Moment in Erinnerung, in dem das (zweite) Flugzeug vor laufenden Kameras und unseren Augen in einen der Türme des World Trade Center einschlug und uns Zeugen der Katastrophe werden ließ, die nun sicher kein Unfall mehr sein konnte. Als symbolifiziertes Ikon wird dem Bild 15 Jahre später auch eine wesentlich allgemeinere, konventionelle Bedeutung zugewiesen. Es gilt als Sinnbild des Terrors gegen die westliche Welt schlechthin (zu den verschiedenen Arten der Zeichenmetamorphose s. Keller 1995: 171ff.; Klug 2015).

Für den Diskurs um die Terroranschläge des 11. September gilt darüber hinaus: Die Bilder zeigten uns das Ereignis, noch bevor sich Sprache diskursiv darauf bezog. Die Sprachlosigkeit verdeutlichen die ersten Kommentare amerikanischer Sondernachrichtensprecherinnen und -sprecher, die versuchten, die Bilder der Live-Übertragung in Sprache zu fassen, als das zweite Flugzeug einschlug (09:02 Uhr Ortszeit) und etwa eine Stunde später schließlich der zweite Turm in sich zusammenbrach (10:28 Uhr Ortszeit): „oh my GOD **[4] what we've just seen ** is the most SHOCKing video tape * I've EVER seen" (abc Live EDT; 09:02 Ortszeit). „this is ** a VERy hard thing to watch **watch powerless." (abc News Live Coverage: 09:05). „*** there are NO words" (CNN LIVE. Breaking News: 10:28).

Das Beispiel deutet bereits darauf hin, dass sich sprachliche und nichtsprachliche Texte[5] in Diskursen auch, aber nicht nur durch ein gemeinsames Thema aufeinander beziehen lassen. Sie lassen sich vielmehr auch durch eine direkte „syntagmatische Verkettung" (Adamzik 2001: 27) charakterisieren und können als kohärente *und* kohäsive transtextuelle Einheit verstanden werden.

## 1.2 Bilder in der linguistischen Diskursanalyse

Bliebe die Argumentation für die notwendige Einbindung von nichtsprachlichen Texten in linguistische Diskursanalysen allein auf ihre mit sprachlichen Texten geteilten inhaltlichen Muster beschränkt, so wäre sie nicht besonders wirkungsmächtig. Schließlich können Diskurse „als virtuelle Textkorpora, deren Zusammensetzung durch im weitesten Sinne inhaltliche (bzw. semantische) Kriterien bestimmt" wird (Busse/Teubert 1994: 14), nie ganz, sondern immer nur partiell

---

[4]  Mit * wird die Länge der Sprechpausen (in Sekunden) bezeichnet. Großbuchstaben verweisen auf Stellen besonderer Betonung.

[5]  Das gilt nicht nur für das Bild, das im Rahmen dieses Beitrags exemplarisch behandelt wird, sondern grundsätzlich auch für Musik. Man denke hier nur an den Titel *Only Time* der irischen New-Age-Musikerin Enya, der internationale Bekanntheit und eine symbolische, bis heute fest mit den Anschlägen des 11. September verbundene Bedeutung erlangte, als er im Rahmen der Fernsehübertragungen zur musikalischen Untermalung verwendet wurde.

erfasst werden.

> „Konkrete (d.h. einer diskurssemantischen Untersuchung zugrundeliegende) Textkorpora sind Teilmengen der jeweiligen Diskurse. Bei der Auswahl stehen praktische Gesichtspunkte wie Verfügbarkeit der Quellen neben inhaltlich begründbaren Relevanzkriterien im Vordergrund; ausschlaggebend bleibt das Gestaltungsinteresse der Wissenschaftler, das das konkrete Textkorpus und damit den Gegenstand der Untersuchung konstituiert." (Busse/Teubert 1994: 14)

Da die Eingrenzung des Korpus hier also in der Hand der Analysierenden liegt, ist es legitim, das Korpus der transtextuellen Analyse auf sprachliche Texte zu beschränken. Schließlich handelt es sich um linguistische Arbeiten, deren zentraler Gegenstand nun einmal die Sprache ist. Oft wird daher bereits im Titel der individuellen (diskurs)linguistischen Arbeit ein Hinweis auf die Strategie der semiotischen Eingrenzung gegeben. Es wird konstatiert, dass es bei der Untersuchung um ein Nachzeichnen allein der „sprachlichen Konstruktion", z.B. von Selbstbildern (Burel 2015), von Geschlechterbildern (Günthner 2012; Lautenschläger demn.), von Gesellschaftsbildern (Bartels 2015) oder z.B. von Krisen (Wengeler/Ziem 2013) geht.

Schwieriger zu rechtfertigen ist eine derartige diskurslinguistische Eingrenzung auf das Sprachliche jedoch dort, wo sich in den sprachlichen Texten, die in das Korpus der jeweiligen Analyse aufgenommen werden, direkte intertextuelle Verweise abzeichnen, deren transmodales Ziel Texte nichtsprachlicher Art sind. Im oben gegebenen Beispiel der amerikanischen Fernsehnachrichtenberichterstattung vom 11. September 2001 ist dies der Fall. Verweisstrukturen dieser Art lassen sich nicht nur in der makrostrukturellen Einbindung von Videobildern in die Nachrichtensendung selbst erkennen, die für eine paratextualisierende Nebenordnung von Bild und Sprache in einem kommunikativen Ganzen sorgt (vgl. Haase/Holly/Teichert 2006; Genette 1989). Sie lassen sich auch und v.a. mikrostrukturell nachweisen, z.B. in Form anaphorischer Proformen in Äußerungen wie „what we've just seen" (abc Live EDT; 09:02 Ortszeit) oder „this is ** a VERy hard thing to watch" (abc News Live Coverage: 09:05). Sie beziehen sich explizit auf das Bild und belegen: Für ein Verständnis der Sprache ist die Hinzunahme des Bildes als Referenz verstehensnotwendige Voraussetzung.

Da, wo Texte direkt aufeinander bezogen sind, liegt die Grenzziehung also nicht mehr in der Hand der Analysierenden. Hier bestimmt der Gegenstand selbst die Grenze (vgl. Fix 2015). Phänotexte[6] zeigen durch ihre Referenzsignale an, welche Referenztexte mit in die transtextuelle Analyse einbezogen werden müssen, um sie (be)deutbar bzw. verstehbar zu machen (vgl. z.B. Janich 2008: 178). Dies gilt ganz unabhängig davon, ob es sich bei diesen Referenztexten um solche sprachlicher oder nichtsprachlicher Natur handelt.

## 2. Der Schlüsseltext im Zentrum intertextueller Bezugnahme

Umso unverzichtbarer erscheint der Einbezug nichtsprachlicher Referenztexte in eine linguistische Analyse transtextueller Zusammenhänge dann, wenn diese Texte im Zentrum eines dichten Netzes intertextueller Verweise anderer Texte stehen. Durch die jeweiligen Bezugnahmen, die intramodaler wie intermodaler[7] Art sein können, wird diesen Referenztexten eine zentrale Stellung innerhalb des Diskurses zugewiesen. Sie bestätigen den großen Einfluss des jeweiligen Referenztexts auf andere Texte und zeigen, dass ihr Referenztext als *Schlüsseltext* eines ganzen Diskurses verstanden werden kann (vgl. Spieß 2013; Fix 2015), weil er nicht nur in verschiedenen nachfolgenden Texten intertextuell aufgegriffen wird, sondern auch auf ganz unterschiedliche Weise. Selbst wenn die Form der Bezugnahme die einer harschen Kritik, Ablehnung oder Persiflage ist, zeigt sich darin, dass der Referenztext eine ganz besondere Stellung innerhalb des Diskurses einnimmt, dass er den (weiteren) Verlauf des Diskurses prägt.

Auch Bilder (und mit ihnen Texte anderer Modalität wie z.B. Musikstücke) können diese Stellung einnehmen und von solcher Tragweite sein, dass sie sich „als stellvertretend für einen ganzen Diskurs" betrachten lassen (Fix 2015: 317). Sie werden immer wieder ins diskursive Zentrum eines dichten Netzes intertex-

---

[6]   Im Folgenden seien diejenigen Texte, die auf andere Texte Bezug nehmen, als *Phänotexte* bezeichnet, die Texte, auf die Bezug genommen wird, als *Referenztexte*. Direkte Markierungen intertextueller Bezugnahme (wie in diesem Fall die anaphorischen Proformen) werden als *Referenzsignale* gefasst (vgl. z.B. Janich 2008: 178).

[7]   *Intramodalität* charakterisiert direkte oder indirekte wechselseitige Beziehungen zwischen Zeichen einer Zeichenmodalität, *Intermodalität* solche zwischen verschiedenen Zeichensystemen, d.h. Modalitäten.

tueller Bezugnahmen gerückt, eingebettet in eine Vielzahl anderer Texte sprachlicher und nichtsprachlicher Natur, die implizit oder explizit auf sie Bezug nehmen.

## 2.1 Semiotische Eigenschaften bildlicher Schlüsseltexte

Erscheinen bestimmte Texte durch intertextuelle Bezugnahmen vielfältiger Art als Schlüsseltexte eines Diskurses salient, so müssen diese Texte bestimmte Eigenschaften aufweisen, die ihre besondere Relevanz für die Bedeutungskonstitution anderer Texte begründen. Sie müssen etwas haben, das sie aus dem Geflecht anderer Texte hervorhebt und als relevant für die Bedeutungskonstitution nachfolgender Texte erscheinen lässt.

Handelt es sich um Aspekte nichtsprachlicher Texte, die sich intertextuell in sprachlichen Phänotexten niederschlagen, so lässt sich vermuten, dass diese Gründe v.a. in dem spezifischen semiotischen Potenzial der jeweiligen Referenzmodalität zu suchen sind: Der zum Schlüsseltext erhobene, beispielsweise bildliche Referenztext drückt offenbar etwas in einer Weise aus, die das Potenzial des sprachlichen Phänotexts überschreitet. Durch den Bezug auf einen Text anderer Modalität kann der Phänotext seine Bedeutung in für die Kommunikationsabsicht relevanter Hinsicht erweitern. Mit Blick auf das semiotische Potenzial des Bildes lassen sich u.a. folgende fünf Fähigkeiten beschreiben:

Erstens kommen Bildern gegenüber der Sprache Vorteile zu, wenn es darum geht, die Aufmerksamkeit und das Interesse potenzieller Rezipientinnen und Rezipienten zu wecken. Sie sind ein Blickfang, haben einen *Rezeptionsvorteil* gegenüber der Sprache. Das liegt u.a. an ihren wahrnehmungsnahen Zeichen (Sachs-Hombach 2003: 96), die anders als Sprache nicht linear rezipiert werden müssen, sondern eher holistisch betrachtet werden können. Daher lassen sich ihre Inhalte schneller erfassen als die über die „vergleichsweise zeitaufwändige Modalität" Sprache erschlossenen (Stöckl 2016: 15; vgl. auch Nöth 2000). Als wahrnehmungsnah können bildliche Zeichen aber auch deshalb verstanden werden, weil ihre Interpretation anders als die völlig arbiträrer sprachlicher Zeichen nicht fest an symbolisch-konventionelles Wissen gebunden ist. In der Regel können sie (zumindest) ikonisch, auf der Basis von Ähnlichkeitsschlüssen, und manchmal (im

Falle des fotografischen Bilds) sogar indexikalisch, als in einem kausalen Verhältnis zu dem, was sie verursacht hat, stehend gedeutet werden (vgl. Klug 2015: 509ff.).[8]

Zweitens ist ihre Bedeutung vor dem Hintergrund dieser ikonischen (und indexikalischen) Deutbarkeit immer offener als die sprachlicher Texte, die auf konventionellem, symbolischem Wege erschlossen werden können bzw. müssen. Das kann als Nachteil mit Blick auf ihre Eindeutigkeit verstanden werden, zugleich aber als ein Vorteil mit Blick auf ihren *Mehrzweckgebrauch*. Sie können typischerweise in verschiedenen Kontexten und Funktionen eingesetzt werden. Ihre semantische Offenheit erweitert damit den potenziellen Radius ihres Gebrauchs.

Drittens lassen sich ihre Inhalte durch ihre besondere Wahrnehmungsnähe nachhaltiger memorieren. Diesen *Behaltensvorteil* bezeichnet die Forschung als *Bildüberlegenheitseffekt* (s. z.B. Kroeber-Riel 1993).

Viertens erscheint das Bild der Sprache überlegen, wenn es darum geht, Inhalte zu autorisieren, zu beglaubigen – jedenfalls vordergründig.

> „Hier kann die Bildseite die sprachlichen Schwächen kompensieren: Die Bilder sind nicht nur – im Wortsinne – anschaulich, was unsere Aufmerksamkeit ungleich stärker attrahiert, sondern sie sind auch als fotografische Bilder mit ihrer indexikalischen Struktur, die nur wiederzugeben scheint, was der fotografische Apparat an realen Gegenständen und Sachverhalten erfasst, weitaus glaubwürdiger." (Holly 2016: 405)

Wir sehen durch ihre Signifikanten hindurch auf die Welt, wie sie ist oder uns durch fotografische Darstellungen zumindest zu sein scheint und es ist, als sähen wir mit eigenen Augen, wovon Sprache nur distanziert zu berichten vermag (vgl. Burke 2003; Klug 2015). Wir tun dies „wider besseres Wissen, das uns längst über einseitige Perspektiven, Inszenierungen, ja sogar handfeste Fälschungen von

---

[8] Fotografische Bilder (wie sie sich im statischen Einzelbild bzw. Foto oder in dynamischer Reihung im Film niederschlagen) haben die Besonderheit, dass sie typischerweise ikonisch und indexikalisch zugleich interpretiert werden. Als Resultat optischer Gesetzmäßigkeiten sind sie durch eine Kausalitätsbeziehung von ihren Referenzobjekten abhängig. „[S]o ist ein Foto ein Index, weil die physikalische Wirkung des Lichts beim Belichten eine existentielle eins-zu-eins-Korrespondenz zwischen den Teilen des Fotos und den Teilen des Objekts herstellt, und genau dies ist es, was an Fotografien oft am meisten geschätzt wird. Doch darüberhinaus [sic!] liefert ein Foto ein Ikon des Objekts, indem genau die Relation der Teile es zu einem Bild des Objekts macht." (Peirce 1983: 65) Doelker (2002) bezeichnet fotografische Bilder deshalb als „Spurbilder", die als „Spur des Ereignisses" verstanden werden, „die uns mit der Wirklichkeit verbinden kann." (Doelker 2002: 70)

fotografischem Bildmaterial aufgeklärt hat." (Holly 2016: 405) Bilder haben in dieser Hinsicht einen klaren *Glaubwürdigkeitsvorteil* gegenüber der Sprache.

Fünftens kommt Bildern durch die Verarbeitung in der rechten Hirnhemisphäre und ihren ikonischen Darstellungsreichtum zudem ein „hohes emotionales Aktivierungspotenzial" zu (Stöckl 2016: 16; s. auch Nöth 2000). Durch diesen *Emotionalisierungsvorteil* haben sie eine besondere Wirkungsmacht, die das Potenzial von Sprache mit Blick auf emotionalisierende, implizit an Mitgefühl und Mitleid appellierende Aspekte z.T. weit übertrifft.

## 3. Schlüsselbilder unserer Zeit

Dieses Potenzial von Bildern findet seinen Niederschlag nicht zuletzt in Ereignissen kollektiver Trauer und gemeinschaftlichen Entsetzens, die durch Bilder wie die des sogenannten ‚Napalm Girls' aus der Zeit des Vietnamkriegs 1972, des Anschlags vom 11. September 2001 oder des toten syrischen Flüchtlingsjungen Aylan Kurdi am Strand von Bodrum aus dem September 2015 evoziert werden – und die fest mit diesen Bildern verbunden ins kollektive Gedächtnis der Gesellschaft eingehen.

### 3.1 Das tote Kind am Strand

Als Referenzpunkt der folgenden Überlegungen zur Intertextualität sollen zwei der Fotografien dienen, die von der in Bodrum lebenden, türkischen Fotojournalistin Nilüfer Demir am Morgen des 02. September 2015 für die türkische Nachrichtenagentur DHA aufgenommen wurden.

Im halbtotalen Bildausschnitt zeigen sie ein augenscheinlich totes Kind mit dunkelbraunem, kurzem Haar, das mit einem roten T-Shirt, einer blauen Hose und Sandalen bekleidet, mit dem Gesicht nach unten in der Meerbrandung liegt. Während ein Foto das Kind in Frontalansicht zeigt, gibt das andere die Szene in Rückansicht wieder.

Auf diese Fotos, die noch am selben Tag tausendfach in sozialen Netzwerken geteilt, über Printmedien, audiovisuelle Medien und Onlinemedien verbreitet und selbst in Audiomedien wie dem Radio immer wieder besprochen werden, wurde im Zuge der Verarbeitung in ganz unterschiedlicher Weise Bezug genommen. Einige Aspekte dieser dichten intertextuellen Bezugnahme sollen im Folgenden schlaglichtartig umrissen werden.

### 3.1.1 Intramodale Bezugnahme: direktes und indirektes Bildzitat

Prominent im Diskurs platziert werden die Bilder zunächst durch die Wiedergabe selbst. Sie werden in unterschiedlichen Medien intramodal und direkt *zitiert* oder durch (partielle) Verpixelung, Weichzeichnung und ähnliche technische Strategien in der Wiedergabe *modifiziert* (vgl. Abb. 2). Auch in modifizierter Form sind sie weiterhin als indirektes Zitat oder direktes Teilzitat erkennbar und lassen sich konstant auf ihren Referenztext rückführen. Bereits die Häufigkeit der direkten oder indirekten Wiederaufnahme deutet auf die Relevanz eines spezifischen Bildes im Diskurs, auf seine Schlüsselfunktion hin. Die Art und Weise der intramodalen Wiederaufnahme lässt Rückschlüsse auf die Akteurinnen und Akteure zu, die die Zitate verwenden. Im Fall der vorliegenden Beispiele kann sie u.a. Hinweise geben auf ihren Umgang mit gesellschaftlichen Tabus. Da sie an das Tabu, Tote nicht identifizierbar zu zeigen, in unterschiedlichem Grade rühren, macht es also bereits einen wichtigen Unterschied, ob sich z.B. eine Fernseh- oder Zeitschriftenredaktion trotz des bestehenden Tabus für das vollständige Zitat der Frontalansicht entscheidet oder für das Zitat der Rückansicht, die zumindest das Gesicht des Kindes verdeckt. Ebenso macht es einen Unterschied, ob sie für die Wiedergabe ein direktes oder ein modifiziertes, partiell indirektes Zitat wählt, ob Teile der Darstellung verfremdet werden und welche Teile dies sind. Entscheidet sich in diesem Sinne das *Westfalen-Blatt* in seiner Online-Ausgabe vom 04. September 2015 (Abb. 2 links) für eine vollständige Schwarz-Weiß-Verpixelung des Kindes, die den Bezug zum Referenztext (Rückansicht) nur durch das direkte Teilzitat der Umgebung erkennen lässt, so zeichnet die Online-Ausgabe der *Welt* (hier: vom 04. März 2016) zwar die Gesichtszüge des Kindes weich, zitiert alle übrigen Details des Referenztexts (Vorderansicht) sonst jedoch vollständig und direkt.

Abb. 2: Modifikation der Fotografien links: Modifikation der Rückansicht durch WESTFA-
LEN-BLATT© (04.09.2015), rechts Modifikation der Frontalansicht durch <www.welt.de>
(04.03.2016).

### 3.1.2 Intermodale Bezugnahme: Integration

Gemeinsam haben die Formen des direkten und indirekten, modifizierten Zitats,
dass sie i.d.R. von Sprache begleitet werden. Sie werden in sprachliche Texte *integriert* (vgl. zu Formen inkorporierender Intertextualität s. z.B. Krause 2000: 65).
Das Bildzitat wird in den sprachlichen Kontext eines Pressetexts, einer Fernseh-
nachrichtensendung oder z.B. eines Postings in Sozialen Medien eingebettet.
Sprache und Bild werden so bereits makrostrukturell (hier: das Layout betreffend)
in direkte Beziehung zueinander gesetzt, z.B. indem sie unter einer gemeinsamen
Überschrift positioniert werden.

### 3.1.3 Intermodale Bezugnahme: Indizierung

Nicht in allen sprachlichen Texten finden sich aber direkte oder indirekte Bildzi-
tate. Dennoch lassen sich auch in Texten ohne Bildzitat intertextuelle Verweise
ausmachen, die sich intermodal auf einen vorgängigen Referenztext nichtsprachlicher, im Falle des gewählten Beispiels: bildlicher Art beziehen und das Verständnis des sprachlichen Phänotexts in relevanter Hinsicht determinieren.

Eine Strategie des intermodalen Bildbezugs, die typischerweise an die Stelle
des Zitats tritt, ist die *Indizierung* eines aus dem Phänotext ausgelagerten Referenztexts. Dieser Verweis kann ganz allgemeiner Art sein. Das ist z.B. dann der

Fall, wenn in einem Artikel der *Süddeutschen Zeitung* (03. September 2015)[9] darauf hingewiesen wird: „Die Bilder von Bodrum sind allerorten im Internet zu finden." Der Hinweis kann spezifischerer Art sein. Um spezifischere Formen der indizierenden Bezugnahme handelt es sich dort, wo der sprachliche Text beispielsweise mit einem externen Link unterlegt und so hypertextuell mit dem Referenztext verbunden wird. Ein Beispiel für diese Strategie kann u.a. in einem Artikel aus der Online-Ausgabe des *Tagesspiegels* gefunden werden (03. Dezember 2015),[10] in dem es heißt: „Wer das <u>Bild des toten Flüchtlingsjungen Aylan Kurdi</u> am Strand von Bodrum gesehen hat, wird es wohl nie wieder vergessen". Eine Verlinkung (hier durch Unterstreichung markiert) ermöglicht Rezipientinnen und Rezipienten die Option eines direkten Zugriffs auf den verstehensrelevanten Referenztext.

### 3.1.4 Intermodale Bezugnahme: Metatextualisierung

Unabhängig davon, ob das Bild intramodal zitiert oder ‚nur' intermodal indiziert wird, wird es typischerweise *metatextualisiert*.

Im Rahmen einer metatextuellen Bezugnahme referiert Sprache beispielsweise *qualifizierend* auf ein Referenzbild. Das Bild Aylan Kurdis wird metatextuell als „das traurigste Foto der Welt" beschrieben, als „schwer zu ertragen" charakterisiert (*Express*, 03. September 2015).[11] Sein Anblick wird als „unerträglich" empfunden (*Der Tagesspiegel*, 03. Dezember 2015) und seine perlokutionären Folgen als die eines „weltweite[n] Entsetzen[s]" umrissen (*Die Welt*, 03. September 2015).[12] Die emotionale Wirkung des Bildes wird in der sprachlichen Bezugnahme reflektiert und bestätigt.

---

[9]  <http://www.sueddeutsche.de/medien/foto-eines-fluechtlingskinds-was-uns-der-tote-junge-von-bodrum-lehrt-1.2632557> (zuletzt abgerufen am 01.März 2017).

[10]  <http://www.tagesspiegel.de/medien/presserat-ueber-bilder-von-toten-fluechtlingen-foto-von-aylan-kurdi-ist-dokument-der-zeitgeschichte/12675860.html> (zuletzt abgerufen am 01.März 2017).

[11]  <http://www.express.de/news/toter-fluechtlingsjunge-in-bodrum-das-traurigste-foto-der-welt-22533380> (zuletzt abgerufen am 01. März 2017).

[12]  <www.welt.de/politik/ausland/article146022420/Sein-Vater-will-nicht-mehr-nach-Kanada-er-will-nach-Kobani.html> (zuletzt abgerufen am 01. März 2017).

Daneben nehmen sprachliche Texte auch dann metatextuell auf das Bild Bezug, wenn es vor dem Hintergrund des gesellschaftlichen Tabus darum geht zu begründen, warum das Bild im Phänotext wiedergegeben wird, warum es nur partiell, in modifizierter Form oder gar nicht gezeigt wird. Im Zuge der metatextuellen Begründung lassen sich mit Blick auf das hier reflektierte Beispiel v.a. drei Argumentationsmuster feststellen, mit denen der eigene Umgang mit dem Bild metatextuell rechtfertigt wird: Wird das direkte Bildzitat typischerweise mit der Pflicht gegenüber der Dokumentation begründet (vgl. Bsp. 1), so werden weniger direkte Formen des intertextuellen Verweises mit der Pflicht gegenüber dem Opferschutz bzw. der Menschenwürde (vgl. Bsp. 2) oder mit dem Rezipientenschutz begründet (Bsp. 3).

1. Auch wir haben uns entschieden, das Foto zu zeigen. Jeden Tag sterben Menschen an den europäischen Grenzen. Daran wollen und dürfen wir uns nicht gewöhnen. Wir wissen, das Bild ist schwer zu ertragen, aber es dokumentiert das Versagen Europas in der Flüchtlingskrise. Deshalb müssen wir unsere Leser damit konfrontieren. (*Express*, 03. September 2015)[13]

2. Warum wir hier kein totes Kind zeigen. [...] Aus Respekt vor der Menschenwürde haben wir den Jungen gepixelt. (*Westfalen-Blatt*, 04. September 2015)[14]

3. Das Bild zeigen oder nicht? […] Ist es tatsächlich so, dass Menschen dem Tod erst ins Auge sehen müssen, um das tödliche Potenzial politischer Entscheidungen zu verstehen? Reichen nicht Worte wie zu Beginn dieses Artikels, um begreifbar zu machen, was vor jenem Strand passiert ist, an vielen Orten gerade vielen Menschen passiert? Vulgär formuliert: Muss man Ihnen als Leserin oder Leser das Bild eines toten Kindes zum Frühstück zumuten, damit unmenschliche Aspekte der Asylpolitik in Ihren persönlichen Diskurs rücken? (*Süddeutsche Zeitung*, 03. September 2015)

### 3.1.5  Intermodale Bezugnahme: Transkription

Eine weitere Strategie der intermodalen Bezugnahme auf Referenzbilder, die das Zitat nicht notwendigerweise voraussetzt (jedoch durchaus auch mit ihm gemeinsam im Text begegnet), ist die *Transkription*. Sie bezeichnet die Übersetzung

---

[13] <http://www.express.de/news/toter-fluechtlingsjunge-in-bodrum-das-traurigste-foto-der-w elt-22533380> (zuletzt abgerufen am 01. März 2017).

[14] <http://www.westfalen-blatt.de/Ueberregional/Artikel/2102154-Das-D...-aus-Syrien-bewe gt-die-Welt-Warum-wir-hier-kein-totes-Kind-zeigen> (zuletzt abgerufen am 01. März 2017).

bzw. Übertragung von Bildinhalten in Sprache (vgl. zum Konzept der Transkriptivität Jäger, z.B. 2002),[15] ihre sprachliche Paraphrase, Erklärung, Erläuterung oder Kommentierung (s. auch das Konzept der translatorischen Intertextualität von Krause 2000: 66). Ein typisches Beispiel für eine solche Art der intertextuellen Wiederaufnahme von Bildern in sprachlichen Texten ohne Zitat findet sich bereits in meinen Ausführungen in Kap. 3.1, in denen ich die primären Referenzbilder der türkischen Fotojournalistin zwar beschrieben, jedoch nicht zitiert habe. Auch in dem oben bereits mit Blick auf angesprochenen Kommentar aus der Online-Ausgabe der *Süddeutschen Zeitung* vom 03. September 2015 (Bsp. 4) finden sich entsprechende Versuche, Bildliches transkriptiv in Sprache zu übersetzen:

> 4. Ein Kleinkind, auf dem Bauch liegend, der Kopf an der Wellenkante, das Gesicht schon leicht eingesunken in den Sand. Auf den ersten Blick wirkt er fast friedlich in seinem roten T-Shirt, seiner blauen Hose und den Kinderschuhen, als würde er schlafen - doch tatsächlich ist die Kraft aus dem Körper gewichen, die Hände wie ausgerenkt, die Augen sind geschlossen, das Gesicht ist leer.

Andere Formen der Transkription explizieren, was das Referenzbild vor dem Hintergrund der Beschränkungen des bildlichen Zeichensystems nicht zu sagen oder besser: zu zeigen vermag. Sie semantisieren ihr Referenzbild, erweitern oder disambiguieren sein Bedeutungspotenzial.

So erfahren wir erst in der intertextuellen Bezugnahme sprachlicher Texte auf das Bild etwas über den konkreten Ort des Geschehens, über Name, Herkunft, Alter oder Geschlecht des Kindes, seine Familien- und Todesumstände (im Folgenden am Beispiel eines Textauszugs (Bsp. 5) aus dem *Westfalen-Blatt*, vom 04. September 2015 illustriert).

> 5. Aylan Kurdi ist tot – im Mittelmeer ertrunken und von den Wellen an den Strand nahe der türkischen Stadt Bodrum gespült. [...] Der syrische Junge war am Mittwoch entdeckt worden. Seine Familie wollte nach Kanada, aber ihr Boot kenterte auf der Fahrt zur griechischen Insel Kos. Abdullah Kurdi versuchte seine beiden Söhne und seine Frau zu retten – vergeblich. Nur er überlebte.

---

[15] Jäger spricht in seiner Theorie der Transkriptivität von *intramedialen* und *intermedialen* Formen transkriptiver Bezugnahmen und meint damit Bezugnahmen innerhalb eines Zeichensystems (intramedial) oder über das einzelne Zeichensystem hinaus (intermedial). Hier werden diese Beziehungen entsprechend der diesem Beitrag zu Grunde gelegten Terminologie, die den Medienbegriff technischen Zeichenträgern vorbehält und Zeichensysteme als Modalitäten bezeichnet, als *intramodal* und *intermodal* bezeichnet.

Sprache spezifiziert und konkretisiert das Bild in der intertextuellen Bezugnahme. Gleichzeitig erweitert sie die Bildbedeutung jedoch auch dort, wo es notwendig erscheint: Die Bildbedeutung wird sprachlich vom fotografisch dokumentierten, individuellen Todesfall des 3-jährigen syrischen Flüchtlingsjungen Aylan Kurdi ausgeweitet auf Elend und Sterben „der Flüchtlinge" allgemein (Bsp. 6 und 7) und auf das politische Versagen Europas mit Blick auf die Bewältigung der Flüchtlingskrise (hier: Bsp. 8, s. auch Bsp. 1 oben).

> 6. Die Fotos des ertrunkenen Aylan sind zum Symbol geworden für das Elend der Flücht-
> linge. (Die Welt, 03. September 2015, Hervorhebung durch die Verfasserin).[16]

> 7. Manche Bilder vergisst man nicht. Sie prägen das Bild des Krieges. Das Foto des drei-
> jährigen Ailan wird lange verbunden sein mit dem Tod der Flüchtlinge. (Der Tagesspie-
> gel, 03. Dezember 2015, Hervorhebung durch die Verfasserin)

> 8. Am Strand nahe der türkischen Stadt Bodrum lag das Flüchtlingskind Aylan Kurdi.
> Das Foto illustriert das Scheitern der europäischen Flüchtlingspolitik (Westfalen-Blatt,
> 04. September 2015, Hervorhebung durch die Verfasserin)

Durch die Einbettung in den multimodalen Kontext von Sprache wird dem Bild damit sprachlich eine symbolische, über das dargestellte Einzelschicksal hinausreichende, generalisierte Bedeutung zugewiesen, die sich heute, nicht einmal zwei Jahre später, diskursiv verfestigt, konventionalisiert hat.

### 3.1.6  Intramodale Bezugnahme: Transformation

Wenn nun Anfang März 2016 die Graffitikünstler Justus Becker und Oğuz Şen die Fotografie mit Erlaubnis der Stadt Frankfurt a.M. intertextuell wiederaufnehmen und in ein 120 Quadratmeter großes Graffito im Frankfurter Osthafen übertragen (vgl. Abb. 3 links), dann findet sich hierin nicht nur ein Beispiel für die vielfältigen *Transformationen* des Bildes in den öffentlichen Raum, die mit einem Medien- und Textsortenwechsel einhergehen. Es fordert seine Rezipientinnen und Rezipienten, die ob der salienten Positionierung im öffentlichen Raum, seiner grellen Farben und seiner enormen Größe selbst bei geringem Involvement kaum mehr umhinkommen, das Bild zu betrachten, darüber hinaus zu einer komplexen

---

[16]  <www.welt.de/politik/ausland/article146022420/Sein-Vater-will-nicht-mehr-nach-Kanada-er-will-nach-Kobani.html> (zuletzt abgerufen am 01. März 2017).

Interpretation heraus, die das Wissen um die intertextuelle Einbettung der Darstellung voraussetzt.

Abb. 3: Transformation der Fotografien in den öffentlichen Raum. Links: Offizielles Graffito im Frankfurter Osthafen (Foto: Nina-Maria Klug); rechts: transgressive Reaktion (Foto: <https://commons.wikimedia.org/wiki/File%3AAlan_Kurdi_Graffiti_v2.jpg>)

Ist entsprechendes verstehensrelevantes Wissen vorhanden, bringt das Graffito uns dazu, *indexikalisch* durch es hindurch auf die bekannte fotografische Vorlage zu sehen, der wir einen besonderen Wahrheitswert zusprechen, weil wir sie in einem existenziellen Kausalitätsverhältnis zu ihrem Bezugsobjekt stehend erkennen und als ontologisches „Spurbild" (Doelker 2002) dessen verstehen, was im Spätsommer 2015 vor der Küste im türkischen Bodrum *wirklich* passiert sein muss.

Wir deuten das Graffito *ikonisch* als Zeichen des individuellen Schicksals des kleinen Aylan Kurdi, über dessen Lebens-, Familien- und Todesumstände wir in und durch die diskursive Einbettung der Referenzfotografie in den Kontext von Sprache mittlerweile viele Details wissen.

Wir verstehen es vor dem Hintergrund seines dichten Netzes vorausgehender Bezüge zudem *symbolifiziert* als konventionelles Zeichen, das uns das Versagen Europas mit Blick auf die Flüchtlingskrise vor Augen führt und uns mahnt, Leid und Tod von Geflüchteten wahrzunehmen, etwas dagegen zu tun. Für den appellativen Charakter des Graffitos lassen sich darüber hinaus weitere textinterne und textexterne Indikatoren ausmachen, die über die symbolifizierte Bedeutung des Bildes hinausreichen. So hat bereits der intertextuelle Verweis auf die typischerweise transgressiv gebrauchte Protesttextsorte Graffiti das Potenzial, den Appell *typologisch* zu verstärken (vgl. M. Heinemann 1997). Sieht man Graffiti, erscheint „ihre reine Existenz [...] provokativ" (Auer 2010: 297). Zwar handelt es

sich in diesem speziellen Fall um ein Graffito, dessen Anfertigung offiziell ge-
nehmigt wurde, aber den Betrachterinnen und Betrachtern selbst steht nur bedingt
offen, ob sie dieses Bild, das ungefragt in ihr räumliches Umfeld getreten ist, betrachten wollen oder nicht. Sie werden mit der Darstellung, die so groß und bunt
ist, dass ein Wegschauen schwer fällt, konfrontiert. Der „Wirkungsgrad transgressiver Zeichen steigt, je mehr sie von der allgemeinen Öffentlichkeit nicht mehr
ignoriert werden können" (Auer 2010: 296) – und ignoriert werden kann das Graffito im Frankfurter Osthafen kaum. Es ist von vorbeifahrenden Zügen, von Spa-
zierwegen und wichtigen Gebäuden der Stadt aus sichtbar, z.B. aus den Fenstern
der Europäischen Zentralbank (EZB). Die Nähe zur EZB ist gewollt. Dies wird
deutlich, wenn man die *metatextuellen* Bezugnahmen der Künstler in Interviews
in die Deutung einbezieht, die kurz nach der Fertigstellung des Graffitos geführt
und über Print-, Audio-, audiovisuelle und digitale Medien breit publiziert werden. Im Rahmen dieser Kommentare geben sie ihrem Bildtext einen Titel, der
seine mittlerweile symbolifizierte Bedeutung spezifiziert: „Europa, Geld und
Tod". Durch die Positionierung des Bilds in Sichtnähe der EZB erfährt diese symbolische Ausdeutung nun eine Konkretisierung. Die Opposition von europäi-
schem Reichtum und außereuropäischer Armut wird für die Betrachtenden sichtbar, das vielbenannte Versagen Europas wird zu einem Versagen, das im eigenen
Lebensraum greif- oder besser: sichtbar wird und an dessen Überdenken nun ap-
pelliert wird. „Ich dachte, es wäre wichtig, das auch mal hierher zu bringen. Weils
die Leute ja erst interessiert, wenn es vor der Haustür passiert" (Zitat der Künstler,
publiziert u.a. in: *n-tv, Bild, Stuttgarter Zeitung* u.a. 11.03.2016).[17] Die appellative
Kraft des Referenztexts wird in der Transformation zu intensivieren gesucht:
„Wenn ich nur ein Prozent der Leute, die es sehen, zum Nachdenken bringe", sagt
einer der beiden Künstler, „hat es sich schon gelohnt." (*FAZ*, 11.03.2016).[18]

---

[17]  <http://www.bild.de/regional/frankfurt/frankfurt-am-main/wir-werden-aylan-nie-verges-
sen-44891320.bild.html>;   <http://www.n-tv.de/politik/Unbekannte-zerstoeren-Aylan-Ge-
maelde-article18016366.html?service=amp>; <http://www.stuttgart-zeitung.de/inhalt.ku-
enstler-in-frankfurt-graffiti-zeigt-ertrunkenen-fluechtlingsjungen.5b3be5b7-c0c9-4a4a-
85e9-17930d74850d.html> (zuletzt abgerufen am 01. März 2017).

[18]  <http://www.faz.net/aktuell/rhein-main/frankfurt-graffiti-fuer-ertrunkenen-aylan-kurdi-
14117844.html> (zuletzt abgerufen am 01. März 2017).

### 3.1.7  Intermodale Bezugnahme: Resemiotisierung und Dialogizität

In der Nacht zum 22. Juni 2016 erfährt das Bild schließlich eine gegenläufige intertextuelle „Resemiotisierung" im Verständnis einer

> „mehr oder weniger komplexe[n] Form der Bedeutungskonstitution, bei der durch die Modifikation bereits vorhandener Zeichen jedweder Ausprägung diesen eine andere als die ursprüngliche Bedeutung zugeschrieben wird." (Pappert 2017: 56)

Es wird mit den Worten „Grenzen retten Leben. Fuck Antifa" gecrossed, „gebusted" (vgl. Abb. 3 rechts). Diese Form des semiotischen Protests bzw. der semiotischen Aneignung (vgl. Pappert 2017) reagiert sprachlich auf den dominant bildgetragenen Appell der Künstler, über Handlungsmöglichkeiten nachzudenken. Sie führt den Diskurs weiter.

In Antworten wie der, die mit dem Busting des Graffitos gegeben wird, drückt sich die Mehrstimmigkeit von Diskursen aus. Mit ihr treten die Texte in eine direkte dialogische Beziehung zueinander, die von Aktion und Reaktion geprägt ist. Dieses wechselseitige Verhältnis des intertextuellen Zusammenspiels von Texten findet schließlich einen weiteren Beleg in der Rückantwort von Seiten der Künstler, mit der sie wenige Wochen später auf das Busting reagieren und dieses wieder überschreiben (vgl. Abb. 4).

## 4.  Fazit

Es lässt sich zusammenfassen: Auch Bilder – und mit ihnen Texte anderer Modalität wie Musikstücke – können Diskurse je nach eigenem semiotischen Potenzial bereichern. Sie können ihren je individuellen semiotischen Anteil zum Fortgang von Diskursen beisteuern, können sie prägen, lenken und bestimmen. Die hier gewählten Beispiele der diskursiven, intertextuellen Verarbeitung von Bildern sollten dies exemplarisch illustrieren.

Die Bilder haben den Diskurs zunächst und vor allem durch ihre emotionalisierende Kraft gelenkt, die aus ihrer indexikalischen und ikonischen Deutung resultieren. Zu symbolifizierten Schlüsselbildern *ganzer* Diskurse sind sie jedoch erst durch die vielfältigen intra- und intermodalen Wiederaufnahmen, durch ihre Einbettung in den multimodalen Kontext von Sprache oder anderen Bildern geworden. Das Wissen um ihre intra- und intermodale intertextuelle Einbettung ist notwendige Voraussetzung, wenn man Phänotexte in der Weise verstehen will, wie sie angelegt sind: als Texte, die ihre Bedeutung aus der direkten Bezugnahme auf andere Texte erweitern oder spezifizieren. Und so gilt das auch für das Graffito, das uns heute an der Mauer im Frankfurter Osthafen gegenübertritt (Abb. 4).

Abb. 4: Graffito im Frankfurter Osthafen seit Juli 2016. (Foto: <https://commons.wiki-media.org/wiki/File%3AAlan_Kurdi_Graffiti_v2.jpg>)

Dass auch dieses Bild ein Mahnmal sein soll für ein Überdenken unseres Handelns mit Blick auf die Flüchtlingskrise, etwas, das uns zeigt, wie es sein könnte bzw. hätte sein können, wenn wir anders gehandelt hätten, verstehen wir nur, wenn wir das Bild sowohl vor dem Hintergrund seiner bildlichen und sprachlichen Referenztexte betrachten, mit denen es intertextuell verknüpft ist, kurz: wenn wir es als Teil eines genuin multimodalen[19] Diskurses betrachten.

## Literatur

Adamzik, Kirsten (2001): „Die Zukunft der Text(sorten)linguistik. Textsortennetze, Textsortenfelder, Textsorten im Verbund", in: Fix, Ulla/Habscheid, Stephan/Klein, Josef (Hgg.): *Zur Kulturspezifik von Textsorten.* Tübingen: Stauffenburg, 15–30.
Auer, Peter (2010): „Sprachliche Landschaften. Die Strukturierung des öffentlichen Raums durch die geschriebene Sprache", in: Deppermann, Arnulf/Linke, Angelika (Hgg.): *Sprache intermedial. Stimme und Schrift, Bild und Ton.* Berlin/New York: de Gruyter (= Institut für deutsche Sprache; Jahrbuch 2009), 271–298.
Bartels, Marike (2015): *Kampagnen : Zur sprachlichen Konstruktion von Gesellschaftsbildern.*

---

[19]  *Multimodalität* betont den komplexen semiotischen Charakter kommunikativer Phänomene, die sich aus Zeichen mehr als einer Zeichenmodalität konstituieren, ohne dabei per se eine Zeichenmodalität prominent hervorzuheben.

Berlin/Boston: de Gruyter.

Berndt, Frauke/Tonger-Erk, Lily (2013): *Intertextualität. Eine Einführung.* Berlin: Erich Schmidt.

Brinker, Klaus/Cölfen, Hermann/Pappert, Steffen (2014): *Linguistische Textanalyse. Eine Einführung in Grundbegriffe und Methoden.* 8. Aufl. Berlin: Erich Schmidt.

Broich, Ulrich (2000): „Intertextualität", in: Fricke, Werner u.a. (Hgg.): *Reallexikon der deutschen Literaturwissenschaft.* Bd. 2. Berlin/New York: de Gruyter, 175–179.

Broich, Ulrich/Pfister, Manfred (Hgg.) (1985): *Intertextualität: Formen, Funktionen, anglistische Fallstudien.* Tübingen: Niemeyer.

Burel, Simone (2015): *Identitätspositionierungen der DAX-30-Unternehmen: die sprachliche Konstruktion von Selbstbildern.* Berlin/Boston: de Gruyter.

Burke, Peter (2003): *Augenzeugenschaft. Bilder als historische Quellen.* Berlin: Wagenbach.

Busse, Dietrich (2003): „Begriffsgeschichte oder Diskursgeschichte? Zu theoretischen Grundlagen und Methodenfragen einer historisch-semantischen Epistemologie", in: Dutt, Carsten (Hgg.): *Herausforderungen der Begriffsgeschichte.* Heidelberg: Winter, 17–38.

Busse, Dietrich/Teubert, Wolfgang (1994): „Ist Diskurs ein sprachwissenschaftliches Objekt? Zur Methodenfrage der historischen Semantik", in: Busse, Dietrich/Hermanns, Fritz/Teubert, Wolfgang (Hgg.): *Begriffsgeschichte und Diskursgeschichte. Methodenfragen und Forschungsergebnisse der historischen Semantik..* Opladen: Westdeutscher Verlag, 10–28.

Doelker, Christian (2002): *Ein Bild ist mehr als ein Bild. Visuelle Kompetenz in der Multimedia-Gesellschaft.* 3. Aufl. Stuttgart: Klett-Cotta.

Fix, Ulla (2015): „Die EIN-Text-Diskursanalyse. Unter welchen Umständen kann ein einzelner Text Gegenstand einer diskurslinguistischen Untersuchung sein?", in: Kämper, Heidrun/Warnke, Ingo H. (Hgg.): *Diskurs – Interdisziplinär. Zugänge, Gegenstände, Perspektiven.* Berlin/Boston: de Gruyter, 317–334.

Fraas, Claudia (1997): „Bedeutungskonstitution im Diskurs – Intertextualität über variierende Wiederaufnahme diskursiv zentraler Konzepte. Eine exemplarische Analyse", in: Klein/Fix (Hgg.), 219–234.

Genette, Gérard (1993): *Palimpseste. Die Literatur auf zweiter Stufe.* Übers. v. Wolfram Bayer und Dieter Hornig. Frankfurt a.M.: Suhrkamp.

Günthner, Susanne (Hgg.) (2012): *Genderlinguistik: sprachliche Konstruktionen von Geschlechtsidentität.* Berlin/Boston: de Gruyter.

Haase, Jana/Holly, Werner/Teichert, Ingo (2006): „Dramaturgie von Webauftritten: Selbstdarstellung und Adressierung", in: Habscheid, Stephan u.a. (Hgg.): *Über Geld spricht man ...: Kommunikationsarbeit und medienvermittelte Arbeitskommunikation im Bankgeschäft.* Wiesbaden: VS, 200–231.

Heinemann, Margot (1997): „Graffiti und Losungen – eine intertextuelle Korrelation? Ein Beitrag zur Intertextualität von Textsorten", in: Klein/Fix (Hgg.), 373–382.

Heinemann, Wolfgang (1997): „Zur Eingrenzung der Intertextualität aus textlinguistischer Sicht", in: Klein/Fix (Hgg.), 21–38.

Holly, Werner (2008): „Audiovisuelle Sigetik. Über verborgene Bedeutungen im Bild-Sprach-Zusammenhang", in: Pappert, Steffen/Schröter, Melani/Fix, Ulla (Hgg.): *Verschlüsseln, Verbergen, Verdecken in öffentlicher und institutioneller Kommunikation.* Berlin: Erich Schmidt, 147–169.

Holly, Werner (2016): „Audiovisueller Text – Nachrichtenfilm", in: Klug/Stöckl (Hgg.), 392–409.

Holthuis, Susanne (1993): *Intertextualität. Aspekte einer rezipientenorientierten Konzeption.* Tübingen: Stauffenburg.

Janich, Nina (2008): „Intertextualität und Text(sorten)vernetzung", in: Janich, Nina (Hg.): *Textlinguistik. 15 Einführungen.* Tübingen: Narr, 177–198.

Keller, Rudi (1995): Zeichentheorie. Tübingen/Basel: Francke.

Klein, Josef/Fix, Ulla (Hgg.) (1997): *Textbeziehungen: Linguistische und literaturwissenschaftliche Beiträge zur Intertextualität.* Tübingen: Stauffenburg.

Klug, Nina-Maria (2012): *Das konfessionelle Flugblatt. Eine Studie zur historischen Semiotik und Textanalyse.* Berlin/Boston: de Gruyter.

Klug, Nina-Maria (2015): „‚Ich habe es doch mit eigenen Augen gesehen'. Zur Eigentlichkeit bildlicher Zeichen", in: Brinker-von der Heyde, Claudia u.a. (Hgg.): *Eigentlichkeit. Zum Verhältnis von Sprache, Sprechern und Welt.* Berlin/Boston: de Gruyter, 478–499.

Klug, Nina-Maria/Stöckl, Hartmut (2015): „Sprache im multimodalen Kontext", in: Felder, Ekkehard/Gardt, Andreas (Hgg.): *Handbuch Sprache und Wissen.* Berlin/Boston: de Gruyter (HSW, Handbücher Sprachwissen, Bd. 1), 242–264.

Klug, Nina-Maria/Stöckl, Hartmut (Hgg.) (2016): *Handbuch Sprache im multimodalen Kontext.* Berlin/Boston: de Gruyter (HSW, Handbücher Sprachwissen, Bd. 7).

Krause, Wolf-Dieter (2000): „Kommunikationslinguistische Aspekte der Textsortenbestimmung.", in: Krause, Wolf-Dieter (Hg.): *Textsorten. Kommunikationslinguistische und konfrontative Aspekte.* Frankfurt a.M.: Lang, 34–67.

Kroeber-Riel, Werner (1993): *Bildkommunikation.* München: Vahlen.

Kuck, Kristin (demn.): *Krisenszenarien. Eine linguistische Analyse metaphorischer Konzeptualisierungen in wirtschafts- und sozialpolitischen Diskursen.* Unveröffentlichte Dissertation, Heinrich-Heine-Universität Düsseldorf.

Lautenschläger, Sina (demn.): *Die sprachliche Konstruktion geschlechtsspezifischer Körper- und Rollenbilder. Eine korpuslinguistische Untersuchung.* Unveröffentlichte Dissertation, Universität Kassel.

Nöth, Winfried (2000): *Handbuch der Semiotik.* 2. Aufl. Stuttgart/Weimar: Metzler.

Opilowski, Roman (2006): *Intertextualität in der Werbung der Printmedien. Eine Werbestrategie in linguistisch-semiotischer Forschungsperspektive.* Frankfurt a.M.: Lang.

Pappert, Steffen (2017): „Plakatbusting: Zur Umwandlung von Wahlplakaten in transgressive Sehflächen", in: Kämper, Heidrun/Wengeler, Martin (Hgg.): *Protest – Parteienschelte – Politikverdrossenheit. Politikkritik in der Demokratie.* Bremen: Hempen, 55–75.

Peirce, Charles S. (1983): *Phänomen und Logik der Zeichen.* Hrsg. und übersetzt von Helmut Pape. Frankfurt a. M.: Suhrkamp.

Rößler, Elke (1997): „Intertextualität in Zeitungstexten – ein rezeptionsorientierter Zugang", in: Klein/Fix (Hgg.), 235–255.

Rößler, Elke (1999): *Intertextualität und Rezeption. Linguistische Untersuchung zur Rolle von Text-Text-Kontakten im Textverstehen aktueller Zeitungstexte.* Frankfurt a. M. u.a.: Lang.

Sachs-Hombach, Klaus (2003): *Das Bild als kommunikatives Medium. Elemente einer allgemeinen Bildwissenschaft.* Köln: Halem.

Spieß, Constanze (2013): „Texte, Diskurse, Dispositive. Zur theoretisch-methodischen Modellierung eines Analyserahmens am Beispiel der Kategorie Schlüsseltext", in: Roth, Kersten Sven/Spiegel, Carmen (Hgg.): *Angewandte Diskurslinguistik. Felder, Probleme, Perspektiven.* Berlin: Akademie, 17–42.

Spitzmüller, Jürgen/Warnke, Ingo H. (2011): *Diskurslinguistik. Eine Einführung in Theorien und Methoden der transtextuellen Sprachanalyse*. Berlin/Boston: de Gruyter.

Stöckl, Hartmut (2016): „Multimodalität – semiotische und textlinguistische Grundlagen", in: Klug/Stöckl (Hgg.), 3–35.

Wengeler, Martin (2003): *Topos und Diskurs. Begründung einer argumentationsanalytischen Methode und ihre Anwendung auf den Migrationsdiskurs (1960-1985)*. Tübingen: Niemeyer.

Wengeler, Martin/Ziem, Alexander (Hgg.) (2013): *Sprachliche Konstruktionen von Krisen: interdisziplinäre Perspektiven auf ein fortwährend aktuelles Phänomen*. Bremen: Hempen.

Wichter, Sigurd (1999): „Gespräch, Diskurs und Stereotypie", in: *Zeitschrift für germanistische Linguistik* 27, 261–284.

Ziem, Alexander (2008): *Frames und sprachliches Wissen. Kognitive Aspekte der semantischen Kompetenz*. Berlin/New York: de Gruyter.

ULRICH SCHMITZ

**Im Raume lesen wir die Macht.**
**Zeichen der Macht im öffentlichen Raum des Ruhrgebiets**

> „Und wenn die Macht in der Mehrzahl vorkäme, wie die Dämonen?"
> (Barthes 1980: 15)

Die Linguistic-Landscape-Forschung hat Machtverhältnisse im öffentlichen Raum bisher fast nur unter dem Gesichtspunkt der Sprachwahl bei Mehrsprachigkeit untersucht. Doch in öffentlichen Räumen wird Macht auf vielen Ebenen gezeigt und umkämpft. Dabei werden semiotische Mittel (Design, Bild, Text) in verschiedenen visuellen Diskursen (regulatorisch, infrastrukturell, kommerziell, transgressiv) in unterschiedliche Verhältnisse gesetzt. Dieser Beitrag beschreibt, analysiert und diskutiert das semiotische Biotop stark belebter großstädtischer Räume des Ruhrgebiets mit je unterschiedlicher Sozialstruktur und stellt charakteristische ortsfeste Beispiele vor. Als korpuslinguistische Grundlage dient die umfangreiche Datenbank des interdisziplinären Gemeinschaftsprojekts „Metropolenzeichen: Visuelle Mehrsprachigkeit in der Metropole Ruhr".

## 1. Macht im Raum

„Im Raume lesen wir die Zeit." Ohne Quellenangabe schreibt Karl Schlögel (2003: 10) diesen griffigen Satz[1] dem Zoologen und Geographen Friedrich Ratzel (1844-1904) zu.[2] Ratzel (1907: 1) meint: „Die umfassendste Bedeutung des Wortes *Raum* ist: Weite, Leere." Das ändert sich allerdings, wenn Menschen ihn betreten. Dann werden Räume gefüllt, konstruiert und benutzt; sie sind das Ergebnis sozialer Praktiken.[3] In Auseinandersetzung mit Henri Lefebvre, David Harvey und Edward Soja denkt Schlögel (2003: 66) auch über die „vom Kapital geschaffenen Raumverhältnisse, namentlich in Gestalt der Stadt" nach. „Macht findet im Raum statt." (ebd.: 249)

---

[1]  Der an Wagners (2016: 19) *Parsifal* von 1882 erinnert: Vorm Eintritt in die Gralsburg im ersten Aufzug bemerkt Gurnemanz: „Du siehst, mein Sohn, / zum Raum wird hier die Zeit." [833]

[2]  U.v.a. prägte Ratzel (1901) den später nationalsozialistisch missbrauchten Ausdruck „Lebensraum".

[3]  „*l'espace est un lieu pratiqué*" (de Certeau 1990: 173); vgl. de Certeau (1984: 91–110).

Macht über den und im Raum drückt sich zunächst in Rechtsansprüchen und Eigentumsverhältnissen aus (dokumentiert in Katastern, Grundbüchern u.a.), sodann in der Architektur, in anderen Zeichen (also *semiotic & linguistic landscapes*) und im Nutzungsverhalten. Diese sind ihrerseits geregelt (z.b. in Bauordnungen, Baugenehmigungen für Außenwerbung, Satzungen über Gestaltung und Anbringung nichtamtlicher Hinweisschilder, Straßenverkehrsordnungen) bzw. regeln sich selbst (z.b. gemäß der Theorie der unsichtbaren Hand; vgl. Nozick 2011: 42–47). Wer Räume nutzt, erkennt Macht an oder fordert sie ein oder heraus.[4]

Im Prozess der Zivilisation (Elias 1969) tritt Macht dabei immer subtiler zutage: weniger durch körperliche Gewalt als vielmehr durch Sprache und andere Zeichen. Ohnehin wird Foucault (1974: 7) zufolge „in jeder Gesellschaft die Produktion des Diskurses zugleich kontrolliert, selektiert, organisiert und kanalisiert": Der Diskurs „ist dasjenige, worum und womit man kämpft; er ist die Macht, deren man sich zu bemächtigen sucht" (ebd.: 8). Seit öffentliche Räume beschriftet werden, gilt das natürlich auch dort. „Die Stadt ist nicht mehr das politisch-industrielle Vieleck, das sie im 19. Jahrhundert gewesen ist – heute ist sie ein Vieleck aus Zeichen, Medien und Codes." (Baudrillard 1978: 21)

In solchen Vielecken bewegen sich jede Passantin und jeder Passant. In modernen städtischen Gesellschaften macht das erhebliche Teile ihres Alltags aus: auf dem Weg zur Arbeit, zum Arzt, zu Sport oder Freunden und zurück, beim Einkaufen und bei vielen anderen täglichen Verrichtungen. Berger/Luckmann (1969: 24) zufolge ist die Wirklichkeit der Alltagswelt die oberste aller Wirklichkeiten, „Wirklichkeit par excellence". Dem täglich leibhaftig und unausweichlich durchlebten Alltag – „als selbstverständliche, zwingende Faktizität" (ebd.: 26) – kommt also eine grundlegende Bedeutung für alle weiteren Formen des Denkens, Handelns und Erlebens zu. Selbst und gerade wenn öffentliche Räume scheinbar achtlos, jedenfalls unreflektiert, durcheilt werden, wirken ihre Botschaften auf die

---

[4]   „Neben philosophischen und ethischen Fragen ist jede Raumnahme zunächst einmal ein Problem von dein und mein und damit rechtlich interessant. Mit Recht spielt man nicht. Wer dennoch ‚Pokémon Go' spielt, muss sich fragen, ob er dabei mit dem Recht in Konflikt kommt." (Schwartmann/Hentsch 2016: 14)

PassantInnen ein, gerade weil sie diese in der Regel nicht selbst verfasst haben und ihnen mehr oder weniger selbstverständlich ausgeliefert sind.

„Straßen", schreibt Walter Benjamin (1982: 533) in seinem Passagen-Werk,

„sind die Wohnung des Kollektivs. Das Kollektiv ist ein ewig unruhiges, ewig bewegtes Wesen, das zwischen Häuserwänden soviel erlebt, erfährt, erkennt und ersinnt wie Individuen im Schutze ihrer vier Wände. Diesem Kollektiv sind die glänzenden emaillierten Firmenschilder so gut und besser ein Wandschmuck wie im Salon dem Bürger ein Ölgemälde, Mauern mit der »Défense d'afficher« sind sein Schreibpult, Zeitungskioske seine Bibliotheken, Briefkästen seine Bronzen, Bänke sein Schlafzimmermobiliar und <die> Café-Terrasse der Erker, von dem er auf sein Hauswesen heruntersieht."

Ihre privaten Wohnungen allerdings gestalten die Individuen selbst[5], in öffentlichen Räumen jedoch sehen sie sich fremden Mächten gegenüber. So findet man Spuren der Macht nicht etwa nur in Worten und Gesichtern von Trägern politischer, wirtschaftlicher und journalistischer Ämter (Koelbl 1999), sondern auch in Worten und Zeichen im öffentlichen Raum. Wem aber gehört der öffentliche Raum? Wer darf welche Zeichen wo anbringen? Wo wird was in welcher Sprache mitgeteilt, angeboten oder eingefordert, und wie wird damit Macht und Einfluss ausgeübt?

Im Folgenden betrachten wir Machtverhältnisse im öffentlichen Raum des Ruhrgebiets, soweit sie in ortsfesten sichtbaren Zeichen zum Ausdruck kommen.[6] Auf den ersten Blick sieht man sich einem ungeheuren Wirrwarr gegenüber. Oder wie Kallen (2010: 42) schreibt:

„What gives the landscape its discursive, and even at times chaotic, appearance, is that these systems are not hierarchically nested within each other. Some are parasitic on others (e.g. certain types of graffiti or stickers placed on other signs), and some (e.g. litter [...]) involve little conscious planning and considerable spatial independence. "

Um die enorme Vielstimmigkeit der Diskurse sozusagen im Brennglas überhaupt sichtbar machen zu können, beschränken wir uns auf einen (allerdings vollständigen) synchronen Schnitt durch charakteristische Gebiete und stützen uns auf die

[5]   Eindrucksvolle Beispiele in Hentschel (2007).
[6]   Scollon/Scollon (2003: 7) bemerken: „All semiotic systems operate as systems of social positioning and power relationship". Im Rahmen ihrer geosemiotischen Pionierarbeit verzichten sie erklärtermaßen aber auf die nähere Untersuchung dieses Aspekts.

Daten des Projekts „Metropolenzeichen: Visuelle Mehrsprachigkeit in der Metropole Ruhr".[7] In diesem Rahmen wurden von Anfang September bis Mitte November 2013 sämtliche Zeichen in ausgesuchten öffentlichen Räumen vollständig fotografiert und dokumentiert. Ausgewählt wurden je ein eher nördliches und ein eher südliches Gebiet in den vier größten Städten (Duisburg, Essen, Bochum, Dortmund), in denen man jeweils eine ebenso reichhaltige wie charakteristische Beschilderung und Beschriftung des öffentlichen Raums erwarten durfte. Die acht städtischen Gebiete wirken gut belebt und weisen eine Mischung aus Wohnen, Einzelhandel, Gastronomie und Dienstleistungen auf. Ergänzend wurden auch einige öffentliche Einrichtungen (Hauptbahnhöfe, Kitas, touristische Attraktionen) dokumentiert. Sämtliche Einzelflächen zusammen machen etwas mehr als einen halben innerstädtischen Quadratkilometer aus.

Der folgende zweite Abschnitt behandelt die semiotischen Machtverhältnisse zwischen den vier wichtigsten Diskurstypen im Erscheinungsbild öffentlicher Räume; der dritte Abschnitt diskutiert Gründe für deren regional unterschiedliche Verteilung. Die Abschnitte 4 bis 6 untersuchen Spuren von Macht und Einfluss in offiziellen, kommerziellen und transgressiven Zeichen. Abschnitt 7 widmet sich den wenigen Belegen mit politischen Inhalten. Abschnitt 8 geht den Anteilen und Rollen unterschiedlicher Sprachen nach. Zusammenfassend betrachtet Abschnitt 9 den öffentlichen Raum als semiotisches Biotop.

---

[7]   Alle folgenden Bilder und Daten stammen aus diesem Projekt (Stand 30.11.2016). Es wird von Evelyn Ziegler geleitet und vom Mercator Research Center Ruhr gefördert (GZ MERCUR: Pr-2012-0045, Laufzeit: 1.8.2013 – 15.1.2017). Vgl. Ziegler (2013) sowie <www.uni-due.de/metropolenzeichen/index.php>. – Historische Veränderungen, so interessant sie auch sein dürften, konnten so nicht erfasst werden. Die semiotische Landschaft im öffentlichen Raum verändert sich andauernd. Dabei sind die einzelnen Zeichen unterschiedlich beständig bei Lebensdauern zwischen einem Tag (z.B. schnell entfernten Graffiti) und vielen Jahrzehnten (z.B. Schilder mit Straßennamen).

## 2.  Sichtbare Diskurstypen und Machtdynamik im öffentlichen Raum

Untersuchungen zu ortsfester[8] Kommunikation im öffentlichen Raum einschließlich der Linguistic-Landscape-Forschung[9] haben sich bisher vor allem mit Problemen der Mehrsprachigkeit sowie mit funktionalen, pragmatisch-ortsbezogenen, ästhetischen und manchmal medialen Aspekten beschäftigt, kaum aber mit Fragen von Macht und Herrschaft (jenseits der Sprachwahl bei Mehrsprachigkeit).[10] Dabei liegt auf der Hand, dass jedem Passanten im öffentlichen Raum Botschaften aufgezwungen werden, denen sie oder er sich (anders als bei anderen Massenmedien) kaum entziehen kann. Gerade wenn so viel Einfluss auf unzählige Adressaten ausgeübt werden kann, dürften – so die naheliegende Hypothese – erstens Macht auch tatsächlich eingesetzt und zweitens entsprechende Claims (Einflusssphären) abgesteckt und umkämpft werden.

So weist denn auch Auer (2010: 295) auf die Macht hin, die „mit der Gewalt über die Zeichenverwendung im öffentlichen Raum einher" geht. Ben-Rafael (2009: 42) erinnert daran, dass linguistische Landschaften (also das semiotische Erscheinungsbild öffentlicher Räume) von unterschiedlichen Akteuren geformt werden, die von gegensätzlichen Motiven und Vorstellungen geleitet sein können. Macht (nach Max Weber) schlage sich in dem Ausmaß nieder, in dem Akteure anderen Verhaltensweisen aufzwingen können (ebd.: 47). In diesem Zusammenhang wird (mit Ben-Rafael et al. 2006: 14 f. sowie Ben-Rafael 2009: 49 f.) gern zwischen Top-down-Zeichen und Bottom-up-Zeichen unterschieden – je nachdem ob sie von öffentlichen Einrichtungen oder von Privatpersonen angebracht

---

[8]   Wie in der einschlägigen Forschung bisher auch geht es im Folgenden allein um ortsfeste Kommunikation (also z.B. fest montierte Schilder und Werbetafeln, aber auch Graffiti und Aufkleber). Jedoch sollte nicht vergessen werden, dass öffentliche Räume nicht einfach da sind, sondern von Fahrzeugen und Menschen passiert werden, die ihrerseits allerlei Zeichen mit sich führen.

[9]   Beispielhaft seien hier nur genannt Auer (2010); Backhaus (2007); Domke (2014); Gorter (2006); Landry/Bourhis (1997); Schmitz (2004); Scollon/Scollon (2003); Shohamy et al. (2009 & 2010); vgl. auch Warnke/Busse (2014).

[10]   Jaworski/Thurlow (2010) berühren das Thema in ihrer Einführung sporadisch. Und Psenner (2014) sowie Kappes (2014) behandeln machtvolle Auseinandersetzungen um Nutzungsrechte und -ansprüche an städtischen Räumen am Beispiel von Straßenraum bzw. Graffiti. Zur Sprachpolitik im öffentlichen Raum s. Shohamy (2006: 110–134).

wurden (Wegweiser, Straßenschilder etc. vs. kommerzielle Schilder, Graffiti etc.). Zu Recht argumentiert Auer (2010: 295) dagegen, dass nicht hier die Grenze zwischen Oben und Unten verläuft. Vielmehr, so meint er, teilen Staat und Privatwirtschaft den öffentlichen Raum untereinander auf, „d.h. sie kolonialisieren ihn". Alle anderen Zeichen „sind heutzutage automatisch *transgressiv*", weil ohne Autorisierung angebracht und damit provokativ (ebd.).

Nun sind die Machtverhältnisse im öffentlichen Raum aber nicht einfach bipolar, sondern erheblich komplexer strukturiert. Denn, wie Blommaert (2013: 3) erklärt:

> „a space [...] is never no-man's-land, but always *somebody's* space; a *historical* space, therefore, full of codes, expectations, norms and traditions; and a space of *power* controlled by as well as controlling people."

Die Arten und Verteilung von Macht in öffentlichen Räumen schlagen sich auf unterschiedliche Weise nieder, beispielsweise in Katasterkarten, Grundbüchern, Architektur und Grünflächengestaltung. Wir konzentrieren uns hier auf öffentlich sichtbare Zeichen in den oben genannten ausgewählten öffentlichen Räumen des Ruhrgebiets im Herbst 2013.

Scollon/Scollon (2003: 167) unterscheiden vier Diskurstypen in öffentlichen Räumen: regulatorisch (z.B. Verkehrsregelung), infrastrukturell (z.B. Hinweisschilder), kommerziell (z.B. Werbung) und transgressiv (z.B. Graffiti). Den Löwenanteil aller 25.503 dokumentierten Zeichen in unserer Datenbank stellen die kommerziellen (knapp 49 %) und die transgressiven (knapp 39 %). Mit großem Abstand folgen infrastrukturelle (knapp 7 %) und regulatorische Zeichen (knapp 5 %). In unserem Material kommen außerdem noch kommemorative, (nicht-transgressive) künstlerische und andere Botschaften (z.B. Wahlkampf-Plakate) vor; sie machen zusammen weniger als 1 Prozent aus.

Infrastrukturelle und regulatorische Zeichen zusammen bilden 11,6 % offizielle Zeichen – gegenüber 48,8 % kommerziellen und 38,7 % transgressiven Zeichen. Auf den ersten Blick könnte so – gegen Auer – der Eindruck entstehen, dass Privatwirtschaft und Subkultur (mit zusammen sieben Achteln) die Zeichenwelt öffentlicher Räume unter sich aufteilten, während dem Staat gerade einmal ein gutes Neuntel verbleibt. Dieser Eindruck verschiebt sich noch stärker zugunsten kommerzieller und zu Lasten transgressiver Zeichen, wenn man deren Größe betrachtet: 77 % aller 1.434 Zeichen, die mehr als 10 Quadratmeter Fläche einnehmen, sind kommerziell – gegenüber 11 % offiziellen Zeichen und nur 12 % transgressiven.

Allerdings hängen Rezeptionshäufigkeit und -intensität und damit die Wirkung von Zeichen keineswegs allein von ihrer Menge und Größe ab. Ein vergleichsweise kleines Stoppschild wird sicher öfter und wirkungsvoller wahrgenommen als ein ungleich größeres Namensschild über einem Ladeneingang. Um die Zeichen im Hinblick darauf zu gewichten, wie oft und wie sehr sie ins Auge springen, müsste man einen Salienzfaktor einführen, der beispielsweise noch die Relevanz und Frequentierung des Ortes, die Prägnanz der Gestaltung und die tatsächliche Wirkung auf unterschiedliche Personengruppen (z.B. Autofahrer vs. Fußgänger) berücksichtigte. Angesichts teilweise subjektiver Kriterien und des gewaltigen Aufwandes (z.B. durch Passantenbefragungen) wäre das für empirische Untersuchungen ein aussichtsloses Unterfangen.

Immerhin kann man an der Verteilung der Diskurstypen ablesen, dass es gerade keinen einheitlichen Diskurs gibt und auch nicht einfach einen „Von-Oben-Diskurs" und einen „Von-Unten-Diskurs". Wenn man die dokumentierten gut 25.000 Belege genau anschaut – und jeder Laie wird das in seinem Alltagserleben bestätigt finden –, ist der öffentliche Raum von einer Vielzahl ihrerseits vielstimmiger Diskurse gefüllt.[11] (Das ist grundsätzlich nicht anders als bei anderen öffentlichen Kommunikationsmitteln, nur natürlich von den jeweiligen technischen und pragmatischen Bedingungen geprägt, im öffentlichen Raum also visuell, knapp, bunt und weitgehend monologisch.) Alle Botschaften buhlen um Aufmerksamkeit, regulieren und strukturieren das Verhalten der Passanten zu unterschiedlichen Zwecken und in höchst unterschiedlicher Weise.

Canetti (1973) untersucht den Zusammenhang von Masse und Macht. Danach sind Massen dichte und auf ein Ziel gerichtete Versammlungen von Menschen, die ihre sonst einzelnen Mitglieder von der Furcht erlösen, durch Unbekanntes berührt zu werden, indem sie alle „sich als *gleiche* fühlen" (Bd. 1: 9 f. bzw. 12;

---

[11] Ganz im Gegensatz zur Szenografie im öffentlichen Raum von Diktaturen, etwa im deutschen NS-Staat: „Sie demonstrierte Macht, schuf eine Einheit und initiierte eine bewusste Gruppendynamik." (Koop 2012: 138)

vgl. 26 f.). Die semiotische Möblierung öffentlicher Räume jedenfalls in demo-
kratisch verfassten Gesellschaften neigt allerdings dazu, die Bildung homogener
Massen in diesem Sinne eher zu verhindern: Die Menschen, die sie bevölkern,
werden nicht konzentriert, sondern dezentriert. Sie wollen und sollen nicht zu-
sammenbleiben, sondern schnell passieren; es gibt nicht eine zentrale Autorität,
sondern eine Vielfalt unterschiedlichster Urheber- und Adressatengruppen.

Dennoch herrschen nicht Zufall und Willkür. Vielmehr schlagen sich mehr o-
der weniger geordnete Machtverhältnisse im öffentlichen Raum nieder. Das zeigt
sich vor allem darin, wer was wo wann anbringen darf oder auch unautorisiert
anbringt. Zeichen im öffentlichen Raum sind nicht dialogisch angelegt, auch
wenn sich transgressiv manchmal Dialoge entwickeln.[12] Baudrillard (1978: 23)
meint:

> „Der Unterschied zwischen Sendern und Empfängern, zwischen Produzenten und Kon-
> sumenten von Zeichen muß total bleiben, denn in ihm liegt heute die wirkliche Form der
> gesellschaftlichen Herrschaft."

Total ist allerdings gar nichts. Produzenten sind auf Konsumenten angewiesen.
Sowohl Sender als auch Empfänger bilden recht heterogene Gruppen und können
auch Rollen tauschen. Viele Zeichen scheitern, und angesichts ihrer Fülle werden
die einzelnen Botschaften oft ganz ignoriert.

Doch tritt in öffentlichen Räumen das historisch veränderliche Verhältnis von
Gesellschaft, Staat, Öffentlichkeit und Privatheit zutage. So beobachtet Schneider
(2012: 154) „eine Verknappung des öffentlichen Raumes aufgrund der Privatisie-
rung". Es stelle sich die Frage, „ob der öffentliche Raum noch als Raum der Interaktion und Kommunikation genutzt wird" (ebd.: 154). Der Generalintendant
des Düsseldorfer Schauspielhauses Wilfried Schulz – um eine weitere Stimme zu
nennen – meint: „Der nicht dem Konsum und dem Renditeversprechen gewid-
mete öffentliche Raum, der Raum der direkten Begegnung wird immer kleiner; es
gilt ihn zu verteidigen." (Schulz 2016) Als ein wesentliches Merkmal des Zerfalls
klassisch-bürgerlicher Öffentlichkeit nannte Habermas (1962: 194), dass das Pub-
likum in den „Kreislauf der Macht" nur „sporadisch und auch dann nur zu Zwecken der Akklamation einbezogen" werde.

---

[12]   Dazu Schmitz/Ziegler (2016).

„Die Öffentlichkeit übernimmt Funktionen der Werbung. Je mehr sie als Medium politischer und ökonomischer Beeinflussung eingesetzt werden kann, um so unpolitischer wird sie im ganzen und dem Scheine nach privatisiert." (Habermas 1962: 193)

Heute bestehe „die Tendenz der Absorption einer plebiszitierten ›politischen‹ Öffentlichkeit durch die konsumkulturell entpolitisierte" (ebd.: 195). „Publizität wird gleichsam von oben entfaltet, um bestimmten Positionen eine Aura von good will zu verschaffen." (ebd.) Im öffentlichen Raum – zumindest dem von uns untersuchten – gilt das sicherlich für den größten Teil des kommerziellen Diskurses (insbesondere für Werbung, aber auch die typographische Gestaltung von Firmennamen). Und die in den übrigen Diskurstypen seltenen politischen Inhalte schnurren zu allerknappsten Schibboleths zusammen (dazu unten Abschnitt 7).

## 3.  Unterschiedliche regionale Verteilung der Diskurstypen

In den verschiedenen Gebieten sind die Diskurstypen unterschiedlich verteilt (Tabelle 1). Dass an Bahnhöfen (letzte Spalte) mehr als fünf Mal so viel infrastrukturelle und mehr als drei Mal so viel regulatorische Zeichen zu sehen sind wie in den übrigen Gegenden, leuchtet unmittelbar ein. Wie aber sieht es in den übrigen Bezirken aus?

|  | 8 Bezirke | 4 Nord | 4 Süd | HBFs |
|---|---|---|---|---|
| ∑ infrastrukturell & regulatorisch | 8,5 | 9,2 | 8,1 | 37,0 |
| infrastrukturell | 4,4 | 4,3 | 4,4 | 23,1 |
| regulatorisch | 4,1 | 4,9 | 3,7 | 13,9 |
| kommerziell | 51,1 | 54,6 | 49,1 | 29,7 |
| transgressiv | 39,5 | 35,6 | 41,7 | 33,1 |
| andere | 0,9 | 0,7 | 1,1 | 0,2 |
|  | 100 | 100 | 100 | 100 |

Tabelle 1: Verteilung der Diskurstypen nach Bezirken (in %)

Dazu muss man wissen, dass die nördliche Hälfte des Ruhrgebiets traditionell als ärmer gilt; hier wohnen mehr einkommensschwache Menschen und relativ viele Migranten. Wohlhabendere Personen bevorzugen Stadtteile südlich der Autobahn A 40; vor allem die Mieten und Immobilienpreise sind durchschnittlich höher. Fasst man die von uns untersuchten vier nördlichen Bezirke zusammen und vergleicht sie mit den vier südlichen Bezirken, so zeigen sich einige Unterschiede im öffentlichen Raum. Im Norden gibt es mehr regulatorische und kommerzielle, dafür aber weniger transgressive Zeichen. Man könnte – etwas gewagt – vermuten, dass in nördlichen Gegenden staatliche Regeln häufiger und Kommerz schriller sichtbar gemacht werden, während transgressive Zeichen (also Graffiti und Aufkleber) eher von einheimischen Mittelschichtlern angebracht werden. Allerdings hat jeder Stadtteil auch seinen eigenen Charakter (Tabelle 2).

| | Duisburg | | Essen | | Bochum | | Dortmund | |
|---|---|---|---|---|---|---|---|---|
| | Marxloh | Innen | Alten | Rütten | Hamme | Langen | Nord | Hörde |
| ∑ infrastrukturell &regulatorisch | 8,4 | 6,6 | 10,3 | 10,0 | 11,8 | 8,1 | 6,8 | 5,8 |
| infrastrukturell | 4,6 | 4,0 | 4,4 | 5,2 | 5,3 | 4,1 | 3,4 | 3,7 |
| regulatorisch | 3,9 | 2,7 | 6,0 | 4,8 | 6,5 | 4,0 | 3,4 | 2,2 |
| kommerziell | 75,2 | 51,9 | 71,8 | 42,3 | 47,3 | 49,1 | 38,1 | 67,5 |
| transgressiv | 15,8 | 41,3 | 17,0 | 45,5 | 40,5 | 42,3 | 54,3 | 26,0 |
| andere | 0,5 | 0,1 | 0,9 | 2,2 | 0,4 | 0,5 | 0,8 | 0,6 |
| | 100 | 100 | 100 | 100 | 100 | 100 | 100 | 100 |

Tabelle 2: Verteilung der Diskurstypen nach Bezirken[13] (in %)

Dass in Essen-Rüttenscheid erheblich mehr infrastrukturelle Zeichen stehen, in der Dortmunder Nordstadt dagegen erheblich weniger als anderswo, könnte darauf schließen lassen, dass in dem bürgerlich geprägten Vorort mehr öffentliche Einrichtungen vorgehalten werden als in der stark multikulturell geprägten Nordstadt. Das verkehrsintensive Essen-Altendorf braucht mehr regulierende Zeichen als das ruhigere Dortmund-Hörde.

Die beiden am häufigsten vertretenen Diskurstypen, nämlich kommerziell und transgressiv, sind in den verschiedenen Bezirken unterschiedlich stark vertreten, addieren sich jedoch jeweils zu etwa gleich großen Anteilen von zusammen um die 90 Prozent: je mehr kommerzielle Zeichen, desto weniger transgressive und umgekehrt. Tabelle 3 zeigt das deutlicher.

| alle | Diskurstyp | Duisburg | | Essen | | Bochum | | Dortmund | | HBFs |
|---|---|---|---|---|---|---|---|---|---|---|
| | | Marxloh | Innen | Alten | Rüt-ten | Hamme | Lan-gen | Nord | Hörde | |
| 87,5 | kommerz. & transgr. | 91,0 | 93,2 | 88,8 | 87,8 | 87,8 | 91,4 | 92,4 | 93,5 | 62,8 |
| 1,3 | kommerz. ./. transgr. | 4,8 | 1,3 | 4,2 | 0,9 | 1,2 | 1,2 | 0,7 | 2,6 | 0,9 |

Tabelle 3: Kommerziell und transgressiv in den verschiedenen Bezirken (in %)

---

[13]  Die jeweils linke Spalte unter den vier Städtenamen nennt einen nördlichen, die rechte einen südlichen Bezirk der jeweiligen Stadt: in Duisburg Marxloh und Innenstadt, in Essen Altendorf und Rüttenscheid, in Bochum Hamme und Langendreer, in Dortmund Nordstadt und Hörde.

Die erste Spalte links bedeutet: 87,5 % der Zeichen im gesamten Material sind entweder kommerziell oder transgressiv, und es gibt 1,3 Mal so viele kommerzielle Zeichen wie transgressive. In Marxloh und Altendorf allerdings, zwei Stadtteilen mit überdurchschnittlich vielen Einwohnern ohne deutsche oder mit doppelter Staatsbürgerschaft und auch entsprechend zahlreichen Geschäften mit nichtdeutschen Aufschriften, gibt es gleich vier bis fünf Mal so viele kommerzielle wie transgressive Zeichen. In Rüttenscheid hingegen kommen sogar mehr transgressive als kommerzielle Zeichen vor – vielleicht deshalb, weil einerseits die eher bürgerlichen Restaurants und Geschäfte dort zurückhaltender beschriftet sind und weil andererseits hier besonders viele Aufkleber um die Aufmerksamkeit des einkaufenden Publikums buhlen. In Nordstadt freilich, von allen Bezirken der multikulturellste, sieht man relativ noch weniger kommerzielle und noch mehr transgressive Zeichen. Hier liegt das daran, dass der öffentliche Raum noch sehr viel intensiver von Graffiti und Aufklebern beansprucht wird. Bei den Bahnhöfen wiederum finden sich insgesamt weniger kommerzielle und weniger transgressive Zeichen, wobei (wie sonst nur in Rüttenscheid und Nordstadt) die transgressiven relativ häufiger vertreten sind als die kommerziellen. Fazit: Je nach örtlichen Gegebenheiten nehmen legal-kommerzielle und illegitim-transgressive Beschriftung den öffentlichen Raum in unterschiedlicher Weise in Beschlag.

## 4. Offizielle Schilder

Infrastrukturelle Zeichen (z.B. Wegweiser und Straßennamen) dienen vorrangig der Orientierung. Macht schlägt sich darin nieder, wer die Namen geben und wer welche Schilder wo aufstellen darf. Bei regulatorischen Zeichen (z.B. Gebots- und Verbotsschildern) geht es vorrangig darum, legitimierte Macht effizient durchzusetzen.

Abb. 1: Infrastrukturelle und regulatorische Schilder am Bochumer Hauptbahnhof (Datenbank Nr. 6218)

Abb. 2: Regulatorischer Text in Rüttenscheid (Nr. 26226)

Das informations-, ge- und verbotsreiche Schilderensemble in Abb. 1 mit seinen
nach strengen Regeln gestalteten Eigennamen, Zahlen und Piktogrammen zeigt
Autofahrern, wo es lang geht und was sie zu beachten haben. Das große gelbe
Schild wurde unten rechts wohl versehentlich beschädigt; unten links dagegen hat
sich jemand eher ohnmächtig bemüht, in den offiziellen Diskurs durch einen ver-

gleichsweise winzigen transgressiven Aufkleber parasitär einzubrechen. Demgegenüber hat in Abb. 2 ein Spaßvogel das offizielle Verbot zugleich anerkannt wie transgressiv unterlaufen, indem er zwar nichts geklebt, aber doch gemalt hat.

## 5. Kommerzielle Zeichen

Kommerzielle Zeichen – immerhin fast die Hälfte unseres Materials – dienen der Werbung sowie der identifizierenden Kennzeichnung von Firmen, Geschäften und Restaurants samt Information über deren Angebote. Beide Funktionen sind meist miteinander verbunden oder gehen ineinander über. Sie sollen die Aufmerksamkeit der Passanten fesseln und konkurrieren um deren Sympathie. Insbesondere ihre visuelle Gestaltung und „Bilder sind schnelle Schüsse ins Gehirn" (Kroeber-Riel 1993: ix). Weil die Passanten im öffentlichen Raum die Augen aufhalten müssen, um ihren Weg zu finden, haben sie wenig Möglichkeiten, sich dagegen zu verteidigen. Auch hier mögen zwei Beispiele (von über zwölftausend) zur Illustration genügen.

Abb. 3: Pizzeria in Duisburg-Innenstadt (Nr. 9783)

Abb. 4: Werbeplakat am Dortmunder Hauptbahnhof (Nr. 5401)

In italienischen Nationalfarben markiert eine Pizzeria in Abb. 3 ihren Ort und be-
wirbt ihren Lieferdienst. Die knallige Gestaltung der großen Werbetafel in Abb.
4 zieht Blicke an, lässt ein alkoholisches Spaßgetränk mit heißen Frauen assozi-
ieren und fordert im Slogan zu einer entsprechenden Lebensweise auf: „Sleep all
day / Cab all night". Unterschwellig verleibt sich diese Werbung vermeintlich
herrschaftskritische, jedenfalls alternative Diskurse ein, indem einige Gestal-
tungselemente Techniken der transgressiven Aneignung öffentlicher Räume zitieren, nämlich Sprühen, Klecksen und Rote-Farbbeutel-Werfen. In dem so er-
zeugten Assoziationsraum mag der Warenname „Cab" auch an die verbreitete
transgressive Losung „ACAB" (s.u. Abschnitt 7) erinnern.

## 6. Graffiti und Aufkleber als Gegenmacht?

Schneider (2012: 154 f.) zufolge positionieren sich Writer „klar gegen eine Reglementierung des öffentlichen Raumes", um ihn sozusagen wiederzubeleben; und
„mit ihren Handlungen stellen sie ein Gefühl der Zugehörigkeit sogar im anonymen, kommerzialisierten Stadtraum her." So sind Graffiti „nicht nur Raumaneig-
nung im Sinne eines territorialen Anspruches", sondern sie verändern den Raum
(ebd.: 147). Oder, mit den Worten von Tophinke (2016: 411): „Graffiti-Herstellen

ist eine urbane Praktik, die die Stadt nicht nur als Aktionsraum nutzt, sondern die zur Konstruktion des städtischen Raumes selbst wesentlich beiträgt."

Dabei hat sich die Rolle der Graffiti-Kultur geändert. In ihrer frühen Phase (nach den jugendlichen Revolten der 1960er/70er Jahre) deutet Baudrillard (1978: 25) Graffiti so: „Ein neuer Typ der Intervention in die Stadt, nicht mehr als Ort der ökonomischen und politischen Macht, sondern als Zeit/Raum der terroristischen Macht der Medien, der Zeichen und der herrschenden Kultur." Graffiti-Buchstaben/-Wörter, meint Baudrillard, bedeuteten nichts, seien nicht einmal Eigennamen, „sondern symbolische Matrikel, gemacht, um das gewöhnliche Benennungssystem aus der Fassung zu bringen" – „als Einwurf, als Anti-Diskurs, als Absage an jede syntaktische, poetische und politische Elaboriertheit, als kleinstes, radikales, durch keinerlei organisierten Diskurs einnehmbares Element" (ebd.: 26). Mit den New Yorker Graffiti „wurden zum erstenmal die Medien in ihrer Form selbst attackiert, also in ihrer Produktions- und Verteilungsweise. Und zwar eben deshalb, weil die Graffiti keinen Inhalt, keine Botschaft haben. Es ist diese Leere, die ihre Kraft ausmacht" (ebd.: 29 f.). „Sie allein sind wild, denn ihre Botschaft ist gleich Null." (ebd.: 37) „Ihre Revolte ist zugleich Auflehnung gegen bürgerliche Identität und Anonymität." (ebd.: 38)

Zumindest für die jüngere Gegenwart (also die 2010er Jahre) gilt das aber nicht mehr. Vor allem auf der Grundlage von Writer Storys (also schriftlichen Äußerungen von Graffiti-Schreibern) diagnostiziert Tophinke (2016: 425), das Herstellen von Graffiti ziele nicht (wie Baudrillard es sah) „auf eine kämpferische Aneignung des urbanen Raums".[14] Sondern: „Hier dominiert eher das Selbstverständnis einer kreativen, dynamischen urbanen Spaßkultur" (ebd.: 426).

In diesem Sinne kann man auch die 9.952 transgressiven Zeichen in unserem Material verstehen.[15] 5.150 davon (51,7 %) sind (fast immer industriell gefertigte) Aufkleber, 4.680 (47,0 %) Tags (= Signaturkürzel von Writern) und 122 (1,2 %) echte Graffiti (die also über einfache Tags hinausgehen). Bei dieser Verteilung ist

---

[14] „Es ist auffällig, dass sich die Vorstellung einer kämpferischen Aneignung des urbanen Raums, wie sie als Topos die wissenschaftliche Literatur bestimmt und sie auch die Szene selbst bedient, in den Storys nicht spiegelt. In den Writer Storys sind die Akteure keine Kämpfer oder Eroberer des öffentlichen Raums, schon gar nicht in einem politischen Sinne." (Tophinke/Papenbrock 2016: 59)

[15] Detailliert dazu Wachendorff u.a. (2017).

zu bedenken, dass die von uns ausgewählten Untersuchungsgebiete mit Einkaufs-
straßen, Gastronomie und öffentlichen Institutionen zum Teil auch nachts mehr
oder weniger stark belebt sein können und wenig Gelegenheit für illegale Aktio-
nen geben. Auch wenn sich Hauseigentümer über die Verunzierung ihrer Immo-
bilie ärgern, dürfte die große Mehrheit der transgressiven Zeichen eher spielerisch
als kämpferisch gemeint sein (z.B. Abb. 5 und Abb. 6).

Abb. 5: Hinterhof in Bochum-Langendreer (Nr. 28661)

Abb. 6: Steinplatte in Essen-Rüttenscheid (Nr. 22380)

Also tatsächlich: „Das Bild einer aggressiv-destruktiven Graffiti-Kultur, die in gepflegte städtische Zonen einbricht, ist in diesem Sinne überzeichnet." (Tophinke 2016: 426)[16] Nichtsdestoweniger beanspruchen die Schreiber, Maler, Sprayer und Kleber transgressiver Zeichen eine große Zahl meist kleiner Flächen im öffentlichen Raum für sich, die in ihrer Gesamtheit ein deutliches Gegengewicht gegenüber den noch häufigeren und meist größeren kommerziellen Zeichen bilden. Zumindest die Aufmerksamkeit der Passantinnen und Passanten im öffentlichen Raum wird heftig umkämpft.[17] Manche zahlen für die beanspruchten Flächen, andere nicht.

Und ein kleiner Teil der Zeichen drückt auch inhaltlich Macht aus, umkämpft sie oder fordert sie ein. Darauf geht der folgende Abschnitt ein.

## 7.  Politische Machtkämpfe?

Die häufigste transgressive Losung – gesprüht, gemalt oder auf vorgedruckten Aufklebern – ist „A.C.A.B." mit oder ohne Abkürzungspunkte für „All cops are bastards", gern auch in allerlei Varianten (z.B. als „1312") und Ironisierungen (z.B. „Acht Cola Acht Bier" oder „a cab" neben dem Bild eines gelben Taxis). In unserem Material gibt es 113 Belege, fast alle sehr klein und nicht selten zwischen allerlei anderen Zeichen versteckt. Die meisten (96) konzentrieren sich in kleinen Gegenden von Dortmund und Bochum; 20 der 26 „1312"-Zeichen finden sich mit gleicher Schrift handgemalt an einem knapp einen Kilometer langen Fußweg. Auch bei anderen transgressiven Zeichen sprechen viele Indizien dafür, dass ein und derselbe Urheber sein Revier durchstreift und vielleicht noch Konkurrenten oder Nachahmer anregt. Hier geht es also eher um gruppenspezifische Reviermarkierungen (also alternative Herrschaftszeichen[18]) als um öffentlichen Protest gegen staatliche Macht. Einziges Gegenbeispiel könnte das „ACAB" sein, das gut sichtbar quer über das Landeswappen auf einem Notariatsschild in Bochum gemalt wurde.

---

[16] „Graffiti wird hergestellt, weil der urbane Raum mit seinen Flächen diejenigen, die einen graffiti-spezifischen Blick auf die räumliche Situation entwickeln, dazu ‚anreizt'." (Tophinke 2016: 427)

[17] Dazu auch Gramelsberger (2003).

[18] Wie bei den zahllosen Graffiti-Tags.

Noch erheblich drastischer fallen die etwa zweieinhalb Meter hohen (tags drauf bereits entfernten) Buchstaben „BOYKOTT" ins Auge, die quer über die komplette Front einer Bankfiliale in Dortmund geschmiert wurden und offensichtlich Macht von unten gegen Macht von oben wenden sollen.

Abb. 7: Kleines Plakat in Bochum-Hamme, 24.9.2013 (Datenbank Nr. 6486)

Demgegenüber zeigt Abb. 7 einen Fall demokratischer Auseinandersetzung über eine kommunalpolitische Entscheidung. Das Plakat einer Bürgerinitiative gegen die Schließung einer Grundschule in Bochum zitiert Bild- und Textelemente aus Wahlplakaten der vorangegangenen Landtagswahlen („Wir lassen kein Kind zurück") und montiert um den Mund der damals gewählten Ministerpräsidentin Hannelore Kraft weiße Felder mit dem in SPD-Farbe gehaltenen Text „Versprechen darf man nicht brechen". Ein transgressiver Passant unterstrich die Aussage, indem er Krafts Augen ausriss, so dass der versprechende Mund noch betont wird.

Außerdem gibt es knapp 600 Aufkleber (selten Aufschriften, sehr selten kleine Plakate) mit politischen Positionen oder Forderungen. Am häufigsten verbreitet sind „No Nazis" und „Gegen Nazis"; gut hundert Mal liest man „Antifa", „Antifaschistische Aktion", „Antifa heißt Angriff" oder Ähnliches. Auch die wenigen (unter 30) weiteren transgressiven Aufkleber oder Graffiti mit politischem Inhalt verwenden nur kurze Sprüche wie „Good night white pride", „Refugees welcome", „Verfassungsschutz abschalten!" oder „Freiheit für Palestina". Jenseits der transgressiven Zeichen gibt es nur sehr wenige Beispiele mit politischen Inhalten. Fast immer handelt es sich um Wahlplakate, auf denen Parteien mit freundlichen Politikergesichtern und inhaltsarmen Floskeln um die Gunst der Wähler werben (z.B. „Für Sie in Berlin!", „Schwarz-Gelb stoppen – Zweitstimme Grün"; „Wählt den Weg des Widerstands!").

Zwar findet man im öffentlichen Raum immer wieder meist sehr kleine Erkennungszeichen politischer Positionen. Öffentliche Debatten oder Diskurse um Macht werden hier aber nicht geführt. Vielmehr mit Habermas (1962: 193): „Die Öffentlichkeit übernimmt Funktionen der Werbung", und zwar hier speziell in Gestalt simpler Marken und Markierungen im Revier.

## 8. Mehrsprachigkeit: Wo macht sich welche Sprache geltend?

Die endgültige Durchsetzung einer deutschen Standardsprache war eng mit der Entstehung des deutschen Nationalstaates im 19. Jahrhundert verknüpft. Wohl deshalb erscheint Mehrsprachigkeit vielen dominant einsprachigen Menschen in Deutschland bis heute als eher ungewöhnlich, wenn nicht gar lästig. Dabei ist mehrsprachige Kommunikation weltweit und historisch auch in Deutschland der übliche und chancenreiche Normalfall.[19] Wird Mehrsprachigkeit sich auch in Deutschland wieder durchsetzen?

Redder u.a. (2013) untersuchen eine „diskursive Topographie der Mehrsprachigkeit" bzw. eine „diskursive Topographie mehrsprachigen Handelns" (ebd.: 219 bzw. 232). Für Hamburg-St. Georg stellen sie dabei fest (unter Berücksichtigung auch mündlicher Kommunikation z.B. in einem türkischen Supermarkt):

---

[19] Beispielsweise schreibt Mihm (2016: 42) über das mittelalterliche Köln, „dass die verschiedenartigen Formen der Mehrsprachigkeit einen zentralen Faktor im städtischen Leben des Mittelalters darstellten, der nicht nur die Sprachentwicklung maßgeblich geprägt hat, sondern auch für die Ausgestaltung der Stadtkultur von entscheidender Bedeutung war und nicht zuletzt eine wichtige Voraussetzung[en] für die wirtschaftliche Entwicklung bildete."

„Gesellschaftliche Mehrsprachigkeit kann sich vor allem in solchen Institutionen des alltäglichen Bedarfs entfalten, in denen mehrsprachige Agenten zu aktiver Mehrsprachigkeit bereit und in der Lage sind." (Redder/Scarvaglieri 2013: 124) Und sichtbare Mehrsprachigkeit scheine „gegenwärtig vor allem an den Rändern der gesellschaftlich etablierten Handlungsformate von Relevanz zu sein" (Pappenhagen/Redder/Scarvaglieri 2013: 149).[20]

Stimmt das auch für das Ruhrgebiet? Wer hat hier wo das Sagen?[21] Die 25.503 Fotos in unserer Datenbank zeigen 27.265 Sprachvorkommen im öffentlichen Raum.[22] 60 % der Bilder mit Text sind einsprachig, 40 % zwei- oder mehrsprachig. 66 % aller Sprachvorkommen sind standarddeutsch verfasst, 20 % englisch und 4 % türkisch. Französisch, Italienisch und Spanisch (in dieser Reihenfolge) zusammen stellen 4 % der Fälle, alle übrigen knapp vier Dutzend Sprachen jeweils deutlich weniger als 1 %. Von den Sprachvorkommen erscheinen 56 % in einsprachiger Umgebung, darunter 48 % deutsch, 6,5 % englisch und 1 % türkisch.

Sowohl deutsche Sprache (zwei Drittel) als auch deutsche Einsprachigkeit (knappe Hälfte) scheinen den öffentlichen Raum also zu dominieren, jedoch keineswegs unangefochten. Dabei spielt Deutsch in den wohlhabenderen Bezirken südlich der A 40 eine etwas größere Rolle als in den ärmeren nördlichen Bezirken (67 % vs. 64 % deutsch; 49 % vs. 44 % einsprachig deutsch). Bei näherer Betrachtung (vgl. Schmitz 2017) zeigen sich regional und diskurstypisch unterschiedliche Arten von Internationalität. Mehrsprachigkeit kann zweierlei markieren, nämlich entweder Hochkultur (und zwar besonders mit Englisch und manchmal Französisch an touristischen Anziehungspunkten, mit anderem Akzent auch

---

[20] Die kleine Untersuchung von Eckardt (2016) kommt für die Stadt Flensburg zu ähnlichen Befunden.

[21] Auch hier gilt das in Anm. 7 Erklärte: Historische Veränderungen auch der Bevölkerung werden nicht berücksichtigt. Beispielsweise lebten im September 2016 8.000 Syrer in Essen, von denen zwei Jahre zuvor kaum einer dort war (FAZ 6.9.2016: 20). Übrigens betrachten wir hier nur die (langsamer sich wandelnde) sichtbare Mehrsprachigkeit im öffentlichen Raum, nicht die gesprochene. – Bailie (2016) hat Linguistic Soundscapes, auch mehrsprachig, genial in Musik einkomponiert; Macht geht dabei vollständig in der Ordnung der Komposition auf.

[22] Viele der 25.503 Bilder zeigen Graffiti-Tags oder keinerlei Sprachanteile, andere mehrere Sprachen (z.B. auf einem mehrsprachigen Schild). Zählt man die Passagen in verschiedenen Sprachen jeweils für sich, ergeben sich 27.265 einzelne Sprachvorkommen.

in der Werbung) oder aber Migration (mit allerlei anderen Sprachen besonders in ärmeren Lebenswelten); in der Gastronomie kommt beides vor. Es dauert lange, bis Sprachen von Migranten öffentlich sichtbar werden. Beispielsweise machen die Amtssprachen der jungen EU-Länder Polen, Rumänien und Bulgarien zusammen gerade einmal 0,6 % aller Sprachvorkommen aus, obwohl sehr viel mehr Menschen aus diesen Ländern hier leben.[23] Eindeutig deutsch aber kommen die Insignien staatlich geregelter Macht daher: 88 % aller offiziellen (also regulatorischen und infrastrukturellen) Zeichen sind einsprachig deutsch gehalten.

## 9. Schluss: Semiotische Symbionten und Konkurrenten im öffentlichen Raum

Offensichtlich dient Sprache nicht nur der Kommunikation, sondern ist zugleich auch „ein Instrument des Handelns und der Macht" (Bourdieu 1990: 11).[24] So zeigen auch die Beschriftungen im öffentlichen Raum einige der „Machtverhältnisse, die auf dem Sprachmarkt herrschen" (ebd.: 48). Die Linguistic-Landscape-Forschung konzentriert sich gewöhnlich auf den Status verschiedener Sprachen im öffentlichen Raum. Exemplarisch dafür steht das folgende Zitat:

> „Language in the public space is used as a battlefield and is the subject of negotiations between different groups. Thus, different groups and individuals often use the public space as a place where they can reject, protest against and negotiate the status and roles of languages." (Shohamy 2006: 125)

Doch im vielstimmigen öffentlichen Raum konkurrieren nicht nur verschiedene Sprachen miteinander, sondern auch unterschiedliche Diskurse, Autoren und Aufmerksamkeitssucher, die jeweils unterschiedliche Arten und Grade von Macht innehaben oder haben möchten.

In den meisten urbanen Umgebungen beschriften Staat, Kommerz und anonyme Individuen den öffentlichen Raum, insbesondere Straßen, Plätze, Gebäude, Mauern und sonstige Flächen. In den untersuchten Gegenden in den vier größten Städten des Ruhrgebiets machen offizielle Schilder (regulatorisch vor allem zur

---

[23] Übrigens waren unter Essener Grundschülern schon im Jahre 2002 über einhundert Muttersprachen vertreten (Baur u.a. 2004: 98).

[24] Über Sprache und Macht allgemein z.B. (kritisch-diskursanalytisch) Fairclough (2015); mit besonderem Blick auf Institutionen z.B. Mayr (2008); Simpson/Mayr (2009).

Verkehrsregelung, infrastrukturell hauptsächlich zur Orientierung) ein gutes Neuntel aller sichtbaren Zeichen aus. Kommerzielle Zeichen (Ladenbeschriftung und Werbung) stellen knapp die Hälfte und transgressive Zeichen (Graffiti und Aufkleber) etwas weniger als zwei Fünftel. In je unterschiedlicher Weise markieren sie alle den Anspruch auf ein Revier: Hier bin, war oder herrsche ich! Dabei kommen unterschiedliche Sprachen zum Zuge: dominant Deutsch, aber auch einerseits Englisch (und in geringem Maße Französisch und andere Sprachen westlicher EU-Staaten) als Indikator anti-provinzieller Internationalität sowie andererseits Herkunftssprachen von Migranten als Indikator von deren Beheimatung.

Mit einem Teil der Zeichen werden Macht und Einfluss nicht nur demonstriert, sondern auch ausgeübt: unmittelbar durch regulatorische Zeichen (z.B. Ge- und Verbote), mittelbar auch durch Werbung. Und in einem sehr kleinen Teil von Zeichen werden Machtverhältnisse zur Sprache gebracht oder ausdrücklich umkämpft. Die allermeisten transgressiven Zeichen (Graffiti und Aufkleber) jedoch stellen herrschende Machtverhältnisse nicht etwa in Frage, sondern beanspruchen – wie Werbung auch – öffentliche Aufmerksamkeit.

Alle Urheber dieser unterschiedlichen Zeichen setzen damit (wie Hunde) Marker in Territorien. Manche kennzeichnen ein Revier oder grenzen es gegen andere ab; andere nisten sich ebenfalls ein, behaupten sich dagegen oder (selten) kämpfen dagegen an; sehr wenige dritte wiederum bringen Machtverhältnisse zur Sprache. Nur mit den vergleichsweise wenigen (knapp 5 %) regulatorischen Zeichen wird legitime Macht kontrollierbar ausgeübt. Dass sie in dem bunten Zeichengewirr öffentlicher Räume überhaupt konsequent wahrgenommen werden, liegt kleinerenteils an ihrer konventionellen Erscheinung und Platzierung an bestimmten Stellen, größerenteils aber daran, dass ihre Missachtung strenge Sanktionen entsprechend mächtiger Institutionen nach sich ziehen könnte. Infrastrukturelle Zeichen hingegen werden zwecks Orientierung in der Regel gezielt gesucht, während kommerzielle und transgressive Zeichen um Aufmerksamkeit buhlen.

Insgesamt bildet die je nach Örtlichkeit mehr oder weniger schrille Vielfalt der Stimmen ein komplexes Gefüge semiotischer Machtökologie. Es gibt bevorzugte Orte und ökologische Nischen, semiotische Wirte (z.B. Verkehrsschilder, Plakate), Parasiten und Symbionten (z.B. Aufkleber darauf). Denn im öffentlichen Raum herrscht eine stets lebendige heftige Konkurrenz um den begrenzten Platz und die kurzfristige Aufmerksamkeit der meist eiligen Passanten. Wer ist der Gral?

## Literatur

Auer, Peter (2010): „Sprachliche Landschaften. Die Strukturierung des öffentlichen Raums durch die geschriebene Sprache", in: Deppermann, Arnulf/Linke, Angelika (Hgg.): *Sprache intermedial. Stimme und Schrift, Bild und Ton*. Berlin/New York: de Gruyter (= Institut für deutsche Sprache; Jahrbuch 2009), 271–298.

Backhaus, Peter (2007): *Linguistic landscapes: A comparative study of urban multilingualism in Tokyo*. Clevedon: Multilingual Matters.

Bailie, Joanna (2016): *Music from public places für 24-stimmigen Chor, Streichquartett und Zuspiel*. Uraufführung Donaueschingen 14.10.2016.
(s.a. <www.swr.de/swr-classic/vokalensemble/swr-vokalensemble-konzert-donaueschingen/-/id=17055442/did=17173246/nid=17055442/iz13ua/index.html>, eingesehen am 30.11.2016)

Barthes, Roland (1980): *Leçon/Lektion. Französisch und Deutsch*. Antrittsvorlesung im Collège de France [frz. 1978]. Frankfurt a.M.: Suhrkamp.

Baudrillard, Jean (1978): „Kool Killer oder Der Aufstand der Zeichen" [frz. 1975] in: Ders. *Kool Killer oder Der Aufstand der Zeichen*. Berlin: Merve, 19–38.

Baur, Rupprecht S./Chlosta, Christoph/Ostermann, Torsten/Schroeder, Christoph (2004): „‚Was sprecht Ihr vornehmlich zu Hause?' Zur Erhebung sprachbezogener Daten", in: *Essener Unikate*, H. 24. Essen: Universität Duisburg-Essen, 96–105.
(Auch unter <www.uni-due.de/unikate/ressourcen/grafiken/PDF's/EU_24/24_baur.pdf>, eingesehen am 1.3.2017).

Benjamin, Walter (1982): *Das Passagen-Werk. Gesammelte Schriften V*. Frankfurt a.M.: Suhrkamp.

Ben-Rafael, Eliezer (2009): „A sociological approach to the study of linguistic landscapes", in: Shohamy/Gorter (Hgg.), 40–54.

Ben-Rafael, Eliezer/Shohamy, Elana/Hasan Amara, Muhammad/Trumper-Hecht, Nira (2006): „Linguistic landscape as symbolic construction of the public space: The case of Israel", in: *International Journal of Multilingualism* 3.1, 7–30.

Berger, Peter L./Luckmann, Thomas (1969): *Die gesellschaftliche Konstruktion der Wirklichkeit* [amerik. 1966]. Frankfurt a.M.: Fischer.

Blommaert, Jan (2013): *Ethnography, superdiversity and linguistic landscapes. Chronicles of complexity*. Bristol, Buffalo, Toronto: Multilingual Matters.

Bourdieu, Pierre (1990): *Was heißt sprechen? Die Ökonomie des sprachlichen Tausches* [frz. 1982]. Wien: Braumüller.

Canetti, Elias (1973): *Masse und Macht* [zuerst 1960]. 2 Bde. München: Carl Hanser.

de Certeau, Michel (1984): *The practice of everyday life*. Berkeley/Los Angeles/London: University of California Press.

de Certeau, Michel (1990): *L'invention du quotidien. Vol. I: Arts de faire*. [Nouvelle édition; ¹1980.] Paris: Gallimard.

Domke, Christine (2014): *Die Betextung des öffentlichen Raumes. Eine Studie zur Spezifik von Meso-Kommunikation am Beispiel von Bahnhöfen, Innenstädten und Flughäfen.* Heidelberg: Universitätsverlag Winter.

Eckardt, Inga Christiana (2016): „*Linguistic Landscapes*: Sprachlandschaften im öffentlichen Raum am Beispiel Flensburgs", in: Januschek, Franz (Hg.): *Transkulturelle Perspektiven auf mehrsprachige Regionen. Fes und Flensburg im Dialog.* Hildesheim/Zürich/New York: Olms, 133–163.

Elias, Norbert (1969): *Über den Prozeß der Zivilisation. Soziogenetische und psychogenetische Untersuchungen.* 2 Bände [1939]. 2. Aufl. Bern/München: Francke.

Fairclough, Norman (2015): *Language and power* [¹1989]. 3. ed. Abingdon/New York: Routledge.

Foucault, Michel (1974): *Die Ordnung des Diskurses* [frz. 1972]. München: Hanser.

Gorter, Durk (2006) (ed.): *Linguistic landscape: A new approach to multilingualism.* Clevedon: Multilingual Matters.

Gramelsberger, Gabriele (2003): „Bilderkriege im (verkauften) Öffentlichen Raum", in: FH Dortmund (Hg.): *Bilderkriege – Focus Award 2003.* Dortmund: FaStA Design der FH Dortmund, 94–203.

Hentschel, Martin (Hg.) (2007): *Domestic landscapes. Anlässlich der Ausstellung Bert Teunissen: Domestic Landscapes. Ein Porträt von Europäern daheim.* Kunstmuseen Krefeld, Museum Haus Esters, 30. September 2007 bis 10. Februar 2008. Bielefeld: Kerber. (Vgl. auch <http://thebesttimeoftheday.blogspot.de/2012/02/domestic-landscapes.html>, eingesehen am 1.12.2016)

Jaworski, Adam/Thurlow, Crispin (2010): „Introducing Semiotic Landscapes", in: Dies. (Hgg.): *Semiotic Landscapes. Language, Image, Space.* London/New York: Continuum, 1–40.

Kallen, Jeffrey L. (2010): „Changing Landscapes: Language, Space and Policy in the Dublin Linguistic Landscape", in: Jaworski, Adam/Thurlow, Crispin (Hgg.): *Semiotic Landscapes. Language, Image, Space.* London/New York: Continuum, 41–58.

Kappes, Mirjam (2014): „Graffiti als Eroberungsstrategie im urbanen Raum", in: Warnke, Ingo H./Busse, Beatrix (Hgg.): *Place-Making in urbanen Diskursen.* Berlin/München/Boston: de Gruyter, 443–475.

Koelbl, Herlinde (1999): *Spuren der Macht. Die Verwandlung des Menschen durch das Amt. Eine Langzeitstudie.* München: Knesebeck.

Koop, Andreas (2012): *NSCI. Das visuelle Erscheinungsbild der Nationalsozialisten 1920 - 1945.* [1. Aufl. 2008.] 2. Aufl. Mainz: Hermann Schmidt.

Kroeber-Riel, Werner (1993): *Bildkommunikation. Imagerystrategien für die Werbung.* München.

Landry, Rodrigue/Bourhis, Richard Y. (1997): „Linguistic landscape and ethnolinguistic vitality. An empirical study", in: *Journal of Language and Social Psychology* 16.1, 23–49.

Mayr, Andrea (2008): *Language and power. An introduction to institutional discourse.* London/New York: Continuum.

Mihm, Arend (2016): „Mehrsprachigkeit im mittelalterlichen Köln", in: Selig, Maria/Ehrich, Susanne (Hgg.): *Mittelalterliche Stadtsprachen.* Regensburg: Schnell & Steiner, 19–43.

Nozick, Robert (2011): *Anarchie, Staat, Utopia* [amerik. 1974]. München: Olzog.

Pappenhagen, Ruth/Redder, Angelika/Scarvaglieri, Claudio (2013): „Hamburgs mehrsprachige Praxis im öffentlichen Raum – sichtbar und hörbar", in: Redder u.a., 127–160.

Psenner, Angelika (2014): „Don't even think of parking here. Wiener Straßenraum: Verhandlung von Nutzungsrechten und Nutzungsansprüchen", in: Warnke, Ingo H./Busse, Beatrix (Hgg.): *Place-Making in urbanen Diskursen*. Berlin/München/Boston: de Gruyter, 121–147.

Ratzel, Friedrich (1901): *Der Lebensraum. Eine biogeographische Studie*. Tübingen: Laupp.

Ratzel, Friedrich (1907): *Raum und Zeit in Geographie und Geologie. Naturphilosophische Betrachtungen*. (Hg. Paul Barth.) Leipzig: Johann Ambrosius Barth.

Redder, Angelika/Pauli, Julia/Kießling, Roland/Bührig, Kristin/Brehmer, Bernhard/Breckner, Ingrid/Androutsopoulos, Jannis (2013): *Mehrsprachige Kommunikation in der Stadt. Das Beispiel Hamburg*. Münster/New York/München/Berlin: Waxmann.

Redder, Angelika/Scarvaglieri, Claudio (2013): „Verortung mehrsprachigen Handelns im Konsumbereich – ein Imbiss und ein Lebensmittelgeschäft", in: Redder u.a., 105–126.

Schlögel, Karl (2003): *Im Raume lesen wir die Zeit. Über Zivilisationsgeschichte und Geopolitik*. München, Wien: Carl Hanser.

Schmitz, Ulrich (2004): „Schrift und Bild im öffentlichen Raum", in: *Mitteilungen des Deutschen Germanistenverbandes* 51.1, 58–74.

Schmitz, Ulrich (2017): „Linguistic Landscapes im Ruhrgebiet: Internationalismus und Lokalkolorit", in: Anderwald, Lieselotte/Hoekstra, Jarich (Hgg.): *Enregisterment. Zur sozialen Bedeutung sprachlicher Variation*. Frankfurt a.M.: Lang, 163–187.

Schmitz, Ulrich/Ziegler, Evelyn (2016): „Sichtbare Dialoge im öffentlichen Raum", in: *Zeitschrift für Germanistische Linguistik* 44.3, 469–502.

Schneider, Kathrin (2012): „(Re)Claim the City. Writing als Raumaneignungspraktik im urbanen Raum", in: Eisewicht, Paul/Grenz, Tilo/Pfadenhauer, Michaela (Hgg.): *Techniken der Zugehörigkeit*. Karlsruher Institut für Technologie, KIT Scientific Publishing, 147–170.

Schulz, Wilfried (2016): „Düsseldorf muss sein Theater schützen", in: *Rheinische Post*, 26. Oktober 2016, C1.

Schwartmann, Rolf/Hentsch, Christian-Henner (2016): „Virtuelle Monster steigen uns aufs Dach. Sprengt ‚Pokémon Go' unsere Rechtsordnung?", in: *Frankfurter Allgemeine Zeitung*, 4. August 2016, 14.

Scollon, Ron/Scollon, Suzie Wong (2003): *Discourses in place. Language in the material world*. London u.a.: Routledge.

Shohamy, Elana (2006): *Language policy. Hidden agendas and new approaches*. Abingdon/New York: Routledge.

Shohamy, Elana/Ben-Rafael, Eliezer/Barni, Monica (Hgg.) (2010): *Linguistic landscape in the city*. Bristol/Buffalo/Toronto: Multilingual Matters.

Shohamy, Elana/Gorter, Durk (Hgg.) (2009): *Linguistic landscape: Expanding the scenery*. New York/Abingdon: Routledge.

Simpson, Paul/Mayr, Andrea (Hgg.) (2009): *Language and power. A resource book for students*. Abingdon/New York: Routledge.

Tophinke, Doris (2016): „‚In den tiefsten Winkeln unserer Betonwälder tanzten die Namen ein farbenfrohes Fest und wir tanzten mit bis in die Morgenstunden' – Zur praktischen Kultur des Szene-Graffiti", in: Deppermann, Arnulf/Feilke, Helmuth/Linke, Angelika (Hgg.): *Sprachliche und kommunikative Praktiken*. Berlin/Boston: de Gruyter (= Institut für Deutsche Sprache; Jahrbuch 2015), 405–430.

Tophinke, Doris/Papenbrock, Martin (2016): „‚Es war eine dieser Nächte...'. Writer Storys zwischen Fiktionalität und Faktualität", in: *Der Deutschunterricht* 68 (H. 4/2016), 57–67.

Wachendorff, Irmi/Ziegler, Evelyn/Schmitz, Ulrich (2017): „Graffitiscape im Ruhrgebiet", in: Lieb, Ludger/Müller, Stephan/Tophinke, Doris (Hgg.): *Graffiti: Auf- und Inschriften in sprach- und literaturwissenschaftlicher Perspektive*. Wien: Praesens Verlag, 154–204.

Wagner, Richard (2016): *Parsifal. Textbuch – Libretto* [1882]. (Hg. Karl-Maria Guth). Berlin: Contumax - Hofenberg.

Warnke, Ingo H./Busse, Beatrix (Hgg.) (2014): *Place-Making in urbanen Diskursen*. Berlin/München/Boston: de Gruyter.

Ziegler, Evelyn (2013): „Metropolenzeichen: Visuelle Mehrsprachigkeit in der Metropole Ruhr", in: *Zeitschrift für Germanistische Linguistik* 41.2, 299–301.

MARTIN LUGINBÜHL / CLAUDIO SCARVAGLIERI

# Diskursive Interdependenz im Abstimmungskampf. Die Plakate der Schweizerischen Volkspartei (SVP) und ihre Verarbeitung in verschiedenen Kommunikationsbereichen

Der Beitrag untersucht die Bedeutung der Abstimmungsplakate der Schweizerischen Volkspartei (SVP) in vier verschiedenen Kommunikationsbereichen: Im öffentlichen Raum, in der massenmedialen Berichterstattung, hinsichtlich der Reaktionen anderer politischer Akteure sowie hinsichtlich der Manipulationen der Plakate durch Gegner der SVP. Zunächst wird der Eingriff in die sprachlich-semiotische Landschaft, der mit den Plakaten vollzogen wird, beschrieben und analysiert. In einem zweiten diskursanalytischen Schritt wird gezeigt, dass die Plakate die Öffentlichkeit nicht nur räumlich prägen, sondern auch diskursiv. Die Plakate werden in den Massenmedien wiederholt abgebildet, sie dienen als Aufhänger der Berichterstattung und setzen einen visuellen und damit auch konzeptuellen Rahmen, innerhalb dessen die öffentliche Diskussion abläuft. Dieser rahmende Effekt zeigt sich drittens auch daran, dass andere politische Akteure immer mehr Elemente der SVP-Bildsprache übernehmen, so dass der „SVP-Stil" (Luginbühl 2010) die Form, in der Fragen sozialer Zugehörigkeit verhandelt werden, immer stärker prägt. In einem vierten Schritt wird schließlich gezeigt, wie sich der öffentliche Diskurs wiederum auf den Plakaten niederschlägt, wie diese manipuliert („gebustet') werden und damit zu einem Austragungsort diskursiver Auseinandersetzungen werden.

## 1. Politische Kommunikation und Öffentlichkeit

Die linguistische Untersuchung öffentlicher Kommunikation zerfällt in der Regel in verschiedene Teildisziplinen. Während medienlinguistische Studien (Überblick etwa bei Burger/Luginbühl 2014) insbesondere den Aspekt der je nach Medium unterschiedlichen Vermittlung von Kommunikaten vom Autor an den Rezipienten thematisieren, werden aus diskurslinguistischer Perspektive (Spitzmüller/Warnke 2011) v.a. Fragen nach der Formierung von gesellschaftlich relevantem Wissen in sprachlichen Aushandlungsprozessen gestellt; die Politolinguistik (Niehr 2014) wiederum beschäftigt zuvorderst die Bedeutung von Sprache für den Verlauf politischer Prozesse und das Zustandekommen von Politik-Outcomes. Eine weitere, jüngere Richtung der Linguistik weitet diesen Blick auf öffentliche Kommunikation, indem sie, jenseits von genuin politischen Arenen oder massenmedial vermittelter Kommunikation, auch den öffentlichen Raum einbezieht. Mit dem Begriff der sog. „Linguistic Landscape" – der „language of public road signs, street names, place names, commercial shop signs and government buildings"

(Landry/Bourhis, 1997: 25) – wurde auf die Relevanz des öffentlichen Raums als einer Dimension, in der öffentliche Diskurse ablaufen, hingewiesen. Landry/Bourhis (1997) konnten zeigen, dass die Präsenz von Sprachen im öffentlichen Raum Einschätzungen über ihre „ethnolinguistische Vitalität" – kurz: den Verbreitungs- und Nutzungsgrad einer Sprache (Giles u.a. 1977) – prägt, weitere Studien wiesen etwa darauf hin, wie sich die soziale und politische Dominanz bestimmter Bevölkerungsgruppen in der sprachlichen Landschaft abbildet (Ben-Rafael 2006; Muth 2014), wie Gruppen von Einwanderern den öffentlichen Raum je unterschiedlich kommunikativ nutzen (Blommaert 2013; Scarvaglieri u.a. 2013) oder wie verschiedene Sprachen gesellschaftlich für unterschiedliche Zwecke funktionalisiert werden (Pappenhagen u.a. 2013).

Während mit der Linguistic Landscape also darauf hingewiesen werden konnte, dass öffentliche Kommunikation auch als Kommunikation im öffentlich begehbaren, besehbaren und beschreibbaren Raum stattfindet, wurden bisher nur vereinzelte linguistische Querverbindungen zu den Dimensionen des öffentlichen Diskurses gezogen, für die sich Diskurs-, Medien oder Politolinguistik interessieren. So hat Auer (2010) darauf hingewiesen, dass auch in der sprachlichen Landschaft Diskurse ausgefochten werden – etwa wenn ein Aufkleber des politischen Gegners durch den eigenen Slogan ergänzt oder überklebt wird. Ähnlich haben jüngst Schmitz/Ziegler (2016) eine Reihe von öffentlichen schriftlichen „Dialogen" zusammengetragen und phänographiert. Explizit thematisiert wird die Verbindung von (massenmedialen und politisch-institutionellen) öffentlichen Diskursen und Linguistic Landscape bei Warnke (2013), der anhand eines manipulierten Schildes (aus „kein öffentlicher Spielplatz" wird „ein öffentlicher Spielplatz", Warnke 2013: 173f.) zeigt, wie sich Diskurse um die Besetzung des öffentlichen Raums durch verschiedene Gruppen (hier greift Warnke (2013: 165f.) das Stichwort der „gentrification" auf) in der Linguistic Landscape niederschlagen.

Diese Ansätze der analytischen Verbindung verschiedener Bereiche des öffentlichen Diskurses möchten wir in diesem Beitrag aufgreifen und systematisch weiterentwickeln, um zu einem integrativen und theoretisch informierten Blick auf öffentliche Kommunikation beizutragen. Dazu untersuchen wir die Abstimmungsplakate der Schweizerischen Volkspartei (SVP), die in verschiedenen

Kommunikationsbereichen des politischen Diskurses der Schweiz besonders prominent und – so die Annahme – wirkmächtig geworden sind. Zunächst beschreiben wir die Plakate selbst und diskutieren, welche Potenziale sie u.a. hinsichtlich Erregung von Aufmerksamkeit und Beeinflussung von Abstimmungsverhalten enthalten. Anschließend gehen wir auf die Reaktion der Gegner auf die Plakate ein sowie auf ihre Verarbeitung im massenmedialen öffentlichen Diskurs. Anschließend zeigen wir, wie einzelne Plakate physisch bearbeitet und manipuliert und damit zu einem Trägermedium für eine politische Auseinandersetzung gemacht werden, auf dem sich die politische Auseinandersetzung im öffentlichen Raum und in massenmedialen wie politischen Räumen gegenseitig durchdringen. Im abschließenden Kapitel nutzen wir den Gesamtblick auf die untersuchten Phänomenbereiche für einen abstrahierenden Zugriff auf den Zusammenhang zwischen verschiedenen Bereichen öffentlicher Kommunikation.

## 2. Die SVP: Historische Entwicklung, Politikstil, Ziele

Bis zu ihrer „rechtspopulistischen Wende" (Geden 2006: 94) war die 1971 aus einer Verbindung von zwei Parteien hervorgegangene SVP relativ randständig; sie hatte zwar von einer der Gründungsparteien einen Sitz in der siebenköpfigen Schweizer Regierung übernommen, ihr Wähleranteil lag aber bis in die frühen 1990er Jahre nur knapp über 10%.[1] Ende der 1970er Jahre übernahm der Unternehmer Christoph Blocher die Zürcher Kantonalpartei, die seither einen Oppositionskurs gegen die anderen Regierungsparteien verfolgt. Er betrieb die Gründung weiterer Kantonalparteien, die sich diesem Oppositionskurs anschlossen, und mit dieser politischen Ausrichtung wurde die SVP sowohl in kantonalen Wahlen wie auch in wichtigen Volksabstimmungen erfolgreich (etwa zum Uno-Beitritt 1986 oder zum EWR-Beitritt 1992, in denen sich die SVP mit ihrer ablehnenden Haltung gegen die Regierung und eine Mehrheit des Parlaments durchsetzen konnte). In den Nationalratswahlen erreichte die Partei Mitte der 1990er Jahre knapp 15% der Stimmen, seit 2003 ist sie die wählerstärkste Partei der Schweiz (Nationalratswahlen 2003: 26.7%, 2007: 28.9%, 2011: 26.6%, 2015: 29.4%).[2] Weder eine

---

[1]   Ausführlicher zur Geschichte der SVP vgl. Luginbühl (2010).
[2]   Vgl. die Angaben des Bundesamtes für Statistik:

vergrößerte Regierungsbeteiligung ab 2008 noch die Abspaltung eines gemäßigten Flügels im Jahr 2008 schadeten – dies im Unterschied zu vergleichbaren Parteien in anderen europäischen Ländern (Geden 2006: 11) – der Partei essentiell.

Inhaltlich verfolgt die SVP eine nationalkonservative und wirtschaftsliberale Linie; zentrale Forderungen beinhalten Steuersenkungen, eine restriktive Einwanderungspolitik und die Ablehnung eines Schweizer Beitritts zu supranationalen Organisationen. Wie für viele populistischen Parteien üblich (Geden 2006; Reisigl 2002; Luginbühl 2010, 2014; Lewandowsky 2014) stellen sich SVP-Politikerinnen und -Politiker als Vertreter des ,einfachen Volkes' dar, welches sie gegen eine politische Elite verteidigen, der sie sich als nicht angehörig präsentieren. Diese Elite wird im Fall der SVP als eine korrupte ,classe politique' konstruiert; gleichzeitig findet eine Abgrenzung gegen außen, gegen ,kulturell Fremdes' statt. Mit der Abgrenzung gegen die ,politische Elite' einher geht eine antiinstitutionelle Haltung (etwa gegen die Landesregierung), die in einem Narrativ realisiert wird, das die Geschichte eines Betrugs erzählt (Diehl 2012: 18).

## 3.  Die Abstimmungsplakate der SVP

Die Abstimmungsplakate (zu Wahlplakaten s. Pappert 2016, 2017a) sind ein zentrales Element der politischen Kommunikation der SVP. Auf den Plakaten setzt sie ihre allgemeine politische Programmatik ins Bild und kann den visuellen und gedanklichen Rahmen, in dem über konkrete Entscheidungen diskutiert wird, durch massive Präsenz der Plakate (Schmid 2011) im öffentlichen Raum prägen.

Die Plakate setzen die politische Programmatik der SVP in eine klare, unmissverständliche, symbolisch stark aufgeladene Bildsprache um, die sprachlich durch kurze, eindeutige Aussagen („Sicherheit schaffen"; „Stopp. Ja zum Minarettverbot"; „Freipass für alle? Nein"; „Stop. Ja zur Einbürgerungsinitiative") ergänzt wird. Abgebildet wird meist ein auf den ersten Blick lesbares, narrativ dynamisiertes Geschehen, das mit einer klaren Handlungsanweisung an den Leser verbunden ist. Dafür werden in der Regel nur die starke Kontraste produzierenden

---

https://www.bfs.admin.ch/bfs/de/home/statistiken/politik/wahlen/nationalratswahlen.asset detail.217191.html> [eingesehen am 8.4.2017].
Der leichte Rückgang 2011 ist auch auf die Abspaltung eines gemäßigten Flügels der SVP zurückzuführen.

Farben Rot, Weiß und Schwarz verwendet[3] – wobei Weiß und Rot als Farben der Schweizer Landesflagge meist für das Gute stehen, Schwarz dagegen für das Böse, das die Schweiz bedroht. Entsprechend sind die symbolisch abgebildeten Akteure auf den ersten Blick als Bedrohende oder potenziell Bedrohte zu erkennen. Die Plakate sind durch gerade Linien klar in unterschiedliche Bereiche eingeteilt, wobei die oberen zwei Drittel in der Regel für das bildlich dargestellte Geschehen genutzt werden, das untere Drittel für den Text. Kress/van Leeuwen (2006: 186f.) weisen darauf hin, dass der obere Teil bildlicher Darstellungen häufig genutzt wird, um idealisierte oder imaginierte Vorgänge in Szene zu setzen (in der Werbung etwa der Genuss eines Produkts oder die Entspannung am Reiseziel). Im unteren Teil wird diesem etwas entgegengestellt, das als Teil der Realität gekennzeichnet wird (etwa der Name des Produkts oder der Reiseveranstalter, die diesen Genuss möglich machen). Die SVP nutzt diese sozial etablierten Darstellungsmuster, wenn sie im oberen Plakatteil das vorgestellte, drohende Szenario präsentiert und unten die dem Leser bleibende reale Möglichkeit, dieses zu verhindern – durch Abstimmungsverhalten im Sinne der Kampagne. Der obere, grafisch gestaltete Teil mit den Signalfarben Weiß und Rot dient zudem als Blickfang, um die Aufmerksamkeit von Passanten zu wecken (Kress/van Leeuwen 2006: 57).

Die Merkmale der SVP-Bildsprache seien im Folgenden anhand eines Plakats sowie seiner Weiterentwicklung in einem zweiten Abstimmungskampf besprochen. Dabei weisen wir auch auf Entwicklungen dieser Bildsprache hin, deren zentrale Funktionen – Aufmerksamkeit erregen, Angst auslösen und dadurch Handlungsimpulse setzen – trotz der Veränderungen konstant bleiben.

Abbildung 1 zeigt ein Plakat, das die SVP zuerst im Rahmen der sog. „Ausschaffungsinitiative" verwendete. Der Initiative zufolge sollten Ausländer ihr

---

[3] Dabei wird diskutiert, ob die Kombination dieser drei Farben an sich bereits eine symbolische Aussage trifft, schließlich finden sich diese Farben auch in der NS-Hakenkreuzflagge und der Reichskriegsflagge, so dass sich die Farbkombination in rechtsextremen Kreisen hoher Beliebtheit erfreut. Obwohl jegliche bewusste Verbindung von der SVP mit Entschiedenheit zurückgewiesen wird (s. Henckel 2010), scheint es sich um einen Fall von rechtspopulistische Parteien kennzeichnender (Geden 2006: 22) kalkulierter Ambivalenz zu handeln, der es der SVP ermöglicht, potenzielle Stimmen rechts des nationalkonservativen Lagers zu mobilisieren, ohne explizit entsprechendes Gedankengut verbalisieren zu müssen, welches wiederum gemäßigte Stimmbürger abschrecken könnte.

Aufenthaltsrecht in der Schweiz verlieren, wenn sie ein schweres Delikt (Gewaltdelikte, Einbruch, Drogenhandel) begangen oder missbräuchlich Sozialleistungen bezogen haben. Das Plakat verbildlicht diese Forderung: ein schwarzes Schaf wird von einem weißen Schaf aus der durch die Landesflagge symbolisierten Schweiz herausgetreten. Das Plakat nimmt also das gängige Phrasem vom „Schwarzen Schaf" – dem Schuldigen, der ausgegrenzt und bestraft wird – auf, wobei Assoziationen mit der Haut- oder Haarfarbe derjenigen, die letztlich ausgeschafft bzw. abgeschoben werden sollen, in Kauf genommen bzw. bewusst produziert werden. Hell bzw. weiß dagegen ist das Gute, die unschuldigen (vgl. Wiedner 2008) weißen Schafe, die dem Geschehen zuschauen bzw. die Vertreibung des Bösen übernehmen. Rot als Grundfarbe steht zusammen mit dem weißen Schweizerkreuz symbolisch für den Ort des Geschehens, die Schweiz. Die klare Grenzziehung zwischen rotem und weißem Boden versinnbildlicht das Drinnen und Draußen der SVP-Programmatik, die phänotypisch markierten Ausländer werden sowohl außerhalb der Gruppe der guten Schweizer Schafe verortet als auch außerhalb des Schweizer Landesumrisses.

Abb. 1: SVP-Plakat zur sog. Ausschaffungsinitiative (November 2010) (Quellenverzeichnis aller Abbildungen im Anhang)

Charakteristisch für die SVP-Plakate ist zudem das Blickverhalten der Schafe. Während die weißen Schafe am oberen Rand des Bildes auf das Geschehen schauen und das tretende weiße Schaf das schwarze Schaf anschaut, schaut dieses nicht etwa auf den Angreifer oder die anderen Schafe, sondern aus dem Bild heraus auf den Betrachter. Es wird damit ein Bild der Kategorie „demand" (Kress/van Leeuwen 2006: 117) realisiert, bei dem der Betrachter nicht nur Subjekt, sondern gleichzeitig Objekt des Blickens ist. Kress/van Leeuwen sprechen von „demand", weil der Betrachter aus seiner Rolle als unbeteiligter Zuschauer herausgelöst und zu jemandem gemacht wird, mit dem die abgebildeten Akteure interagieren, von dem daher eine Reaktion auf das Bild verlangt („demand") wird. Bei vielen SVP-Plakaten (Luginbühl 2010: 200f.; Scarvaglieri 2018: Kap. 3) findet sich ein solcher Blick, den die die Gefahr repräsentierenden Akteure aus dem Bild heraus auf den Betrachter werfen, was den Betrachter zur Reaktion herausfordert.

Das hier dargestellte Geschehen erschließt sich einem Betrachter unmittelbar, die Verwendung von kulturell besetzten Symbolen (Farben, Tiere, Flagge) für Gut, Böse und für das Eigene (Schweiz) transportiert eine Bewertung des Geschehens, die nicht eigens verbalisiert werden muss. Die verwendete Symbolik regt nicht zur Reflexion über die Abstimmung an, sondern präsentiert im Gegenteil einen bildlichen Rahmen der anstehenden Entscheidung, der bereits evaluative Vorentscheidungen über die beteiligten Akteure und die fragliche Handlungsoption enthält. Wenn es sich bei dem Objekt, über das zu entscheiden ist, um ein „schwarzes Schaf" handelt, muss über diese Entscheidung nicht länger nachgedacht werden, da die Bewertung und entsprechende Handlungsimpulse bereits in der Darstellung des Akteurs enthalten sind. Der Abstimmende wird so im Sinne der SVP ‚ins Bild gesetzt', der gesellschaftlichen Diskussion wird ein Rahmen des Sag- und Denkbaren verliehen, über den anschließend kaum hinausgegangen werden kann.

Die Verwendung kulturell eindeutig bewerteter Symbole kennzeichnet die Bildsprache der SVP. Das „Böse" wird in Schwarz – der Farbe „des Todes, der Trauer, der Sünde und des Bösen" (Yngborn 2008: 337) – gesetzt und entweder durch Tiere (Raben, Schafe, Ratten als Symbol für Linke) oder durch Menschen dargestellt, die kein Gesicht haben (entweder weil es durch Kapuze, Tschador,

Sonnenbrille, Schnurrbart oder mittels eines nachgeahmten Anonymisierungsbal-kens verdeckt ist oder weil nur langfingrige, knöcherne Männerhände oder schwarze Männerstiefel zu sehen sind). Bei den so bedrohlich dargestellten Akt-euren handelt es sich um die Objekte der SVP-Politik: bei den von der SVP ange-strengten Volksinitiativen geht es in der Regel gegen diejenigen, die in der Schweiz selbst kein Wahl- oder Abstimmungsrecht haben und denen z.B. die Staatsbürgerschaft oder der Aufenthalt verweigert werden soll, die abgeschoben werden oder nicht die gleichen Rechte wie andere Bürger erhalten sollen. Die Objekte dieser Maßnahmen werden entweder schlicht als Tiere dargestellt oder es wird ihnen mit dem Gesicht das Merkmal genommen, das sie als menschliches Individuum auszeichnet und von anderen unterscheidbar macht. Die Personen, über die in der Abstimmung entschieden wird, erscheinen also nicht als mensch-liche Individuen, mit denen sich ein Betrachter identifizieren könnte, mit denen er Solidarität, Empathie oder Mitgefühl entwickeln könnte. Der Einzelne kommt als Einzelner nicht ins Bild, sondern kann als Teil einer entindividualisierten, mit-unter animalisierten, schwer zu durchdringenden schwarzen Masse eher zum Ge-genstand von Maßnahmen werden, die letztlich, trotz der Darstellung, immer In-dividuen betreffen und für sie schwerwiegende Folgen haben können. Die SVP betreibt auf ihren Plakaten die Entindividualisierung der Objekte ihrer Politik und schafft damit eine Voraussetzung dafür, dass eine solche Politik denkbar und um-setzbar wird. Visuelle Kommunikation im öffentlichen Raum erbringt so ein Er-gebnis, das mit sprachlichen Mitteln allein nicht zu erzielen wäre.

Der Slogan „Sicherheit schaffen" steht in einem metonymischen Bezug zum dargestellten Geschehen, er weist das Bild als konkretes Verfahren für das abs-trakte „Sicherheit schaffen" aus (vgl. Stöckl 2004: 256f.). Zudem verweist „schaf-fen" auf die Zukunft und kennzeichnet damit den gegenwärtig bestehenden Zu-stand als einen, in dem gerade keine Sicherheit besteht (daneben spielt „schaffen" auf das „Ausschaffen", um das es in der Initiative ging, an). Wie die bildliche Symbolik kreiert also auch die Wortwahl Voraussetzungen des Denkens und Sprechens über die Abstimmung, die nicht explizit verbalisiert werden und damit eine kritische Auseinandersetzung erschweren.

Die sog. Ausschaffungsinitiative wurde am 28. November 2010 von 52.9% der Abstimmenden angenommen – es handelte sich um einen jener international Aufsehen erregenden Abstimmungserfolge, bei denen sich die SVP wider Erwarten gegen alle anderen etablierten Parteien, gegen Arbeitgeberverbände und Gewerkschaften und gegen die überwiegende Mehrheit der Stimmen in den Massenmedien durchsetzen konnte. Allerdings war die SVP mit der Umsetzung der Initiative durch Regierung und Parlament nicht zufrieden und lancierte daher die „Durchsetzungsinitiative", mit der sie eine wortgetreue Umsetzung der Ausschaffungsinitiative durchsetzen und insbesondere eine Härtefallklausel kippen wollte, die die Entscheidung über die Abschiebung von straffällig gewordenen Ausländern einem Gericht überlässt.

Das SVP-Plakat für die Durchsetzungsinitiative (Abbildung 2) nimmt das Schäfchen-Motiv ohne Veränderungen wieder auf, zeigt allerdings nur den narrativ entscheidenden Ausschnitt mit dem weißen Schaf, welches das Schwarze aus der Schweiz heraustritt. An die Stelle der beiden zuschauenden weißen Schafe tritt der Slogan „Endlich Sicherheit schaffen!", zudem rückt das Schweizerkreuz in kleinerer Form nach unten, so dass die nationale Symbolik erhalten bleibt und sichergestellt ist, dass der Ort des Geschehens identifiziert wird. Unterhalb des Bildes steht als weiterer Slogan „Ja zur Ausschaffung krimineller Ausländer", außerdem ist die Kampagnen-Webseite der SVP angegeben sowie links unten das Parteilogo.

Abb. 2: SVP-Plakat zur sog. Durchsetzungsinitiative

Die Plakatkomposition ist hier also verändert, das Bild rückt in die Mitte, es präsentiert ein Zitat des ursprünglichen Plakats, auch der obere Slogan nimmt den der Ausschaffungsinitiative wieder auf. Diesem wird „Endlich" vorangestellt, um auf die erste Abstimmung und deren laut SVP überfällige Umsetzung zu verweisen, nachgestellt wird ein Dringlichkeit ausdrückendes Ausrufezeichen. Neu ist nur der zweite Slogan, der in einfachen Worten zu einem Abstimmungsverhalten im Sinne der SVP auffordert, der erste Slogan und das Bild zitieren dagegen die erste Abstimmung und verorten die Durchsetzungsinitiative damit in einem politischen Kontext, der der SVP-Position entspricht. Die SVP kennzeichnet die Initiative auf diese Weise – sowie u.a. durch die auch auf dem Plakat in Form der Internetadresse präsente Bezeichnung als „Durchsetzungsinitiative" – als ein politisches Bestreben, das im Vergleich zur vorangegangen angenommenen Initiative keine politischen Neuerungen bringt, sondern lediglich dazu dient, die damals getroffene Entscheidung durchzusetzen. Dieser Darstellung wurde von weiten Teilen der Öffentlichkeit widersprochen, da der Text der ursprünglichen Initiative keinen Automatismus der Abschiebung vorgesehen hatte und insbesondere die Situation der dritten Generation von Einwanderern unklar blieb, die, ohne Schweizer Staatsbürger zu sein, oft kaum Beziehungen zum Herkunftsland pflegen, durch die Initiative aber potenziell von Abschiebung bedroht gewesen wären.

Die SVP rekurriert mit diesem Plakat also auf ein bereits erfolgreich eingesetztes Motiv und nutzt dieses, um die aktuell anstehende Entscheidung als eine darzustellen, die die Bevölkerung an sich bereits getroffen habe und nun gegen ‚die falschen Eliten' der ‚classe politique' nur noch durchsetzen müsse. Dieses Beispiel zeigt, wie die SVP-Bildsprache flexibel auf sich verändernde kommunikative Konstellationen im öffentlichen Raum reagiert, dabei aber wesentliche formale Elemente der Plakatgestaltung sowie insbesondere ihre Funktion beibehält. Die Plakate sind nach einem Muster gestaltet, das von Betrachtern intuitiv wiedererkannt und der ‚Marke SVP' zugeschrieben werden kann. Dieser SVP-Stil (Luginbühl 2010) weckt auf Seiten des Betrachters Erwartungen bzgl. Gestaltung und politischer Aussage des Plakates und hat dazu beigetragen, dass einige Plakate auch außerhalb der Schweiz weite Verbreitung gefunden und einen gewissen ikonographischen Eigenwert (Wysling 2011) erhalten haben (teilweise im Sinne eines „Visiotyps" nach Pörksen 1997).

Die im SVP-Stil gestalteten Plakate stellen in der Regel ein Szenario dar, das die Schweiz bedroht und beim Betrachter Angst und Abwehrimpulse auslösen soll. Der bedrohliche Aspekt kommt in den hier besprochenen Beispielen durch den direkten Blick des schwarzen Schafs auf den Betrachter zum Ausdruck, ist aber auf anderen Plakaten (etwa dem der „Minarettverbotsinitiative", wo die Schweiz durch wie Raketen gestaltete Minarette und eine Frau in Niqab und Tschador besetzt wird) noch deutlich prononcierter ausgebildet (s. auch Luginbühl 2010: Kap. 4; Scarvaglieri 2018: Kap. 3).[4] Die in kontrastreichen, auffälligen Farben dargestellte Szenerie weckt Aufmerksamkeit, ist einfach zu lesen und transportiert mit den emotional und kulturell stark besetzten Symbolen eine implizite Bewertung der zur Entscheidung stehenden Frage, die ein Handeln im Sinne der SVP als konsequent erscheinen lässt. Der dadurch etablierte bildliche Rahmen erschwert, stärker als sprachliche Kategorisierungsversuche (etwa im Sinne von „Alle Ausländer sind…", „Alle Ausländer müssen…"), eine kritische Reflexion des Dargestellten. Diese wird in ihrer Komplexität nur dann möglich, wenn in einer aufwändigen Befassung mit den Plakaten die unausgesprochenen Voraussetzungen der bildlichen und sprachlichen Darstellung der Plakate sprachlich explizit gemacht werden und damit auf ihren Realitätsgehalt und ihre sozialen und politischen Auswirkungen befragt werden können. Eine solche Reflexion und Dekonstruktion wird verschiedentlich in den Massenmedien versucht – was allerdings auch dazu führt, dass die Plakate nicht nur im öffentlichen Raum, sondern auch im öffentlichen Diskurs in Zeitungen, im Fernsehen oder in Blogs präsent sind (dazu Scarvaglieri/Luginbühl demn.).

## 4. Intertextualität zwischen SVP- und gegnerischen Abstimmungs-plakaten

Der in den letzten Jahren im politischen Diskurs oft thematisierte „SVP-Stil" (Luginbühl 2010) blieb nicht ohne Konsequenzen für die Außenkommunikation der anderen Schweizer Parteien. So finden sich schon Ende der 1990er Jahre Pla-

---

[4]  Zudem nutzte die SVP auch eine Variante dieses Motivs für Inserate in verschiedenen Zeitungen, in der eins der weißen Schafe erstochen wurde, die Bedrohung durch das schwarze Schaf also eindeutig gemacht wird (s. Luginbühl 2010: 201).

kate, welche Motive der SVP-Kampagnen aufgreifen und metakommunikativ kritisch kommentieren. So veröffentlichte die SP (Sozialdemokratische Partei) 1999 ein Plakat mit einem Bildsujet eines SVP-Plakates, darauf war aber statt einer finsteren Gestalt, die einen Asylbewerber stereotyp darstellen soll, Christoph Blocher in Form einer Karikatur zu sehen; unter der Überschrift „Anstand ist nicht käuflich" war zu lesen: „Herr Blocher, die Schweiz braucht Ihre milliardenschwere Hetzkampagne nicht"[5].

Neben diesen Fällen kritisch-distanzierender Metakommunikation sind auch Fälle zu beobachten, in denen die SVP-Gegner in Form einer andersartigen ‚intertextuellen Textkette' (Burger/Luginbühl 2014: 103) Elemente des gegnerischen Diskurses aufnehmen und reproduzieren. Dies zeigt sich neben einigen Darstellungsmerkmalen, die übernommen werden, insbesondere in der bereits erwähnten Botschaft der Bedrohung. Das folgende Beispiel von Abstimmungsplakaten zur von der SPV initiierten Volksinitiative „Gegen Masseneinwanderung" illustriert derartige Übernahmen.

Nachdem 1992 der EWR-Beitritt der Schweiz abgelehnt worden war, schloss die Schweiz verschiedene bilaterale Verträge mit der EU ab. Die SVP trat im Folgenden wiederholt als Gegnerin dieser Verträge auf, so etwa 2009, als über die Weiterführung des Personenfreizügigkeitsabkommen abgestimmt wurde. In diesem Zusammenhang warben die Befürworter der bilateralen Verträge (also die der SVP entgegentretenden Parteien und Organisationen) unter anderem mit einem Apfelbaum für ihr Anliegen (Abb. 3).

5   S. <http://sammlungen-archive.zhdk.ch/view/objects/asitem/People$004031300/0;jsessio
nid=CB5FB84E589C9BA775D69989BD5FEC55> [24.4.2017, 17.07h]

Abb. 3: Plakat des Wirtschaftskomitees „Für die erfolgreichen Bilateralen – Personenfreizügigkeit JA"

2014, als über die Volksinitiative „Gegen Masseneinwanderung" abgestimmt
wurde, verwendete das gegnerische Komitee erneut das Motiv des Apfelbaums
(Abb. 4).

Abb. 4: Plakat des überparteilichen Nein-Komitees (September 2013)

Dieses Plakat weist – im Vergleich zum Apfelbaum von 2009 – bereits einige deutliche Parallelen zum oben erwähnten Textdesign von SVP-Plakaten auf: Es dominieren Rot, Schwarz, Weiß; Äpfel und Blätter sind mit einem feinen schwarzen Rand abgebildet. Im Gegensatz zu den SVP-Plakaten wird hier aber nicht ein narrativ dynamisiertes Geschehen abgebildet, zudem handelt es sich um ein statisches „offer"-Bild (Kress/van Leeuwen 2006), welches das Abgebildete lediglich als Informationsgegenstand offeriert. Daneben hat das Bild in erster Linie eine metaphorisch textillustrierende Funktion; der wirtschaftliche Nutzen wird an der reichen Ernte einer Nutzpflanze gezeigt, die unterhalb einer Headline abgebildet ist. Letztlich macht das Bild deshalb – dies im deutlichen Gegensatz zu den SVP-Plakaten – keine eigenständige Aussage.

Die SVP reagierte mit einem Plakat, dass Teile des Bildmotivs übernahm, insgesamt aber dem SVP-Stil folgend ein Bedrohungsszenario darstellt (Abb. 5).

Abb. 5: SVP-Plakat für die Volksinitiative „Gegen Masseneinwanderung"

Wie für die SVP-Plakate üblich und weiter oben schon erwähnt, dominiert hier das Bild insofern, als es die obere Hälfte des Plakats einnimmt und die Gefahr als Imaginiertes zeigt; die reale Antwort erfolgt unterhalb des Bildes im Sprachtext.

Dabei wird das Böse wiederum schwarz eingefärbt dargestellt, die Schweiz wird erneut mit Flagge und als Landesumriss gezeigt. Zudem und vor allem aber ist das Bild jetzt dynamisiert, da es mit den Wurzeln, welche die Schweiz zum Zerbersten bringen, einen Prozess und damit ein Geschehen darstellt. Das Sprache-Bild-Verhältnis ist wiederum metonymisch, der im Sprachtext erwähnte Schaden der Maßlosigkeit wird im Bild gezeigt. So wird das Bild der Gegner umgedeutet.

Darauf wiederum hat der Dachverband der Schweizer Wirtschaft mit einem weiteren Plakat reagiert, das im Januar 2014 veröffentlicht worden ist (Abb. 6).

Abb. 6: Plakat der Economiesuisse gegen die Volksinitiative "Gegen Masseneinwanderung"

Deutlich sind hier nun Parallelen zum SVP-Textdesign zu beobachten: Das Bild (welches neben dem Motiv des Apfelbaumes dasjenige eines Holzfällers aus einem Gemälde von Ferdinand Hodler nachempfindet, einem Gemälde, das im Büro von Alt-Bundesrat Christoph Blocher gehangen hatte, vgl. Abb. 6 in Luginbühl 2010: 199) zeigt einen dynamischen Prozess: Der überaus fruchtbare Baum (die erfolgreiche Schweiz) wird gefällt, es wird so ein Szenario aufgebaut, das im oberen Plakatteil die imaginierte Bedrohung zeigt und unten eine verbale Antwort gegen diese Bedrohung gibt. Das Schlechte ist schwarz wiedergegeben, das Gute rot.

Obwohl also in diesem Fall eine deutliche Anlehnung an den SVP-Stil und das entsprechende Textdesign der Plakate zu konstatieren ist, bricht das Holzfäller-Plakat der SVP-Gegner nicht ein Tabu, wie es SVP-Plakate wiederholt tun (wenn sie etwa Ausländer negativ stereotypisierend, stigmatisierend oder animalisierend darstellen).

Als Zwischenfazit kann festgehalten werden, dass die politische Auseinandersetzung im öffentlichen Raum verstärkt dem SVP-Stil folgt – und zwar sowohl was die Formen anbelangt (Farb- und Formgebung, dynamische visuelle Konfiguration), als auch die Mittel (symbolisch bzw. stigmatisierend dargestelltes Bedrohungsszenario) und damit verbundene Funktionen (Angst auslösen).

## 5.  SVP-Plakate im massenmedialen Diskurs

Die umstrittenen Abstimmungsplakate der SVP sind nicht nur im öffentlichen Raum präsent, sondern auch Gegenstand massenmedialer „Anschlusskommunikation" (Pappert 2016: 237). Im Folgenden beschränken wir uns auf die Abstimmungsberichterstattung in Schweizer Zeitungen mittels Abbildung von Plakat sowie auf die Berichterstattung über Plakat-bezogene Ereignisse.

Im ersten Fall handelt es sich um Berichte, in denen über den Abstimmungskampf allgemein berichtet wird. Aufgrund des gerade in der Online-Berichterstattung zunehmenden Drucks zur Bebilderung von Artikeln (Luginbühl 2017) und da Abstimmungskämpfe in der Schweiz im öffentlichen Raum primär durch Plakate sichtbar werden, greifen Zeitungen oft auf Plakate zurück, wenn sie über Abstimmungen berichten. Dies ist etwa im Beitrag der Online-Ausgabe des *Tages-Anzeigers* vom 12. Februar 2014 zu sehen (Abb. 7).

Abb. 7: Bericht über die Zuwanderungsdebatte im Tages-Anzeiger vom 12.2.2014

Im zweiten Fall werden die Plakate abgebildet, wenn sie selbst Gegenstand der Berichterstattung sind. Die Plakate werden dabei – sowohl von Boulevard- wie auch Abonnementszeitungen – in Berichten abgebildet, wenn umstrittene Plakate erscheinen, wenn gegen sie prozessiert wird oder wenn eine diesbezügliche Entscheidung gefällt wird. Abbildung 8 illustriert einen solchen Fall.

Abb. 8: Online-Berichterstattung der NZZ vom 7.10.2009

Hier wird ein Text, der auf einer Meldung der Schweizerischen Depeschenagentur (sda) beruht, mit einem Agenturbild von Reuters illustriert, auf dem das umstrittene Plakat in allen drei Landessprachen zu sehen ist. Zwar wurde das hier gleich dreifach abgebildete Plakat nicht verboten, dennoch bleibt es bis heute umstritten und die Praxis, es in der Berichterstattung gesamthaft abzubilden ist insofern kritisch zu beurteilen, als die damit verbundene Handlungsaufforderung der SVP ebenfalls reproduziert wird (wenn auch in einem plakatkritischen Kontext).

Dieses Phänomen der undistanzierten Plakatreproduktion muss u.E. im Kontext der Mediatisierung von Politik und der Ökonomisierung der Massenmedien gesehen werden: Da Massenmedien das zentrale „intermediäre System" (Donges /Jarren 2010: 412) zwischen politischem System und Bürgern sind, sind politische Akteure auf massenmediale Vermittlung angewiesen.[6] Parteien gestalten deshalb ihre Außenkommunikation so, dass sie der Medienlogik entsprechen, um die Wahrscheinlichkeit zu erhöhen, dass die entsprechenden Kommunikate möglichst unverändert von den Massenmedien aufgegriffen oder mindestens zum Thema gemacht werden. Gerade dies scheint im Fall der SVP-Plakate gut zu gelingen. Die häufige und oft undistanzierte Thematisierung der SVP-Plakate hängt daneben auch mit einem anderen Prozess zusammen, demjenigen der zunehmenden Ökonomisierung des Mediensystems, der zu einem größeren Konkurrenz- und Zeitdruck führt (wobei letzterer gerade bei Online-Zeitungen zusätzlich verstärkt ist). Dies begünstigt, dass – offenbar relativ unkritisch – bereits vorliegende Fotografien zum Abstimmungsdiskurs übernommen werden oder unter Konkurrenzdruck bewusst provozierende Bilder verwendet werden.

Gerade in Qualitätszeitungen lassen sich – allerdings nur vereinzelt – jedoch auch Gegenstrategien finden, bei denen die SVP-Plakate etwa zusammen mit gegnerischen Plakaten abgebildet werden, die Plakate in einem größeren, deutlich wahrnehmbaren Kontext des öffentlichen Raums gezeigt und somit weniger fokussiert dargestellt werden, oder bei denen im Fall von Online-Zeitungen in Fotostrecken auch beschmierte bzw. teilweise abgerissene SVP-Plakate gezeigt werden.

---

[6]   Diese Aussage ist angesichts der Möglichkeiten der Neuen Medien bis zu einem gewissen Grad zu relativieren.

## 6. Diskurse im Plakat (Plakatbusting)

Plakate werden nicht nur in den Massenmedien verarbeitet, sondern im öffentlichen Raum auch immer wieder zum Objekt von Manipulationen bzw. „Resemiotisierung" (Pappert 2017b: 56). Dabei kann das einzelne Plakat zum Ort einer diskursiven Auseinandersetzung mit dem politischen Gegner werden, indem etwa die Botschaft des Gegners ausgelöscht oder überschrieben wird. In der Schweiz werden die Plakate der SVP besonders häufig zum Gegenstand von Manipulation, was einerseits auf ihre provozierende, zu Widerspruch reizende Gestaltung zurückzuführen ist, andererseits darauf, dass die Plakate, aufgrund der überlegenen finanziellen Ausstattung der SVP (Schmid 2010), deutlich häufiger im öffentlichen Raum zu sehen sind als die anderer Parteien. Ein einfaches Beispiel eines manipulierten Plakates zeigt Abbildung 9: Name und Logo der Partei sind mit blauer Farbe mehrfach grob durchgestrichen worden, zudem wurde über dem „s" von „*sicher*" ein Emoticon gemalt, das Ärger über die SVP als den Emittenten des Plakats ausdrücken soll.

Abb. 9: Manipuliertes SVP-Plakat in Biel/Bienne

Bei Abbildung 10 handelt es sich dagegen um ein manipuliertes Plakat der SVP-Gegner. Auf dem Plakat wurde nicht nur, wie in Abbildung 9, die Botschaft des

politischen Gegners eliminiert (auf Abbildung 10 geschieht dies durch durchstreichen von „Non" und „notre prospérité"), sondern durch das Anfügen von „LE
CHÔMAGE" auch das eigene Argument eingeschrieben.

Abb. 10: Manipuliertes Plakat der SVP-Gegner in Neuchâtel

Demnach führt die Initiative der SVP (die in der frankophonen Schweiz den Namen *„Union démocratique du centre"*, UDC, trägt) nicht, wie von ihren Gegnern
auf dem Plakat behauptet, zum Schwächen („abattre") des Wohlstandes („notre
prospérité"), sondern zur Verringerung von Arbeitslosigkeit („chômage"). Ein
Argument zur Ablehnung der Initiative wird also durch ein Pro-Argument ersetzt;
in beiden Fällen handelt es sich um Argumente, die auch in der massenmedial
geführten Diskussion zur Initiative von Bedeutung waren. Das Hauptargument
der Gegner der SVP-Masseneinwanderungsinitiative war der Hinweis auf die Bedeutung von Einwanderung für das Wirtschaftswachstum in der Schweiz, von
Seiten der SVP und ihrer Unterstützer wurde dagegen behauptet, dass ausländi-
sche Arbeitskräfte einheimische Arbeitnehmer verdrängen würden und somit zu
Arbeitslosigkeit oder schlechteren Arbeitsbedingungen für Schweizerinnen und
Schweizer beitrügen. Das einzelne Plakat wird hier also zum Medium des diskur-
siv-argumentativen Austauschs, wodurch Teile des Diskurses aus den Massenmedien in den öffentlichen Raum „transkribiert" (Jäger 2002) werden. Obwohl die
ursprüngliche Aussage immer noch sicht- und lesbar ist, wird dabei versucht, die

Wirkung des Plakats in ihr Gegenteil zu verkehren, der von den SVP-Gegnern angemietete öffentliche Raum wird benutzt, um die Botschaft ihrer politischen Kontrahenten zu verbreiten.

Grundsätzlich ähnlich funktioniert auch das manipulierte Schäfchenplakat in Abbildung 11, auf dem „Sicher" von „Sicherheit" durchgestrichen und die nachfolgenden Buchstaben „h" und „e" übermalt wurden.[7] Außerdem wurde anstelle des teilweise ausgelöschten „Sicherheit" das Wort „RASSISMUS" ergänzt sowie vor „schaffen" ein „aus" eingetragen, so dass die Botschaft des Plakats sich nun als „Rassismus ausschaffen" (abschieben) liest. Auch das SVP-Logo wurde durchgestrichen, zudem ist erkennbar, dass versucht wurde, das Plakat abzureißen und dass rechts über dem SVP-Logo weitere Aussagen in grüner Farbe („Diese Sonne macht's [Rest unlesbar]") ergänzt wurden. Auf diesem Plakat wird der SVP-Slogan also durch den Rassismus-Vorwurf ersetzt, der im öffentlichen Diskurs anlässlich des Schäfchen-Plakats wiederholt erhoben wurde (Soukup 2007; Vallely 2007). Auch hier zeigt sich damit, wie Diskurse in den Massenmedien und im öffentlichen Raum interagieren und sich gegenseitig beeinflussen.

---

[7]  Die Schäfchenplakate wurden auf vielerlei Weise manipuliert. So wurde „Sicherheit" verschiedentlich durch Wörter ersetzt, die der SVP eine rassistische („Rassismus") oder faschistische („Faschostaat") Position zuschreiben, oder es wurden die Schafe umgedeutet, indem etwa das schwarze Schaf mit „SVP" beschriftet wurde, die Schafe farblich verändert wurden (z.B. gelbe, braune und schwarze Schafe, die ein weißes rauskicken) oder indem sie mithilfe des Aufklebers „Atomkraft? Nein Danke" und des gelb-schwarzen Strahlenwarnzeichens neu kontextualisiert wurden.

Abb. 11: Manipuliertes SVP-Plakat

Insgesamt haben wir folgende Formen der Bearbeitung politischer Plakate im öffentlichen Raum beobachtet (s. auch Pappert 2017b; Scarvaglieri 2018):

1. Eliminieren des gesamten Plakats durch Weißen[8] oder Abreißen,
2. Bearbeitung des Textes (Ergänzen, Durchstreichen, Übermalen), so dass die ursprüngliche Aussage
   o in ihr Gegenteil verkehrt wird;
   o zu einer Nonsens-Aussage wird;
   o Werbung für eine andere Partei macht (anstatt „SVP wählen!" „SP wählen!")
3. Manipulation des Bildes (Färben, Ergänzen durch weitere Bildelemente), so dass das bildliche Narrativ verändert bzw. in sein Gegenteil verkehrt wird.

Mit diesen Mitteln wird ein Kampf zwischen SVP, ihren Unterstützern und ihren Gegnern um die Besetzung des öffentlichen Raumes (vgl. Warnke 2013) mit der jeweils eigenen politischen Botschaft ausgetragen. Dabei zeigen sich einige der Merkmale, die laut Schmitz/Ziegler (2016) „schriftliche Dialoge" im öffentlichen Raum kennzeichnen können. So belegen die Beispiele, dass sich schriftliche Diskurse im öffentlichen Raum bzw. der sog. Linguistic Landscape häufig an politischen Stellungnahmen entzünden (Schmitz/Ziegler 2016: 495; vgl. auch die Bei-

---

[8]  Siehe   z.B.   <http://www.schaffhausen.net/2011/08/svp-plakate-weiss-ubermalt-in.html> [zuletzt gesehen am 14. 3. 2017].

spiele bei Auer 2010). Auch werden „weniger Sachverhalte als vielmehr Einstellungen kommuniziert", was besonders auf die „provozierenden und polarisierenden Inhalte" der Kommunikate zurückgeführt werden kann, die „zu weiteren Beiträgen" anregen (Schmitz/Ziegler 2016: 495). Daneben zeigt sich auch in den uns vorliegenden Daten eine eher einfache, wenig elaborierte sprachliche Form der nicht-initialen Diskursbeiträge (Schmitz/Ziegler 2016: 498f.).

Die Gegner der SVP versuchen mit diesen Manipulationen, die Dominanz der SVP-Plakate im öffentlichen Raum, die sich sowohl rein quantitativ zeigt als auch in ihrer äußerst wirkungsvollen Gestaltung, einzuschränken bzw. zu brechen. Allerdings wird auch dieses Vorgehen von der SVP in ihr zentrales Selbst-Narrativ, von der einzigen ‚anderen' Partei, eingeordnet. Die Manipulation v.a. ihrer Plakate zeige ihre Sonderstellung im politischen Bereich, zeige, dass sie die einzige Partei sei, die sich traue, gegen den etablieren politischen Mainstream, die ‚classe politique', unbequeme Wahrheiten auszusprechen. Die Reaktion darauf sei der wiederholte Versuch, diese einzige abweichende Stimme mundtot zu machen (SVP 2008; Venafro 2017). Auf diese Weise gelingt es der SVP also, die Manipulation ihrer Plakate in ihrem Sinne auszulegen, obwohl diese an sich auf eine Einschränkung ihrer visuellen Dominanz abzielen.

## 7. Schluss

Die Analyse konnte zeigen, wie Elemente des öffentlichen Raums für sich genommen formal und funktional strukturiert sind (Kap. 2), wie sie sodann die Reaktionen politischer Gegner (Kap. 3) und den öffentlichen Diskurs in den Massenmedien (Kap. 4) beeinflussen und wie sich dieser Diskurs auch wiederum im ersten hier untersuchten Kommunikationsbereich, dem öffentlichen Raum, niederschlagen kann. Im Folgenden umreißen wir skizzenhaft eine theoretische Konzeptualisierung der verschiedenen Kommunikationsbereiche und ihrer Interdependenzen. Dabei berücksichtigen wir formale und funktionale Elemente sowie die Affordanzen, die den Plakaten in verschiedenen Kommunikationsbereichen zukommen (Gibson 1977; Zillien 2008).

Ausgangspunkt der Interdependenz sind die im öffentlichen Raum sichtbaren Plakate mit ihrer markanten, Aufmerksamkeit erregenden Bildsprache. Betrachter können die Plakate bereits anhand ihrer farblichen Gestaltung, den starken bildlichen Gegensätzen sowie der Bildaufteilung der SVP zuschreiben und die politische Botschaft erahnen. Die Form der Plakate zielt darauf ab, Aufmerksamkeit und Emotionen zu erregen – was ihre Wirkung im öffentlichen Raum, der primären Verwendungsform, erhöhen soll, sie zugleich aber auch für die massenmediale Aufnahme und Weiterverbreitung interessant macht. Die formale Gestaltung der Plakate im SVP-Stil kreiert für Medienschaffende Affordanzen, „Gebrauchseigenschaften" (Norman 1989: 21), der Plakate: Die Plakate sind leicht zur Hand und ermöglichen eine Bebilderung der ansonsten häufig nicht eben anschaulichen Abstimmungsberichterstattung; sie werden vom Rezipienten unmittelbar wiedererkannt und realisieren Nachrichtenwerte (Strohmeier 2004) wie „Bekanntheit", „Emotionalität" oder „Strittigkeit". Obwohl die beiden Kommunikationsbereiche also materiell, technisch und kommunikativ unterschiedlich funktionieren, kreieren diejenigen Charakteristika, die die Plakate im öffentlichen Raum wirken lassen, Affordanzen für die Verwendung in den Massenmedien.

Die Interdependenz zwischen der Darstellung im öffentlichen Raum und in den Massenmedien basiert also darauf, dass die Massenmedien in den SVP-Plakaten einfach verfügbare, **formal** attraktive Bebilderungen von Abstimmungskampagnen finden, welche Nachrichtenwerten entsprechen. Dies kann insgesamt als Effekt der Mediatisierung von Politik interpretiert werden. Damit werden aber auch nolens volens SVP-spezifische Inhalte meist unkommentiert weiterverbreitet.

Die Auswirkungen auf den Darstellungsstil der SVP-Gegner sind hingegen insbesondere **funktional** begründet. Der SVP ist es u.a. mit den Plakaten wiederholt gelungen, den öffentlichen Diskurs über migrationspolitische Themen wesentlich zu bestimmen und Abstimmungen für sich zu entscheiden. Die Plakate haben also eine Wirkung entfaltet, auf welche die Gegner der Partei reagiert haben, indem sie wie beschrieben formale und funktionale Elemente des SVP-Stils (Farbkombinationen, Narrativierung, Abbildung von Gefahren) übernommen haben. Auf diese Weise gelingt es den SVP-Gegnern, ähnliche Affordanzen für die massenmediale Verwendung der Plakate wie die SVP selbst zu realisieren (s. Luginbühl 2017).

Andere Affordanzen bieten die Plakate sodann denjenigen Personen, die der SVP nicht mittels einer eigenen Plakatkampagne entgegen treten können, sondern die politische Botschaft der SVP verändern oder unsichtbar machen wollen. Die materielle Struktur der Plakate – auf Trägermedien wie Holz oder Beton geklebtes Papier[9] – ermöglicht den Gegnern der Partei die beschriebenen Manipulationen von Form und Funktion der Plakate. Dabei ist davon auszugehen (vgl. die Aussagen bei Brupbacher 2012; Venafro 2017), dass zum einen besonders die formale Gestaltung – das Brechen von Tabus in Bild und Text – zu Widerstand und Gegenmaßnahmen reizt, zum anderen die sehr hohe Präsenz der SVP-Plakate, die mitunter den Eindruck vermittelt, die Partei könne den öffentlichen Raum für ihre Aussagen kolonisieren (Schmid 2010).

Insgesamt zeigt sich, dass Form und Funktion der Plakate Affordanzen für ihre Aneignung in den beschriebenen Kommunikationsbereichen realisieren. Diese Gebrauchseigenschaften sind zwar in den Plakaten selbst angelegt, unterscheiden sich jedoch in Abhängigkeit von der materialen, medialen und kommunikativen Verfasstheit des jeweiligen Kommunikationsbereichs.

## Literatur

Auer, Peter (2010): „Sprachliche Landschaften. Die Strukturierung des öffentlichen Raums durch die geschriebene Sprache", in: Deppermann, Arnulf/Linke, Angelika (Hgg.): *Sprache intermedial. Stimme und Schrift, Bild und Ton*. Berlin/New York: de Gruyter (= Institut für deutsche Sprache; Jahrbuch 2009), 271–298.

Ben-Rafael, Eliezer/Shohamy, Elana/Amara, Muhamad Hasan/Trumper-Hecht, Nira (2006): „Linguistic Landscape as Symbolic Construction of the Public Space: The Case of Israel", in: Gorter, Durk (Hg.): *Linguistic landscape. A new approach to multilingualism*. Clevedon: Multilingual Matters, 7–30.

Blommaert, Jan (2013): *Ethnography, Superdiversity and Linguistic Landscapes. Chronicles of Complexity*. Bristol: Multilingual Matters.

Burger, Harald/Luginbühl, Martin (2014): *Mediensprache. Eine Einführung in Sprache und Kommunikationsformen der Massenmedien*. 4., überarb. und erw. Aufl. Berlin/Boston: de Gruyter.

Brupbacher, Marc (2012): „Dieser SVP-Plakat-Vandale erhält einen Preis", in: *Tagesanzeiger*, 14.5.2012. <http://www.tagesanzeiger.ch/schweiz/standard/Dieser-PlakatVandale-erhaelt-einen-Preis/story/20496896> [06.05.2017].

Diehl, Paula (2012): „Populismus und Massenmedien", in: *Aus Politik und Zeitgeschichte* 62/5–6, 16–22.

---

[9] Die sog. eboards – elektronische Anzeigen hinter einer Glaswand – können die Manipulation des Abgebildeten erschweren, machen sie aber nicht unmöglich (s. z.B. Venafro 2017).

Donges, Patrick/Jarren, Otfried (2010): „Politische Kommunikation – Akteure und Prozesse", in: Bonfadelli, Heinz/Jarren, Otfried/Siegert, Gabriele (Hgg.): *Einführung in die Publizistikwissenschaft*. 3., vollst. überarb. Aufl. Bern/Stuttgart/Wien: Haupt, 407–430 (= UTB).

Geden, Oliver (2006): *Diskursstrategien im Rechtspopulismus. Freiheitliche Partei Österreichs und Schweizerische Volkspartei zwischen Opposition und Regierungsbeteiligung*. Wiesbaden: VS Verlag für Sozialwissenschaften.

Gibson, James J. (1977): „The theory of affordances", in: Shaw, Robert E./Bransford, John (Hgg.): *Perceiving, acting, and knowing. Toward an ecological psychology*. Hillsdale: Erlbaum, 67–82.

Giles, Howard/Bourhis, Richard Y./Taylor, Donald M. (1977): „Towards a Theory of Language in Ethnic Group Relations", in: Giles, Howard (Hg.): *Language, ethnicity and intergroup relations*. London: Academic Press (= European monographs in social psychology, 13), 307–348.

Henckel, Elisalex (2010): „Ich gebe der Angst eine Stimme", in: *Die Welt*, 5.2.2010. <http://www.welt.de/welt_print/vermischtes/article6262314/Ich-gebe-der-Angst-eine-Stimme.html> [06.05.2017].

Jäger, Ludwig (2002): „Transkriptivität. Zur medialen Logik der kulturellen Semantik", in: Jäger, Ludwig (Hg.): *Transkribieren. Medien / Lektüre*. München: Fink.

Kress, Gunther/van Leeuwen, Theo (2006): *Reading Images: The Grammar of Visual Design*. 2. Aufl. London/New York: Routledge.

Landry, Rodrigue/Bourhis, Richard Y. (1997): „Linguistic Landscape and Ethnolinguistic Vitality. An Empirical Study", in: *Journal of Language and Social Psychology* 16 (1), 23–49.

Lewandosky, Marcel (2014): „Populismus in sozialen Netzwerken. Die AfD und pro Deutschland im Vergleich", in: Januschek, Franz/Reisigl, Martin (Hgg.): *Populismus im Zeitalter von Mediendemokratie und medialer Erlebnisgesellschaft*. Duisburg: Universitätsverlag Rhein-Ruhr (= OBST 86), 19–46.

Luginbühl, Martin (2010): „Die Schweizerische Volkspartei – ein linguistischer Streifzug", in: Roth, Kersten Sven/Dürscheid, Christa (Hgg.): *Wahl der Wörter – Wahl der Waffen? Sprache und Politik in der Schweiz*. Bremen: Hempen, 189–206.

Luginbühl, Martin (2014): „Politische Positionierung im crossmedialen Angebot. Kommunikation der Schweizer SVP und der JUSO Schweiz über ‚Neue Medien'", in: Januschek, Franz/Reisigl, Martin (Hgg.): *Populismus im Zeitalter von Mediendemokratie und medialer Erlebnisgesellschaft*. Duisburg: Universitätsverlag Rhein-Ruhr (= OBST 86), 101–132.

Luginbühl, Martin (2017): „Massenmedien als Handlungsfeld II: audiovisuelle Medien", in: Roth, Kersten Sven/Wengeler, Martin/Ziem, Alexander (Hgg.): *Handbuch Sprache in Politik und Gesellschaft*. Berlin: de Gruyter, 434 –453.

Muth, Sebastian (2014): „Linguistic landscapes on the other side of the border: signs, language and the construction of cultural identity in Transnistria", in: *International Journal of the Sociology of Language* (227), 25–46.

Niehr, Thomas (2014): *Einführung in die Politolinguistik*. Göttingen: Vandenhoeck & Ruprecht (UTB).

Norman, Donald A. (1989): *Dinge des Alltags. Gutes Design und Psychologie für Gebrauchsgegenstände*. Frankfurt a.M.: Campus.

Pappenhagen, Ruth/Redder, Angelika/Scarvaglieri, Claudio (2013): „Hamburgs mehrsprachige Praxis im öffentlichen Raum – sichtbar und hörbar", in: Redder, Angelika/Pauli, Julia/Kießling, Roland/Bührig, Kristin/Brehmer, Bernhard/Breckner, Ingrid/Androutsopoulos, Jannis

(Hgg.): *Mehrsprachige Kommunikation in der Stadt – Das Beispiel Hamburg*. Münster: Waxmann (= Mehrsprachigkeit, 37), 125–158.

Pappert, Steffen (2016): „Offline-Wahlkampf: Wahlplakate", in: *Aptum*, 12(3), 236–253.

Pappert, Steffen (2017a): „Wahlplakate", in: Kilian, Jörg/Niehr, Thomas/Wengeler, Martin (Hgg.): *Handbuch Sprache und Politik*. Band 2. Bremen: Hempen, 607–626.

Pappert, Steffen (2017b): „Plakatbusting: Zur Umwandlung von Wahlplakaten in transgressive Sehflächen", in: Kämper, Heidrun/Wengeler, Martin (Hgg.): Protest – Parteienschelte – Politikverdrossenheit. Politikkritik in der Demokratie. Bremen: Hempen, 55–75.

Pörksen, Uwe (1997): *Weltmarkt der Bilder. Eine Philosophie der Visiotype*. Stuttgart: Klett-Cotta.

Reisigl, Martin (2002): „‚Dem Volk aufs Maul schauen, nach dem Mund reden und Angst und Bange machen'. Von populistischen Anrufungen, Anbiederungen und Agitationsweisen in der Sprache österreichischer PolitikerInnen", in: Eismann, Wolfgang (Hg.): *Rechtspopulismus – Österreichische Krankheit oder europäische Normalität*. Wien: Czernin, 149–198.

Scarvaglieri, Claudio (2018): „Das Fremde in der Linguistic Landscape. Die Plakate der Schweizer SVP und ihre diskursive Verarbeitung" in: Rass, Christoph/Ulz, Melanie (Hgg.): *Migration ein Bild geben. Visuelle Aushandlungen von Diversität*. Wiesbaden: VS Springer.

Scarvaglieri, Claudio/Luginbühl, Martin (demn.): „Linguistic Landscape and beyond: The Swiss People's Party's (SVP) campaign posters in urban areas, in the media and as temporary public places of urban communication", in: Busse, Beatrix/Warnke, Ingo (Hgg.): *Placemaking in the declarative city*. Berlin/Boston: de Gruyter.

Scarvaglieri, Claudio/Redder, Angelika/Pappenhagen, Ruth/Brehmer, Bernhard (2013): „Capturing diversity. Linguistic land- and soundscaping in urban areas", in: Duarte, Joana/Gogolin, Ingrid (Hgg.): *Linguistic superdiversity in urban areas. Research approaches*. Amsterdam: Benjamins (= Hamburg studies on linguistic diversity, 2), 45–73.

Schmid, Simon (2011): „Wie viele Plakate sich SP, SVP und Co. leisten können", in: *Tagesanzeiger*, 30.8.2011. <http://www.tagesanzeiger.ch/schweiz/standard/Wie-viele-Plakate-sich-SP-SVP-und-Co-leisten-koennen/story/10630142> [06.05.2017].

Schmitz, Ulrich/Ziegler, Evelyn (2016): „Sichtbare Dialoge im öffentlichen Raum", in: *Zeitschrift für Germanistische Linguistik* 44.3, 469–502.

Soukup, Michael (2007): „Schwarze Schafe, braunes Gedankengut", in: *Spiegel Online*, 02.10.2007. <http://www.spiegel.de/politik/ausland/schweizer-wahlkampf-schwarze-schafe-braunes-gedankengut-a-507481.html> [06.05.2017].

Spitzmüller, Jürgen/Warnke, Ingo (2011): *Diskurslinguistik. Eine Einführung in Theorien und Methoden der transtextuellen Sprachanalyse*. Berlin: de Gruyter.

Stöckl, Hartmut (2004): *Die Sprache im Bild, das Bild in der Sprache. Zur Verknüpfung von Sprache und Bild im massenmedialen Text: Konzepte, Theorien, Analysemethoden*. Berlin/New York: de Gruyter.

Strohmeier, Gerd (2004): *Politik und Massenmedien. Eine Einführung*. Baden-Baden: Nomos.

SVP (2008): *Vandalismus und Zensur gegen SVP-Plakate*. 14.05.2008. <https://www.svp.ch/aktuell/medienmitteilungen/vandalismus-und-zensur-gegen-svp-plakate/> [01.06.2017].

Vallely, Paul (2007): „Switzerland: Europe's heart of darkness? ", in: *The Independent*, 07.09.2007 <https://web.archive.org/web/20110913201740/http://www.independent.co.uk/news/world/europe/switzerland-europes-heart-of-darkness-401619.html> [01.06.2017].

Venafro, Cinzia (2017): „Einbürgerungs-Befürworter annektieren Gegen-Plakate. Plötzlich schaut die SVP-Burkafrau ganz freundlich", in: *Blick online* vom 07.02.2012.

<http://www.blick.ch/news/politik/abstimmungen/einbuergerungs-befuerworter-annektie-ren-gegen-plakate-ploetzlich-schaut-die-svp-burkafrau-ganz-freundlich-id6182630.html> [01.06.2017].

Warnke, Ingo (2013): „Making place through urban epigraphy – Berlin Prenzlauer Berg and the grammar of linguistic landscapes", in: *Zeitschrift für Diskursforschung* (2), 159–181.

Wiedner, Saskia (2008): „Lamm / Schaf", in: Butzer, Günter/Jacob, Joachim (Hgg.): *Metzler Lexikon literarischer Symbole*. Stuttgart: Metzler, 239–240.

Wyslig, Andres (2011): „Vor den SVP-Plakaten kann man sich nicht schützen", in: *NZZ*, 28.9.2011. <http://www.nzz.ch/aktuell/zuerich/uebersicht/svp-plakate-propaganda-bettina-richter-schwarz-schaf-minarett-stiefel-alexander-segert-1.12627023> [10.05.2017].

Yngborn, Katarina (2008): „Schwarz", in: Butzer, Günter/Jacob, Joachim: *Metzler Lexikon literarischer Symbole*. Stuttgart: Metzler, 337–338.

Zillien, Nicole (2008): „Das Affordanzkonzept in der Mediensoziologie", in: *Sociologica Internationalis* (46), 161–181.

## Quellenverzeichnis

Abbildung 1: Quelle: Scarvaglieri
Abbildung 2: Quelle: <http://www.svp.ch/de/assets/File/kampagnen/ durchsetzungsinitiati ve/Plakat_F4_de_v02.pdf> [1.6.2017]
Abbildung 3: Quelle: <https://www.offiziere.ch/?p=937> [24.4.2017]; s. auch <http://samm-lungen-archive.zhdk.ch/view/objects/asitem/Objects$0040 5560/17:jsessionid=8AB5125D3B73B54C0010150129F3F8B9> [24.4.2017]
Abbildung 4: Quelle: Scarvaglieri
Abbildung 5: Quelle: <http://www.masseneinwanderung.ch/assets/downloads /F4_massen einwanderung_d.pdf> [24.4.2017]
Abbildung 6: Quelle: <http://dc.georgruss.ch/wp-content/uploads/2014/02/20140117-svp-abschottungsinitiative.jpg> [27.4.2017]
Abbildung 7: Quelle: <http://www.tagesanzeiger.ch/schweiz/abstimmungswochende/Schu ldzuweisungen-vor-dem-Gang-nach-Bruessel/story/29462245?dossier_i d=921> [8.5.2017]
Abbildung 8: Quelle: <https://www.nzz.ch/rassismuskommission_will_plakate_nicht_verb ieten-1.3815931> [27.4.2017]
Abbildung 9: Quelle: Scarvaglieri
Abbildung 10: Quelle: Scarvaglieri
Abbildung 11: Quelle: <http://svpplakateverhunztexten.tumblr.com/> [6.3.2017]

SASCHA MICHEL / STEFFEN PAPPERT

# Wahlplakat-Busting: Kommunikative Spuren der Aneignung von Wahlplakaten im öffentlichen Raum. Fallanalysen – Forschungsfragen – Perspektiven. Ein Werkstattbericht

Dieser Workshopbericht untersucht das Phänomen des Wahlplakat-Bustings aus medienlinguistischer Perspektive. Wir verfolgen die These, dass multimodale Umformungen von Wahlplakaten öffentliche Spuren der Aneignung von politischer Kommunikation hinterlassen, von denen die meisten als subversive Versuche der Kritik am politischen System und den politischen Eliten verstanden werden können. Der Artikel versucht, das Phänomen des Wahlplakat-Bustings mit dem Konzept der Constraints und Affordances zu beschreiben. Die Veränderung von Wahlplakaten ist demnach eine Folge ausgebeuteter Constraints, die als Affordances uminterpretiert werden. Anhand von drei Fallbeispielen werden Arten und Methoden multimodaler Transformation und Resemiotisierung diskutiert. Abschließend werden einige offene Forschungsfragen sowie Perspektiven für verschiedene Analyseebenen vorgestellt.

## 1. Einleitung

Wahlplakate gehören zum festen Textsortenrepertoire von Parteien in Wahlkämpfen. Durch ihre Positionierung im öffentlichen Raum – häufig an viel besuchten Plätzen – geben sie Anlass für vielfältige Aneignungen, deren Spuren sich dem direkten Zugang meist entziehen. Eine Ausnahme, die zugleich die augenfälligste und subversivste Form der ,Aneignung' darstellen dürfte, ist die Verfremdung bzw. Umformung von Wahlplakaten, das so genannte *Busting*.

In diesem Werkstattbericht soll es darum gehen, sich dem Phänomen Busting medienlinguistisch-empirisch zu nähern und am Beispiel von Wahlplakaten einen Einblick in die qualitativ-linguistische Erforschung politischer Guerillakommunikation zu geben. Die These dabei lautet: Die Verfremdung von Wahlplakaten gibt Aufschluss über die Aneignung von Politik, indem sie (subversive) Aneignungshandlungen rekonstruierbar macht.

Nach einer kurzen linguistischen Charakterisierung der Text-Bild-Sorte ,Wahlplakat' stehen drei Fallbeispiele im Zentrum. Abschließend sollen einige offene Forschungsfragen und -perspektiven, die sich aus der Analyse ergeben, skizziert werden.

## 2. Text-Bild-Sorte ‚Wahlplakat'

Wahlplakate gehören zum Handlungsfeld der politischen Werbung (vgl. Girnth 2015). Als Text-Bild-Sorte, die besonderen raum-zeitlichen Beschränkungen unterliegt, weist sie folgende prototypische Eigenschaften auf (nach Domke 2014; vgl. auch Pappert 2017a, b)

| Kriterium | Eigenschaft |
|---|---|
| Wahrnehmungsmodalität | visuell |
| Kommunikationsrichtung | unidirektional, monologisch |
| Kommunikationspartner | 1:n (n ortsbedingt zu einem Zeitpunkt stark eingeschränkt) |
| Kommunikationsmedium | Übertragungsmedium mit spezifischer Dauer |
| Medienmaterial | unbeweglich bzw. fixiert, fest, Pappe/Papier |
| Zeichensystem | Schriftsprache, Farben, Bilder, Symbole etc. |
| Zeitgebundenheit | relativ zeitgebunden, relativ eingeschränkt rezipierbar |
| Ortsgebundenheit | ortsgebunden, inhaltlich evtl. exklusiv |
| Raumgenerierung | eingeschränkt generierbarer Rezeptionsraum |
| Rezipientenprofil | sich fortbewegend, stehend, (sitzend) sehend |

Tabelle 1: Text-Bild-Sorte ‚Wahlplakat'

Das prototypische Wahlplakat wird visuell rezipiert, dabei ist die Kommunikationsrichtung unidirektional und monologisch, d.h. eine Interaktion im Sinne eines Dialogs ist nicht vorgesehen. Einem Produzenten als Kommunikationspartner (in der Regel Politiker/Partei) steht eine potentiell offene Zahl an Rezipienten gegenüber, allerdings wird diese durch den Kommunikationsraum gleichsam vorgegeben. Wahlplakate befinden sich auf Übertragungsmedien, die über eine spezifische Dauer angebracht sind und meist aus Pappe bestehen. Die Botschaften auf Wahlplakaten lassen sich mittels unterschiedlicher Zeichensysteme, also Sprache, Bilder und Symbole, zum Ausdruck bringen, häufig werden diese multimodal miteinander verschränkt. Durch ihre räumliche Fixierung lassen sich Wahlplakate zudem nur zeit- und ortsgebunden rezipieren, meist werden sie während des Vollzugs weiterer Tätigkeiten (z.B. Autofahren) oder im Vorbeigehen betrachtet, so wie andere Zeichen und Texte im öffentlichen Raum auch (vgl. Domke 2014).

Es zeigt sich, dass das Wahlplakat eine relativ stark reglementierte (konservative) Text-Bild-Sorte darstellt, die kaum Variabilität zulässt: Zumeist umfasst sie

Kernelemente wie ein Bild des Kandidaten oder Motivbilder der Partei, einen Slogan, das Parteikürzel und gegebenenfalls optionale Symbole, Ikone, intermediale Links, Hashtags etc. (vgl. Pappert 2016, 2017a, b), die flächig – einem augenscheinlich bewussten Layout („Sehfläche", Schmitz 2011) entsprechend – angeordnet sind. Ihre Funktion steht im Dienst der ‚En-Passant-Rezeption': Wenig, aber dafür einprägsamer Text, große Bilder, große Schrift und die Erzeugung von ‚Ad-hoc-Vertrauen' bzw. positiven ‚-Emotionen'. Diese konstante Musterausprägung macht Wahlplakate für Produzenten und Rezipienten zu verlässlichen und orientierungsstiftenden Textsorten.

Gerade diese textsortenbezogene Reglementierung von Wahlplakaten, die eigentlich als *constraints* (Beschränkungen) die Kommunikationsrichtung lenken, werden häufig als *affordances*[1] (Affordanzen), also als Kommunikationsangebote und -optionen, nicht nur re- und uminterpretiert, sondern gleichsam exploitiert. Kommunikationsangebote, die die Text-Bild-Sorte ursprünglich gar nicht umfasst, werden ihr also von außen auferlegt. Wie sich diese resemiotisierenden Verfahren[2] konkret manifestieren und welche medienlinguistischen Analysezugänge sich dabei eröffnen, soll im folgenden Abschnitt anhand dreier Fallbeispiele demonstriert werden (vgl. ausf. Michel/Pappert i.V.).

## 3. Wahlplakat-Busting: Drei Fallbeispiele

*Wahlplakat-Busting* stellt eine Unterform des *Adbustings* dar, letzteres meint die Verfremdung, Umänderung und Zweckentfremdung von Werbung im öffentlichen Raum und wird meist der Kommunikationsguerilla zugeordnet (vgl. Beaug-

---

[1] „Affordanz bezeichnet die Eigenschaften eines kulturellen Werkzeugs, so wie sie aus Sicht seiner Nutzer wahrgenommen und umgesetzt werden. Es geht darum, welche Handlungsmöglichkeiten ein Werkzeug für bestimmte Nutzer eröffnet, auch wenn diese (kanonisch) nicht so vorgesehen waren." (Androutsopoulos 2016: 8) Vgl. zum Konzept der „Constraints und Affordances" – vor allem aber zum Konzept der Affordanzen – auch Zillien (2008); Pentzold/Fraas/Meier (2013); Marx/Weidacher (2014).

[2] „*Resemiotisierung* bezeichnet (…) eine – mehr oder weniger – komplexe Form von Bedeutungskonstitution, bei der durch die Modifikation bereits vorhandener Zeichen jedweder Ausprägung diesen eine andere als die ursprüngliche Bedeutung zugeschrieben wird" (Pappert 2017a: 56).

rand 2016: 10; Pappert 2017a: 60–63). Die Abgrenzung zu benachbarten Phänomenen wie Street Art, Graffiti, dem partei-strategischen, einem ironisch-satiri-
schen Ziel dienenden Einsatz von Bustingelementen bei Wahlplakaten[3] sowie
Online-Textsorten – z.B. das politische Meme (vgl. Michel 2017) – ist fließend.

Es soll an dieser Stelle keine kunst- und sozialwissenschaftliche Einordnung
des Phänomens vorgenommen, sondern das Potential einer medienlinguistischen
Analyse herausgestellt werden. Wiewohl Kommunikation und Sprache, genauer
gesagt: Kommunikationsformen und Textsorten, im öffentlichen Raum – besonders in der Stadt – von der Linguistik in den letzten Jahren stärker in den Blick
genommen wurden (vgl. Domke 2014; Schmitz/Ziegler 2016), lässt sich mit Bezug auf Wahlplakat-Busting hier ein weißer Fleck erkennen (Ausnahme: Pappert
2017a). Dabei lohnt eine tiefere Beschäftigung mit diesem viele Facetten aufwei-
senden Phänomen, wie im Folgenden exemplarisch gezeigt wird.[4]

### Fallbeispiel 1: Satirisch-spielerische Umformung

Abb.1: Quelle: eigene Aufnahme

---

[3]   So verwendet die satirische Partei „Die Partei" im Bundestagswahlkampf 2017 bewusst Ele-
      mente des Wahlplakat-Bustings bei ihren eigenen Wahlplakaten.
[4]   Die hier diskutierten Fallbeispiele stammen aus einem über Jahre hinweg akkumulierten
      Korpus, das für weitere Studien systematisiert werden soll.

Die Mehrheit der Beispiele in unserem Korpus setzt auf einen spielerischen, satirisch-ironischen Umgang mit Wahlplakaten, häufig mit dem Ziel des Lächerlich-Machens der Protagonisten. So werden den abgebildeten Personen vorzugsweise Bärte angemalt, wobei der sog. Hitler-Bart hier eindeutig dominiert (vgl. auch Fallbeispiel 2), oder sonstige körperliche Erscheinungsweisen verfremdet. Im vorliegenden Beispiel wird dagegen mit dem Namen des Kandidaten gespielt, indem die phonetisch-phonologische Ähnlichkeit von *Gramling* zu der Horrorfigur *Gremlin* des gleichnamigen Kinofilms „Gremlins – Kleine Monster" genutzt und bildhaft durch eine Veränderung der Materialität des Plakats umgesetzt wird. Das Bild eines Gremlins ersetzt den Kopf des Kandidaten, der Slogan wird zudem durch eine orange Plastik abgedeckt.

Die „materielle Veränderbarkeit" stellt auch gleichzeitig eine ausgebeutete Beschränkung – nämlich die der „materiellen und formalen Fixierung" – dar, die hier deshalb als Affordanz uminterpretiert werden kann, da es sich bei dem Material um ein Plakat aus Pappe handelt. Bei digitalen Wahlplakaten beispielsweise würde die Materialität dagegen einen unveränderlichen Constraint bedeuten. Auffällig ist, dass das Material farblich dem Wahlplakat der CDU angeglichen ist, der Verfremdungseffekt soll also nicht zur Gänze zum Ausdruck gelangen, vielmehr möchte man die Illusion eines authentischen Wahlplakats suggerieren (weshalb wohl auch das Parteilogo nicht entfernt wurde).

Die multimodale Transkriptivität (vgl. Holly 2009; Jäger 2010) erfolgt bei diesem Beispiel zwischen Text und Bild, wobei der Text (*Gramling*) das Bild „lesbar macht" bzw. das Bild den Text „anders lesbar macht" und dem Wahlplakat eine zusätzliche, vielleicht sogar alles überlagernde, satirische Lesart einschreibt.

## Fallbeispiel 2: Thematisch-diskursive Umformung

Abb. 2: Quelle: eigene Aufnahme

Auch in Fallbeispiel zwei wird die „materielle und formale Fixierung" von Wahlplakaten als Beschränkung ausgebeutet und als Affordanz der „materiellen Veränderbarkeit" reinterpretiert – bei gleichzeitiger Reinterpretation der Subaf-
fordanzen „Manipulierbarkeit von Bildern" und „Graphologische Löschung von
Morphemen/Wörtern". Zu sehen ist ein Wahlplakat der CDU-Deutschlands, abgebildet sind Bundeskanzlerin Angela Merkel und der Slogan „Gemeinsam erfolgreich". Mittels weniger und unaufwändiger Oberflächenveränderungen entsteht ein völlig neues Motiv des Plakats: Durch den aufgemalten „Hitler-Bart"
(das sogenannte *Hitlerizing*) und der damit einhergehenden textuellen Veränderung des Slogans zu *mein reich* erfolgt weniger eine satirische als thematisch-
diskursive Umformung des Basisplakats. Aus Solidarisierung (*gemeinsam*) wird
dann plötzlich Egoismus (*mein*), aus Demokratie und Partizipation wird Diktatur.

Diskursiv wird diese Veränderung gleich doppelt eingeordnet: 1. Die Hitler-
und damit Diktatur-/Diktator-Assoziation erfolgt bildlich, aber vor allem durch
die sprach-strukturelle Parallele von *mein reich* und „mein Kampf" sowie den NS-
Begriff „Reich". 2. Angespielt wird damit zugleich auf die – vor allem europäische – Rolle der Bundeskanzlerin als mächtiges und durchsetzungsfähiges Staats-

oberhaupt. Hier dürfte – es handelt sich um ein Plakat aus dem Bundestagswahl-kampf 2013 – die so genannte Griechenlandkrise als wesentlicher übergeordneter Diskurs fungieren, da Angela Merkel von Demonstranten und Medien in Grie-chenland aufgrund ihres harten Sparkurses ebenfalls mit Hitler verglichen wurde. Durch die oberflächliche thematische Veränderung des Wahlplakats (Resemioti-sierung) wird es somit neu diskursiv verankert.

Zu fragen ist schließlich, inwiefern die Text-Bild-Sorte ‚Wahlplakat' hier über-haupt (noch) erhalten bleibt. Offensichtlich ist – auch bei den anderen Fallbei-spielen –, dass das Wahlplakat als Folie erkennbar bleiben muss, um die Umfor-mungen als bewusst und von außen herangetragen wahrnehmen zu können. Das heißt, die gezielte, durch einen zweiten – jedoch nicht autorisierten – Kommuni-kator vorgenommene ‚Bearbeitung' des Plakats muss in direktem Bezug zum Ori-ginalplakat deutlich werden, um sie als subversiven und guerillakommunikativen Akt bewerten zu können.[5] Weder Bild noch Botschaft oder Funktion stimmen in-des mit dem Ursprungsplakat überein, vielmehr legt sich eine zweite Deutungs-schicht über das Plakat, was zu hybriden Texten (vgl. Hauser/Luginbühl 2015) führt und bei einer text- und diskurslinguistischen Analyse sowie einer textsor-tenbezogenen Einordnung berücksichtigt werden muss (vgl. Michel/Pappert i.V.).

---

[5]  Somit findet eine Abgrenzung zu „Fake-Wahlplakaten" – also die täuschend echte Nachah-mung von Wahlplakaten – statt, die gerade die Authentizität suggerieren und den Urheber des Fakes unkenntlich machen sollen. D.h. die Taktik des Fakens spielt mit der „Zuordnung von Autor und Text" und ist vor allem dann erfolgreich, „wenn sich keine eindeutige Bezie-hung zwischen beiden mehr herstellen lässt" (Autonome a.f.r.i.k.a. gruppe, Blissett/Brünzels 2001: 67).

## Fallbeispiel 3: Sukzessive Umformung

Abb. 3: Quelle: Eigene Aufnahme

Das dritte Fallbeispiel lässt sich insofern als *sukzessive Umformung* beschreiben, als offenkundig mehrere Kommunikatoren diese Umformung schritt- bzw. etappenweise vollziehen. Als Folie dient auch hier wieder das Ausgangsplakat, in diesem Fall ein Großflächenplakat der SPD-Rheinland-Pfalz, das während des Landtagswahlkampfes 2016 aufgestellt wurde. Das Wahlplakat lässt sich als – typisch für die Wahlplakatserie der SPD (vgl. Pappert 2016) – minimalistisch beschreiben. Lediglich ein zentriert positioniertes Hochwertwort (*Substanz*) ist vorhanden, ansonsten weist das Plakat viel freie Fläche auf dunkel-türkisem Hintergrund auf. Hier werden gleich zwei Beschränkungen ausgebeutet und als Affordanz reinterpretiert, nämlich als „Affordanz zur schriftlichen Interaktion": Einerseits erneut die Beschränkung der „materiellen und formalen Fixierung", andererseits die Beschränkung der „unidirektionalen und monologischen Kommunikationsrichtung". D.h. die freie Fläche des Wahlplakats bietet sich potentiell für eine externe schriftliche (interessanterweise nicht bildhafte – offenbar steuern Ursprungszeichensysteme auch den Einsatz von Verfremdungszeichensystemen) Interaktion und damit Manipulation an. In einem ersten Schritt geschieht dies durch das Substantiv *Pack*, das in weißer Sprühfarbe (und damit in etwa gleicher Farbe wie das

Hochwertwort) ziemlich direkt unter *Substanz* und auf den Namen von Minister-präsidentin Malu Dreyer gesprüht wird. Dabei geschieht zweierlei: Zum einen ruft *Pack* den Diskurs um Sigmar Gabriel auf, der als SPD-Vorsitzender auf Rechts-radikale im Allgemeinen und rechte Demonstranten rund um den Besuch des Flüchtlingslagers Heidenau im Besonderen mit „Das ist Pack"[6] referierte. Der Ausdruck wurde von vielen Seiten scharf kritisiert, da er nicht nur eine Gruppe von Menschen pauschal verunglimpft, sondern sie auch als „nicht diskursfähig" (Scharloth 2015)[7] ausgrenzt.

Zum zweiten transkribiert im vorliegenden Fall eben das Wort *Pack* genau mit diesem Diskurswissen den Namen *Malu Dreyer*[8], indem es quasi wie ein Bume-rang auf die Führungsspitze der SPD zurückgeworfen und ihr so ein Spiegel vor-gehalten wird.

In einem zweiten Schritt kommt ein weiterer, offenbar SPD-naher Kommuni-kator ins Spiel, der dadurch zu erkennen ist, dass er in anderer – oranger[9] – Farbe sowohl ein *t* hinter *Pack* sprüht als auch ein *DAS* mit Ausrufezeichen ergänzt, so dass aus dem Substantiv *Pack* plötzlich ein imperativischer Optativ *Packt das!* wird (und sich wohl auf den (erwünschten) Wahlsieg der SPD bezieht).

Aus einer aus SPD-Sicht zunächst negativen Umformung wird so wieder eine positive Umformung, allerdings mit Abstrichen: Der erste Umformungsschritt ist durch die weiße Farbe immer noch deutlich sichtbar (wird also nicht orange über-malt, was durchaus möglich wäre), die positive Umdeutung soll als solche erkenn-bar und rekonstruierbar bleiben. Somit entstehen komplexe Teilinteraktionen: Erstens (monologisch) zwischen Partei und Rezipient, zweitens (dialogisch) zwi-schen sekundärem Kommunikator und Partei/Rezipient und drittens (dialogisch) zwischen tertiärem Kommunikator und Partei/Rezipient/sekundärem Kommuni-kator. Der Rezipient spielt bei allen Teilinteraktionen deshalb eine Rolle, da es

---

[6]  http://www.spiegel.de/politik/deutschland/heidenau-sigmar-gabriel-besucht-fluechtlingsun-terkunft-a-1049582.html (letzter Zugriff: 21.08.2017).

[7]  http://www.deutschlandfunkkultur.de/frage-des-tages-asylkritiker-mob-oder-pack-was-steckt.2156.de.html?dram:article_id=329241 (letzter Zugriff: 21.08.2017).

[8]  Nach Kress/van Leeuwen (1996) sind solche Salienzunterschiede also durchaus sozialsemi-otisch relevant.

[9]  Es handelt sich hierbei um die Parteifarbe der CDU. Ziel könnte es – einer objektiv-herme-neutischen Lesart folgend – sein, die Identität des Urhebers bewusst in diese Richtung zu verorten, den Rezipienten also auf eine falsche Fährte zu locken.

sich um öffentliche politische Kommunikation handelt, die – auch wenn sie scheinbar zwischen zwei Interaktanten verläuft – stets inszeniert, zumindest aber als mehrfachadressiert aufzufassen ist (vgl. Kühn 1995).

## 4.  Offene (Forschungs-)Fragen und Perspektiven

Die Fallbeispiele verdeutlichen, dass eine medienlinguistische Beschäftigung mit Erscheinungsformen des Wahlplakat-Bustings sinnvoll ist, um die komplexen multimodalen Strukturen, Bezugnahmen und Interaktionen einer Text-Bild-Sorte im öffentlichen Raum beschreiben und offenlegen zu können – und dies als subversiven Akt[10] jenseits eines häufig kritisierten Vandalismus oder der Zerstörung von Wahlplakaten.

Im Folgenden sollen einige offene Fragen und -perspektiven einer linguistisch fundierten Forschung des Wahlplakat-Bustings aufgeführt werden:

**a. Mikroebene:**

— Mit welchen semiotischen Ressourcen (z.B. Zeichensysteme) werden Umformungsprozesse vollzogen?

— Wie sind diese multimodal aufeinander bezogen? Lassen sich transkriptive Prozesse *sensu* Jäger (2010) erkennen?

— Zu welchen thematischen, pragmatischen und diskursiven Veränderungen führen Resemiotisierungsprozesse?

— Inwiefern lassen sich linguistische Kategorien/Typen der Umformung beschreiben und voneinander abgrenzen?

— Welche in der Text-Bild-Sorte ‚Wahlplakat' angelegten Affordanzen werden genutzt, welche Constraints zu Affordanzen umgedeutet und „ausgebeutet"?

— Lassen sich die unterschiedlichen Hybridisierungen aus Spender- und Zielplakat systematisieren?

— Quantifizierende Anreicherungen qualitativer Untersuchungen: Welche Kategorien/Typen kommen häufig bzw. selten vor (vgl. Michel/Pappert i.V.)?

---

[10] *Subversiv* meint, dass die Umformungen von Wahlplakaten mit dem Ziel der Kritik an politischen Eliten und am politischen System durchgeführt werden.

**b. Mesoebene:**

— Sind komplexe Interaktionen in Form von Dialogen erkennbar? Wie sind sie strukturiert und zwischen welchen Akteuren finden sie statt?

— Wie lassen sich die umgeformten Wahlplakate text(sorten)linguistisch beschreiben? Handelt es sich um neue Textsorten, Textsortenvarianten oder stellen sie Teile einer Textsortenfamilie dar? Welche Konsequenzen ergeben sich daraus wiederum für die Binarität textsortendefinierender Kriterien von Wahlplakaten (z.B. Materialität, Monologizität)?

— Wie können – im Sinne eines holistisch-medienkulturlinguistischen Zugangs (vgl. Klemm/Michel 2014) – Kommunikator, Kommunikat und Rezipient in Untersuchungen theoretisch und methodisch sinnvoll miteinander verknüpft und aufeinander bezogen werden?

— Bis zu welchem Umfang ermöglicht das Netz (z.B. soziale Netzwerke) hier Rückschlüsse auf Kommunikator- und Rezipientenreaktionen, etwa wenn Politiker Bilder ihrer umgeformten Wahlplakate kommentierend an ihre Follower weiterleiten?

— Inwieweit werden über soziale Netzwerke Bilder von manipulierten, also Fake-Wahlplakaten verbreitet? Worin bestehen die linguistischen Unterschiede/Gemeinsamkeiten zu authentischen und zu umgeformten Wahlplakaten im Sinne des Bustings?

**c. Makroebene:**

— Inwiefern lassen sich linguistische Umformungsprozesse als subversiv im politischen Sinne beschreiben und welche Rückschlüsse auf die Aneignung von Politik – etwa durch Aneignungshandlungen (vgl. Klemm 2000) – lassen sich ziehen?

— Wie ist dies theoretisch, z.B. im Rahmen der Cultural Studies (vgl. de Certeau 1988), der Kommunikationsguerilla (z.B. Eco 1967/1985) oder der Protestlinguistik (vgl. Kämper/Wengeler 2017) zu verorten?

— Welche theoretischen und methodischen Konsequenzen folgen daraus für die Erforschung öffentlicher Kommunikation im Allgemeinen und Stadt-Kommunikation im Besonderen?

— Welche Abgrenzungen zu benachbarten Phänomenen (z.B. Street Art, Graffiti, Meme) ergeben sich aus linguistischer Sicht?

— Kontrastiver Vergleich mit anderen Sprachen und Ländern: Gibt es kulturelle Unterschiede und Besonderheiten, oder handelt es sich beim Wahlplakat-Busting um ein transkulturelles Phänomen (vgl. Luginbühl/Scarvaglieri in diesem Band)?

— Inwieweit lassen sich die Erkenntnisse den Akteuren (Kommunikatoren) zurückspiegeln, im Sinne einer „Angewandten Politolinguistik"?

## Literatur

Androutsopoulos, Jannis (2016): „Digitale Medien. Ressourcen und Räume für interkulturelle Praktiken", in: *Networx 74* <https://www.mediensprache.net/networx/networx-74.pdf> [01.09.2017].

Autonome a.f.r.i.k.a. gruppe, Blisset, Luther/Brünzels, Sonja (2001): *Handbuch der Kommunikationsguerilla*. 4. Aufl. Berlin, Hamburg/Göttingen: Assoziation A.

Beaugrand, Andreas (2016): „Adbusts, Kunst und Kommunikation. Über den kulturgeschichtlichen Kontext eines Kunstphänomens", in: Beaugrand, Andreas/Smolarski, Pierre (Hgg.): *Adbusting. Ein designrhetorisches Strategiehandbuch*. Bielefeld: Transcript, 6–31.

Certeau, Michel de (1988): *Kunst des Handelns*. Berlin: Merve.

Girnth, Heiko (2015): *Sprache und Sprachverwendung in der Politik. Eine Einführung in die linguistische Analyse öffentlich-politischer Kommunikation*. 2., überarbeitete und erweiterte Auflage. Berlin: de Gruyter (= Germanistische Arbeitshefte 39).

Domke, Christine (2014): *Die Betextung des öffentlichen Raumes. Eine Studie zur Spezifik von Meso-Kommunikation am Beispiel von Bahnhöfen, Innenstädten und Flughäfen*. Heidelberg: Winter.

Eco, Umberto (1967/1985): „Für eine semiologische Guerilla", in: Eco, Umberto: *Über Gott und die Welt*. München: Hanser, 146–156.

Jäger, Ludwig (2010): „Intermedialität – Intramedialität – Transkriptivität. Überlegungen zu einigen Prinzipien der kulturellen Semiosis", in: Deppermann, Arnulf/Linke, Angelika (Hgg.): *Sprache intermedial. Stimme und Schrift, Bild und Ton*. Berlin/New York: de Gruyter (= Institut für deutsche Sprache; Jahrbuch 2009), 301–324.

Hauser, Stefan/Luginbühl, Martin (Hgg.) (2015): *Hybridisierung und Ausdifferenzierung. Kontrastive Perspektiven linguistischer Medienanalyse*. Bern et al.: Lang (= Sprache in Kommunikation und Medien 7).

Holly, Werner (2009): „Der Wort-Bild-Reißverschluss. Über die performative Dynamik audiovisueller Transkriptivität", in: Linke, Angelika/Feilke, Helmut (Hgg.): *Oberfläche und Performanz. Untersuchungen zur Sprache als dynamischer Gestalt*. Tübingen: Niemeyer (= RGL 283), 389–406.

Kämper, Heidrun/Wengeler, Martin (Hgg.) (2017): *Protest – Parteienschelte – Politikverdrossenheit. Politikkritik in der Demokratie*. Bremen: Hempen.

Klemm, Michael (2000): *Zuschauerkommunikation. Formen und Funktionen der alltäglichen kommunikativen Fernsehaneignung.* Frankfurt a.M. u.a.: Lang (= Sprache im Kontext 8).

Klemm, Michael/Michel, Sascha (2014): „Medienkulturlinguistik. Plädoyer für eine holistische Analyse von (multimodaler) Medienkommunikation", in: Benitt, Nora/Koch, Christopher/Müller, Katharina/Saage, Sven/Schüler, Lisa (Hgg.): *Korpus – Kommunikation – Kultur: Ansätze und Konzepte einer kulturwissenschaftlichen Linguistik.* Trier: Wissenschaftlicher Verlag (= Giessen Contributions to the Study of Culture), 183–215.

Kress, Gunter/van Leeuwen, Theo (1996): *Reading Images. The Grammar of Visual Design.* London: Routledge.

Kühn, Peter (1995): *Mehrfachadressierung. Untersuchungen zur adressatenspezifischen Polyvalenz sprachlichen Handelns.* Tübingen: Niemeyer (= RGL 154).

Marx, Konstanze/Weidacher, Georg (2014): *Internetlinguistik: Ein Lehr- und Arbeitsbuch.* Tübingen: Narr (= narr Studienbücher).

Michel, Sascha (2017): „Multimodale Analyse", in: Kilian, Jörg/Niehr, Thomas/Wengeler, Martin (Hgg.): *Handbuch Sprache und Politik.* Band 1. Bremen: Hempen, 365–386.

Michel, Sascha/Pappert, Steffen (in Vorbereitung): „Wahlplakat-Busting. Formen und Funktionen einer (neuen) Textmustermischung", in: *Zeitschrift für angewandte Linguistik* (ZfAL).

Pappert, Steffen (2016): „Offline-Wahlkampf: Wahlplakate", in: *Aptum*, 3/2016, 236–253 (= Themenheft: *Wahlkampf in Rheinland-Pfalz 2016*, herausgegeben von Sascha Michel).

Pappert, Steffen (2017a): „Plakatbusting: Zur Umwandlung von Wahlplakaten in transgressive Sehflächen", in: Kämper, Heidrun/Wengeler, Martin (Hgg.): *Protest – Parteienschelte – Politikverdrossenheit. Politikkritik in der Demokratie.* Bremen: Hempen, 55–75.

Pappert, Steffen (2017b): „Wahlplakate", in: Kilian, Jörg/Niehr, Thomas/Wengeler, Martin (Hgg.): *Handbuch Sprache und Politik.* Band 2. Bremen: Hempen, 607–626.

Pentzold, Christian/Fraas, Claudia/Meier, Stefan (2013): Online-mediale Texte: Kommunikationsformen, Affordanzen, Interfaces", in: *Zeitschrift für Germanistische Linguistik*, 41.1, 81–101.

Schmitz, Ulrich (2011): „Sehflächenforschung. Eine Einführung", in: Diekmannshenke, Hajo/Klemm, Michael/Stöckl, Hartmut (Hgg.): *Bildlinguistik. Theorien – Methoden – Fallbeispiele.* Berlin: Erich Schmidt (= Philologische Studien und Quellen 228), 21–42.

Schmitz, Ulrich/Ziegler, Evelyn (2016): „Sichtbare Dialoge im öffentlichen Raum", in: *Zeitschrift für Germanistische Linguistik*, 44.3, 469–502.

Zillien, Nicole (2008): „Die (Wieder-)Entdeckung der Medien. Das Affordanzkonzept in der Mediensoziologie", in: *Sociologia Internationalis. Internationale Zeitschrift für Soziologie, Kommunikations- und Kulturforschung* 46, 161–181.

DOROTHEE MEER

## Osmotische Werbung im Web 2.0: Die Bewerbung jugendlicher Körper am Beispiel der multimodalen Textsorte ‚Stylingtutorial'

Vereinzelte Versuche, spezifische Aspekte der Bewerbung von Jugendlichen am Beispiel von jugendsprachlichen Elementen in Printanzeigen zu erfassen, haben bisher kaum zu tragfähigen Befunden geführt. Zwar lassen sich jugendsprachliche Elemente in Werbeanzeigen und Werbespots finden, aber diese sind in der Regel eher als eine Form des „Doing Youth" im Sinne Neulands (2003) zu interpretieren. So wies Buschmann bereits in den 90er Jahren darauf hin, dass eine „quantitativ exzessive Verwendung jugendsprachlicher Elemente" in der Werbung eine Ausnahme sei (1994: 229), eine Diagnose, die Efing (2012) auch für die Gegenwart bestätigt. Da es nun aber kaum sinnvoll wäre, davon auszugehen, dass Jugendliche nicht beworben würden, fokussiert der vorliegende Beitrag jenseits traditioneller Werbeformate wie Print- und Spotwerbung die (hyper-)medialen Tutorials die YouTuberin Dagi Bee, die massenhaft von (weiblichen) Jugendlichen genutzt werden. Hierbei soll gezeigt werden, dass Tutorials durchzogen sind von werbenden Elementen (,osmotische Werbung'), ohne deshalb als Werbung im traditionellen Sinne bestimmt werden zu können. Vielmehr sprechen Tutorials Jugendliche als Ratgeber an und bieten ihnen hierbei Gegenstände der käuflichen Warenwelt als Lösung ihrer (altersspezifischen) ‚Stylingprobleme' an. Insoweit kommt die Textsorte ‚Tutorial' im Rahmen des Beitrags exemplarisch als inzwischen verbreiteter Fall osmotisch werbender ,Textsortenzwitter' (wie auch Hauls, Computerspiele oder Musikvideos) in den Blick, die dabei sind, die Relevanz traditioneller Werbeformate deutlich zu verringern, wenn nicht zu ersetzen.

## 1. Einleitung

Jörg Römer und Nina Jäger leiten ihren *Spiegel online*-Beitrag vom 06.12.2016 unter der Topline „Schleichwerbung für Medikamente" und dem Titel „Krankes Geschäftsmodell" zunächst mit folgendem Zitat aus der Frauenzeitschrift *Für Sie* ein:

> „Experten empfehlen eine tägliche Magnesiumzufuhr von 350 bis 400 Milligramm pro Tag. (...) Bei Stress brauchen wir allerdings noch mehr. Ernährungswissenschaftler raten daher, dann sicherheitshalber hochwertige Magnesiumpräparate aus der Apotheke zu nehmen (z.B. das rezeptfreie ‚Magnesium Diasporal')."

Dieses Zitat kommentieren sie im nächsten Schritt wie folgt:

> „Diese Sätze stehen nicht in einer Pharmaanzeige, sondern im redaktionellen Teil einer Frauenzeitschrift, der ‚Für Sie'.

Texte wie dieser finden sich immer wieder in Blättern mehrerer Verlage. Sie handeln von häufigen Beschwerden – wie etwa Schlafstörungen – und empfehlen rezeptfreie Arzneimittel als schnelle, einfache und überaus wirksame Hilfe. Dabei nennen sie konkret Markenpräparate. Zudem tauchen überraschend oft Anzeigen für dieselben Produkte in den Zeitschriften auf.

Ein Zufall? Offenbar nicht. Für diese Praxis gibt es ein freundliches Wort: Empfehlungsmarketing. Aber wenn man ehrlich ist, erscheint zumindest in einem Teil der Fälle ein anderes treffender: Schleichwerbung."[1]

Was die Autor/inn/en hier ansprechen, ist im Kern weder neu noch investigativ, und vor allem nicht auf Medikamente beschränkt. Nicht nur Frauenzeitschriften, sondern auch Männerzeitschriften, Sportzeitschriften, TV-Zeitschriften und Jugendzeitschriften sind voll von nicht als Werbung markierten Produkthinweisen. Dies trifft keineswegs nur für den sprachlichen Teil der genannten kommerziellen Zeitschriften zu, sondern auch für den sprach-bildlichen Bereich, wie die Text-sorte der Modestrecke (Meer i.V.) exemplarisch unterstreicht. Ob als Kleidungs-, Kosmetik-, Ernährungs- oder Bewegungsratgeber, für Fragen und Probleme, die Menschen (vermeintlich oder tatsächlich) haben, finden sich im redaktionellen Teil von Zeitschriften produktgestützte Lösungsvorschläge, die mit Produktnamen, Hersteller und Preis genannt und empfohlen werden.

Anders als den Spiegelautor/inn/en wird es mir im Weiteren nicht um die juristische Seite von „Empfehlungsmarketing" bzw. „Schleichwerbung" gehen. Stattdessen möchte ich dafür plädieren, die unter der Benennung „Schleichwerbung" subsumierten Phänomene im Anschluss an Katheder (Katheder 2008: 52) als „osmotische Werbung" zu bezeichnen und darunter nicht als Anzeige gekennzeichnete Produkt- und Markenhinweise zu verstehen. Dabei soll der Begriff der osmotischen Werbung nicht nur – wie bei Katheder – für „die Durchdringung der redaktionellen Teile" von (Jugend-)Zeitschriften genutzt werden, sondern auch für (nicht gekennzeichnete) Produktempfehlungen auf Websites, Internetplattformen, in Musikvideos und Computerspielen, ebenso wie auf Kleidung, Fahrzeugen und Gebäuden (Meer i.V.; Staubach 2017; Meer/Staubach/Uridat i. Ersch.).

---

[1]   http://www.spiegel.de/gesundheit/diagnose/schleichwerbung-fuer-medikamente-krankes-geschaeftsmodell-a-1122955.html; gesehen am 5.1.2017.

Hierauf aufbauend soll der Blick in diesem Beitrag über die vorliegende lingu-istische Werbeforschung und die Untersuchung traditioneller Werbeformate hin-aus am Beispiel der vor allem von Mädchen massenhaft rezipierten Stylingtutori-als der YouTuberin Dagi Bee auf Formen der osmotischen Werbung in den Hy-permedien gelenkt werden. Ziel dieser exemplarischen Analyse ist es zum einen, die Präsenz osmotischer Werbung gerade im Bereich von massenhaft rezipierten (hyper-)medialen Textangeboten für Jugendliche genauer zu untersuchen. Zum anderen geht es darum herauszustellen, dass Formen der osmotischen Werbung im Zusammenhang mit der Ansprache von Jugendlichen gezielt auf die Beein-flussung jugendlicher Körperpraktiken setzen und damit die ohnehin gesteigerte Körperorientierung von Jugendlichen in der Phase der Pubertät nutzen (vgl. Ka-theder 2008: 201–208; Mann 2002: 5; Staubach 2017: 32f.).

Entscheidend ist dabei im Hinblick auf die Unterschiede zwischen traditionel-len Werbeformaten und osmotischer Werbung, dass es osmotischer Werbung da-rum geht, *nicht* aufzufallen. Osmotische Werbung will möglichst unbemerkt als Bestandteil unterschiedlicher gesellschaftlicher Praktiken im Idealfall Teil der Identitätsentwürfe moderner Konsumentensubjekte werden, um diese damit an konkrete Märkte bzw. Marktsegmente binden zu können (vgl. Habscheid/Fix 2003: 9; Habscheid/Stöckl: 2003: 191; Staubach 2017: 32; Willems 2009: 127). Dass diese Tendenz inzwischen als sogenannte „Lifestyle-Werbung" auch Teil von explizit als Werbung markierten Strategien geworden ist (Bukacek 2009; Habscheid/Stöckl 2003), unterstreicht die Relevanz der Beschäftigung mit dem Phänomen der osmotischen Werbung, kann aber im Rahmen dieses Beitrags nicht näher diskutiert werden.

Vielmehr wird es darum gehen, die multimodale Konstruktion von auf den ju-gendlichen Körper abzielenden hypermedialen Identitätsangeboten an Jugendli-che am Beispiel der Stylingtutorials von Dagi Bee zu untersuchen. Grundlage die-ser Überlegungen ist ein Korpus von 30 Tutorials, die Dagi Bee zwischen 2012 und 2016 auf der Videoplattform YouTube gepostet hat, von denen drei im Rah-men dieses Beitrags näher betrachtet werden sollen: Das „Alltagsmake-up-Tuto-rial", das „Wintermake-up-Tutorial" und das „Tumblr-Frisuren-Tutorial".[2] Unter

---

[2]   Die 3 Tutorials finden sich unter folgenden Internetadressen: Das Alltagsmake-up-Tutorial
      (2013). <https://www.youtube.com/watch?v=uiiV0FVa7uw> (gesehen: 02.02.2017), das

Bezug auf dieses Korpus wird im folgenden Abschnitt (Kapitel 2) zunächst die Aufmerksamkeit auf einige theoretische Vorüberlegungen hinsichtlich der Relevanz osmotischer Werbung für die stark an Fragen der Körperlichkeit interessierte Entwicklungsphase der Pubertät gelenkt. Anschließend werden im 3. Kapitel die Tutorials von Dagi Bee vorgestellt und in Anlehnung an Hartmut Stöckls Analysemodell multimodaler Texte (Stöckl 2016) als Textsorte charakterisiert. Diese Überlegungen zur multimodalen Realisierung osmotischer Werbung sollen im 4. Kapitel auf die Rezeptionssituation von Tutorials in der Phase der Pubertät bezogen werden. Das Fazit stellt ausgehend von den vorherigen Befunden weitere Forschungsperspektiven heraus.

## 2.  Osmotische Werbung und die Ansprache jugendlicher Körper

Zwar hat sich in den letzten Jahren nicht zuletzt vor dem Hintergrund der Ausweitung der multimodalen Textanalyse (Schmitz 2016; Stöckl 2016; Schneider/Stöckl 2011) und der Hypertextlinguistik (Janoschka 2004; Runkehl 2012; Runkehl/Schlobinski/Sievers 1998) in der linguistischen Werbeforschung die Erkenntnis durchgesetzt, dass eine Begrenzung des Blicks auf traditionelle Printwerbung die Werberealität moderner Gesellschaften nicht mehr ausreichend erfasst (vgl. Janich 2013: 85–93; Runkehl 2013: 95–109; Siever 2005). Dennoch stehen noch immer eindeutig als Werbung gekennzeichnete Formate im Mittelpunkt von linguistischen Untersuchungen: Printwerbung, Plakatwerbung, hypermediale Werbeformate wie Spots, Banner, E-Mail-Werbung und vereinzelt Verkaufssendungen (Frommert 2012). Die angesprochenen Phänomene der osmotischen Werbung bleiben hierbei bisher weitgehend unbeachtet.

Diese Zurückhaltung ist umso verwunderlicher, wenn man berücksichtigt, dass sich Formen der osmotischen Werbung nicht erst seit der Existenz von sozialen Netzwerken und Userplattformen in den ‚alten' wie den ‚neuen' Medien finden. Für diese Annahme spricht bereits unsere Alltagserfahrung, dass es beispielsweise

---

Wintermake-up-Tutorial (2014). <https://www.youtube.com/watch?v=UtOSdmGa4xo> (gesehen: 02.02.2017) und das Tumblr-Frisuren-Tutorial (2016). <https://www.Youtube.com/watch?v =uiyGcKbT zmQ> (gesehen: 02.02.2017).

Modestrecken ‚schon immer' gab.[3] So weisen Dieter Baacke und Jürgen Lauffer bezogen auf Jugendliche bereits 1994 in ihrer Untersuchung der Jugendzeitschriften *BRAVO* und *MÄDCHEN* darauf hin, dass dort die Promotion von Produkten durch Werbestrategien betrieben wird, die „vom redaktionellen Teil nicht deutlich getrennt" sind (1994: 97). Dieser Befund wird (wie bereits erwähnt) 2008 von Kather auf den Printbereich von Jugendzeitschriften bezogen noch einmal empirisch untermauert. Ähnliche Tendenzen stellt die Studie von Dreyer u.a. (2014) für den Online-Bereich heraus. Auch in dieser Untersuchung zu Online-Seiten, die sich an 7-11jährige Kinder richten, weisen die Autor/inn/en auf die unmarkierte Verflechtung von werblichen und nicht-werblichen Inhalten hin (ebd.: 114ff.).

Nun unterstreichen diese Hinweise zwar die Relevanz des Gegenstandes der osmotischen Werbung, erhellen jedoch noch nicht die Frage nach den Gründen für die Attraktivität osmotischer Verfahren bei der Bewerbung von Jugendlichen. Ohne auf diese Frage zu diesem Zeitpunkt eine umfassende Antwort geben zu können, hat es den Anschein, dass Kinder und Jugendliche vor dem Hintergrund ihrer noch nicht abgeschlossenen Identitätsbildungsprozesse nicht genauso leicht wie Erwachsene als ‚Mutter', als ‚Experte', als ‚Sportlerin', als ‚Autofahrer' usw. erreichbar sind.[4] Für eine solche Annahme sprechen auch die in linguistischen Untersuchungen zu findenden Hinweise, dass Jugendliche in traditionellen Werbeformaten wie Printwerbung nur begrenzt tatsächlich als Jugendliche angesprochen werden (vgl. Buschmann 1994: 229; Efing 2012: 172; Homann 2006: 292). Da es aus der Perspektive der unterschiedlichen ökonomischen Sektoren moderner Gesellschaften aber darum geht und gehen muss, Kinder und Jugendliche möglichst früh in lebenslange Prozesse der Bewerbung zu integrieren (vgl. Homann 2006: 25–28; Willems 2009: 132f.), könnten Strategien der osmotischen

---

[3]  Bereits 1954 finden sich in der ersten Ausgabe der Frauenzeitschrift *Brigitte* Modestrecken (siehe dazu das Jubiläumsheft der *Brigitte* 2004).

[4]  Diese Annahme unterstreicht Willems (2009: 126f.) mit der Feststellung, dass Werbung Jugendlichkeit nicht über „,ernstzunehmende'" Funktionskontexte wie „Beruf, Mitgliedschaft in einer Partei o. Ähnliches" konstruiert, sondern über „,Äußerlichkeiten' der Erscheinung und des Verhaltens: Korporalität/Körperstyling, emotionale/affektive Expressivität, Kleidung/Mode, besondere freizeitliche bzw. spielerische Erlebnisräume und Erlebnisaktivitäten (Sport, Erotik, Musik, Tanz)".

Werbung besonders gut geeignet sein, weil sie per definitionem in andere alters-
spezifische Praktiken integriert auftreten.

Greift man diesen Gedanken auf, so ist aus empirischer Perspektive die Be-
obachtung relevant, dass osmotische Werbung – sei es in Form von Modestrecken, Tutorials oder Sportvideos – häufig im Bereich jugendlicher Körperpraktiken ansetzt bzw. unmittelbar auf den jugendlichen Körper zielt (sich kleiden, sich
schminken, ein berühmter Fußballer werden usw.). Anders formuliert, die Produkthinweise osmotischer Werbung sind Teil der Kinder und Jugendliche anspre-
chenden körperlichen Praktiken, in deren Rahmen sie präsentiert werden. Diese
Hypothese soll im Folgenden unter Bezug auf die untersuchten Stylingtutorials
exemplarisch untermauert werden. So soll empirisch nachgezeichnet werden, dass
Stylingtutorials unter Nutzung der sinnlichen Qualität multimodaler Texte Jugendlichen (hier: Mädchen) Sinnangebote zur Entwicklung einer eigenen körperlichen Identität machen, die direkt an Waren der käuflichen Lebenswelt geknüpft
werden.[5] Entscheidend ist dabei, dass diese Sinnangebote den Jugendlichen als
Gebrauchswertversprechen einen spezifischen eigenen Marktwert in Aussicht
stellen, indem sie sich (häufig) an den Körperpraktiken erfolgreicher Stars orientieren, die als Vorbilder und Ratgeber/innen fungieren (Meer i.V.).

Eine Erklärung für die Relevanz der angesprochenen Körperorientierung osmotischer Werbung für Jugendliche bieten die Überlegungen von Karin Mann
(2002) zum Zusammenhang von Fragen der Mode, des jugendlichen Körpers und
der Lebensphase der Pubertät. Mann weist aus entwicklungspsychologischer Perspektive darauf hin, dass sich in der Phase der Pubertät der Fokus von Jugendlichen aufgrund der massiven physischen Veränderungen (rasches Körperwachs-
tum, Geschlechtsreife usw.) verstärkt auf ihre Außenwirkung richtet (ebd.: 5). Damit wachse auch die Bedeutung des Körpers und der Kleidermode, die „für den
Jugendlichen ein hilfreiches Mittel darstellen, seine spezifischen Inhalte der Welt-
aneignung und der damit verbundenen Normen und Werte nach außen zu visuali-

---

[5]   Dass diese Tendenzen nicht nur für Tutorials, sondern auch für andere multimodale Textsorten z.B. Werbespots und Videos aus dem Bereich des Sports, aber auch für eine Vielzahl
von Musikvideos und Computerspielen gilt, wird im Rahmen weiterer Untersuchungen zu
zeigen sein.

sieren" (ebd.). Insoweit verwundert es nicht, wenn Katheder in ihrer Untersuchung zu Mädchenzeitschriften in der Thematisierung von Fragen des Körpers ein dominantes Hauptmotiv ausmacht kann (2008: 201ff.).

An diese Annahmen anschließend wird es im Verlauf des Beitrags darum gehen, die bisherigen Überlegungen empirisch zu untermauern und aufzuzeigen, wie es hypermedialen Textsorten wie den hier avisierten Stylingtutorials von Dagi Bee gelingt, durch die Konstitution hypermedialer Interaktionsräume die Ansprache jugendlicher Körper und die Beeinflussung jugendlicher Körperpraktiken mit den Mitteln der osmotischen Werbung multimodal zu verknüpfen. Aus dieser Perspektive soll im nächsten Abschnitt zunächst die Textsorte des Stylingtutorials genauer beschrieben werden.

## 3. Stylingtutorials auf YouTube: Tutorials von Dagi Bee als Textsorte im Web 2.0

### a. Zum Phänomen der YouTuberin Dagi Bee

Bevor die Stylingtutorials von Dagi Bee in diesem Kapitel im Anschluss an Stöckl als multimodale Textsorte beschrieben werden sollen, möchte ich einleitend auf die YouTuberin selbst eingehen. Dagi Bee postet seit 2012 auf YouTube Videos, Stylingtutorials, Hauls und Hacks, die (vor allem) von weiblichen Jugendlichen massenhaft rezipiert werden. In den Videos der YouTuberin werden teils allgemeine Probleme von Jugendlichen behandelt,[6] in den Stylingtutorials stehen jedoch in der Regel Fragen des Aussehens, des Make-ups oder der Frisur im Mittelpunkt. Ebenso wie Modestrecken enthalten die in der Regel 8-12 Minuten langen Tutorials werbende und ratgebende Elemente. Dabei handelt es sich bei Tutorials aus juristischer Perspektive nicht um Werbespots, da es keinen erkennbaren Auftraggeber gibt. Gleichzeitig finden sich jedoch kontinuierlich Hinweise auf käuflich zu erwerbende Produkte, deren Nutzen explizit benannt, deren Anwendung vorgeführt wird und deren Vorteile herausgestellt werden.

---

[6]  Siehe exemplarisch dazu die folgenden Tutorials (2014): „Probleme beim Shoppen" <https://www.You-tube.com/ atch?v=--bOxPTrsLU> (gesehen: 02.08.2016) und „Probleme am Morgen" <https://www.youtube. com/watch?v=8-8aNU8caVc> (gesehen: 02.08.2016).

Berücksichtigt man in diesem Zusammenhang die Ergebnisse der JIM-Studie (2015), in der in jährlichem Rhythmus 1200 12–19-jährige Jugendliche telefonisch zu unterschiedlichen Aspekten ihrer Mediengewohnheiten befragt werden, so ist es interessant, dass 12% aller Mädchen in der ungestützten, d.h. freien Abfrage (in der für andere Formate ansonsten nur Werte unter 2 % erzielt werden) angeben, regelmäßig zwei der sogenannten „Beauty-Portale" auf YouTube (Bibis Beauty Palace und Dagi Bee) als Tutorials für den Bereich Mode/Schminken und Lifestyle zu nutzen (JIM 2015: 35f.). Diese Angaben bestätigen sich auch aus der Perspektive der Abonennt/inn/enzahlen der beiden YouTuberinnen: Dagi Bee und Bibis Beauty Palace hatten am 10. Mai 2016 zusammen über 6 Millionen Abonent/inn/en. Vor diesem Hintergrund sollen die medialen Aktivitäten der YouTuberinnen und deren Einfluss auf Fragen jugendlicher Identitätsbildung anhand eines dieser beiden populären Portale – dem von Dagi Bee – näher betrachtet werden.

**b.  Stylingtutorials von Dagi Bee als Textsorte**

Grundlage meines analytischen Zugriffs auf die Stylingtutorials ist ein Analysemodell von Hartmut Stöckl (2016: 22ff.), anhand dessen die textsortenspezifische Ausgestaltung der Tutorials von Dagi Bee in ihrer multimodalen Spezifik skizziert werden soll. Stöckl unterscheidet im Rahmen dieses Modells (unter Bezugnahme auf unterschiedliche textlinguistische und multimodale Ansätze) fünf Beschreibungsebenen, die ich für die Analyse der Stylingtutorials im Weiteren nutzen möchte:

1.  die Gliederungsstruktur,
2.  die Handlungsstruktur,
3.  die Themenstruktur,
4.  die multimodale Verknüpfung und
5.  die Intertextualität (ebd.: 23f.).

Diese Analyseebenen aufgreifend lässt sich im Hinblick auf die *Gliederungsstruktur* der Tutorials von Dagi Bee festhalten, dass diese in der Regel aus drei Phasen bestehen: der *Anmoderation*, dem *ratgebenden Hauptteil* (dem ‚eigentlichen' Tutorial) und der *Abmoderation*. Vereinzelt (siehe z.B. das Alltagsmakeup-Tutorial) findet sich vor der Anmoderation ein (musikalisches) *Intro*, in dem in der Regel nur ein musikalisch hinterlegtes Standbild mit der Ankündigung eines Videos von Dagi Bee zu sehen ist.

Die Trennung der einzelnen Phasen wird multimodal zum einen durch scharfe Schnitte, zum anderen durch einen Wechsel der genutzten Modalitäten markiert. Insgesamt nutzt Dagi Bee in ihren Tutorials die Modalitäten ‚gesprochene (und seltener geschriebene) Sprache‘, ‚dynamische (und ganz vereinzelt statische) Bilder‘ und ‚Musik‘. Diese Modalitäten werden jedoch phasenspezifisch unterschiedlich eingesetzt und kombiniert.[7] So wird der Wechsel vom Intro zur Anmoderation im Alltagsmake-up-Tutorial beispielsweise durch den Wegfall der Musik und den Beginn bewegter Bilder und gesprochener Sprache angezeigt, während der Phasenwechsel im Tumblr-Frisuren-Tutorial zusätzlich zum scharfen Schnitt durch einen Dominanzwechsel von der gesprochenen Sprache zu bewegten Bildern (und wieder zurück) markiert wird. Über diese multimodalen Markierungen hinaus wird die Phasenstruktur zusätzlich unterstützt durch sehr lange Einstellungen, die innerhalb der einzelnen Phasen nur punktuell durch weiche Schnitte und Veränderungen der Kameraeinstellung (z.B. von Halb-/Nah zu Detail und zurück) unterbrochen werden.

Der Hintergrund der unterschiedlichen Tutorials variiert zwischen zwei Orten des Jugendzimmers der YouTuberin: So sitzt Dagi Bee entweder auf ihrem Bett (Abb. 1) oder vor einer mit Werbepostern als (vermeintliches) Mädchenzimmer inszenierten Wand (Abb. 2). Dieses Setting, auf das ich im Weiteren zurückkommen werde, ist für die Konstruktion einer quasi-natürlichen und damit para-interaktiven Kommunikationsbeziehung zu ihren Rezipient/inn/en und Fans von entscheidender Bedeutung.[8]

---

[7]   Mit meinem Verständnis von Modalität bzw. Modus orientiere ich mich bezogen auf die hier diskutierte Textsorte an den Überlegungen von Schmitz (2016: 331), der in Abgrenzung zu Stöckl (2016) von den folgenden fünf Modalitäten ausgeht: gesprochene vs. geschriebene Sprache, stehendes vs. bewegtes Bild sowie Audio (Geräusche und Musik). Zu seiner Auseinandersetzung mit den Annahmen Stöckls siehe ebd.: 332.

[8]   Zum Begriff der para-interaktiven Kommunikation siehe Ayaß (1993: 35ff.) und Hepp (1998: 65), die Horton und Wohls (1956: 215) Überlegungen zu para-sozialer Kommunikation aufgreifen und begrifflich präzisieren.

Abb.1: Mitesser-Tutorial[9] (Min. 0:10)          Abb. 2: Alltagsmake-up-Tutorial (Min. 1:11)

In den Fällen, in denen es kein musikalisches Intro gibt, beginnt das Tutorial mit einer Anmoderation durch Dagi Bee. In dieser Anmoderation wird die YouTube-rin in Halbnah- oder Nahaufnahme gezeigt. Dabei befindet sie sich in Frontstel-lung, indem ihr Oberkörper im Schnittpunkt der Bildgraden positioniert ist. In der Regel handelt es sich bei der 1 bis 2 Minuten dauernden Anmoderation um eine einzige lange Einstellung, so dass jegliche Aktivität ausschließlich von der You-Tuberin, ihrer Mimik, Gestik und verbalen Anmoderation ausgeht (siehe Abb. 3). In einigen Fällen – wie dem vorliegenden – findet sich in der Startphase zusätzlich der Namenszug der Moderatorin. Alle genannten Elemente sichern im Hinblick auf die Rezeption von Beginn an eine vollständige Konzentration auf Dagi Bee und ihre Aktivitäten.

Abb. 3: Wintermake-up-Tutorial (Minute 0:02)

Das Ende der Anmoderation und die Überleitung zum Hauptteil, dem ‚eigentli-chen Tutorial‘, wird von der YouTuberin mit Äußerungen wie „ZU viel gela-ber, ZU viel blabla;“ (Alltagsmake-up-Tutorial) verbal eingeleitet, worauf-hin durch den erwähnten harten Schnitt und die modalen Veränderungen der Hauptteil des Videos beginnt. Dieser wird zusätzlich durch den Wegfall der ge-sprochenen Sprache und den Beginn kontinuierlicher Hintergrundmusik unterstri-chen (siehe Wintermake-up-Tutorial) oder durch den die verbalen Kommentare

---

9   Siehe das Tutorial gegen „Mitesser & große Poren“ <https://www.youtube.com/watch?v=h
    MbQiFneyvQ&list=PLPDdndJP7u0kthV-3d-_7QLsZHSVfJFZ7> (gesehen: 02.08.2016).

ergänzenden Beginn von Hintergrundmusik vollzogen (Tumblr-Frisuren-Tutorial).

In allen Varianten treten mit Beginn des Hauptteils des Tutorials an die Stelle gesprochen-sprachlicher Einheiten dynamisch-bildlich präsentierte Schmink- oder Frisierhandlungen, die die YouTuberin an sich selbst vollzieht. Diese langsame bildliche Demonstration des ‚Sich-Stylens' wird lediglich durch die Präsentation der genutzten Schmink- oder Haarprodukte unterbrochen. Diese werden durch einen weichen Schnitt von den übrigen Stylinghandlungen getrennt gezeigt und durch die Moderatorin vor jeder Handlung im Schnittpunkt der Bilddiagonalen zentral und vergrößert präsentiert. Damit sind die Produkte zu Beginn jedes Handlungsschritts an der Stelle zu sehen, an der davor und danach Dagi Bee selbst zu sehen ist (siehe Abb. 4).

Abb. 4: Wintermake-up-Tutorial: 3 aufeinanderfolgende Standbilder in Min. 0:50-0:53.

Beim Übergang von der Phase des Hauptteils zur Abmoderation wird der Wechsel der Hauptmodalitäten in Kombination mit dem scharfen Schnitt erneut rückgängig gemacht: Hier werden wie in der Anmoderation gesprochen-sprachliche Einheiten in Kombination mit dynamischen Bildern genutzt.

Die bisher beschriebene Gliederungsstruktur ist vollständig kongruent mit der *Themenstruktur* (Stöckl 2016: 23) der Tutorials: Während die An- und Abmoderation der rituellen Rahmung (Begrüßung/Verabschiedung), der thematischen Fokussierung und der Sicherstellung des Fanstatus der Zuschauer/innen gilt (Motivation des Videos über die Wünsche der Fans zu Beginn und Aufforderung, das Tutorial zu liken am Ende), kann der Hauptteil des Tutorials thematisch als exemplarische Bearbeitung des Körpers der Moderatorin beschrieben werden, die Vorbildfunktion für ihre Fans haben soll. Dieser Themenstruktur entspricht auf der Ebene der von Stöckl avisierten *Handlungsstruktur* (2016: 23) damit für An- und Abmoderation vorrangig der Aspekt der Kontaktpflege zu den Fans, für den Hauptteil des Tutorials vor allem der Funktion der Beratung für Fragen des Stylings unter Nutzung von käuflichen Waren.

Die *multimodale Verknüpfung* der drei Abschnitte wird vor allem durch die bildliche Präsentation und die sprachlichen und körperlichen Aktivitäten der You-Tuberin geleistet: Indem Dagi Bee in der Anmoderation aus ihrem eigenen Jugendzimmer bildlich und sprachlich Kontakt mit ihren Fans aufnimmt und ihre Tutorials als Wunsch ihrer Abonnent/inn/en motiviert, ihnen bei Fragen des Körperstylings beratend zur Seite zu stehen, konstituiert sie sich zum einen sprachlich als ratgebende Expertin (siehe dazu Kapitel 4.2.2), zum anderen fokussiert sie den jugendlichen Körper bildlich und sprachlich anhand ihres eigenen als Gegenstand der stylenden Veränderung durch kommerzielle Produkte. Damit wird neben dem bereits mehrfach angesprochenen Styling-Frame zusätzlich der Beratung-Frame aktualisiert. [10]

Schaut man sich aus dieser Perspektive die folgende, musikalisch hinterlegte (Stand-)Bild-Sequenz (Abb. 5) aus dem Wintermake-up-Tutorial an, so wird deutlich, dass die Einheit der Handlungsabfolge kohäsiv (neben der hier nicht transkribierten Hintergrundmusik) u.a. durch die gleichbleibende farbliche Gestaltung des lila-farbenen Hintergrunds und die sich hiervon farblich absetzende beige-hautfarbene YouTuberin und ihr Make-up sichergestellt wird. Mit dieser farblichen Fokussierung auf Dagi Bee und ihr Make-up wird auf den Styling-Frame verwiesen, der im Rahmen des Tutorials kontinuierlich bildlich in Form konkreter Schminkhandlungen und Produkthinweise aufgegriffen wird.

Innerhalb dieses Rahmens wechseln die Aktivitäten der YouTuberin zwischen der Fokussierung auf sich selbst (Blick in den Spiegel in Standbild 1, 8 und 9), auf das Produkt (Blickrichtung und/oder Fokussierung der Kamera in Standbild 2, 3, 4, 5 und 7) und auf die adressierten Fans (Standbild 4, 6). Als weiteres Kohäsionsmittel fungieren dabei die Ausrichtung ihres Blicks (in den nicht sichtbaren Spiegel, auf das Produkt oder in Richtung auf die Rezipient/inn/en), ihre Zeigegesten (wie z.B. die in den Standbildern 2, 4, 5 und 6) und Formen der expliziten Kontaktaufnahme mit den Fans, z.B. durch den Kussmund in Standbild 6.

---

[10] Unter einem „Frame" möchte ich Anschluss an Alexander Ziem einen Bedeutungsrahmen verstehen, der sich auf ein Referenzobjekt bezieht, das unter Bezug auf das Weltwissen von Kommunikationsbeteiligten anhand von sprachlich implizit aktualisierten Elementen („default values") oder sprachlich explizit realisierten Elementen („filler") in seiner aktuellen Bedeutung begriffen/(re-)konstruiert werden kann (Ziem 2012: 71f.).

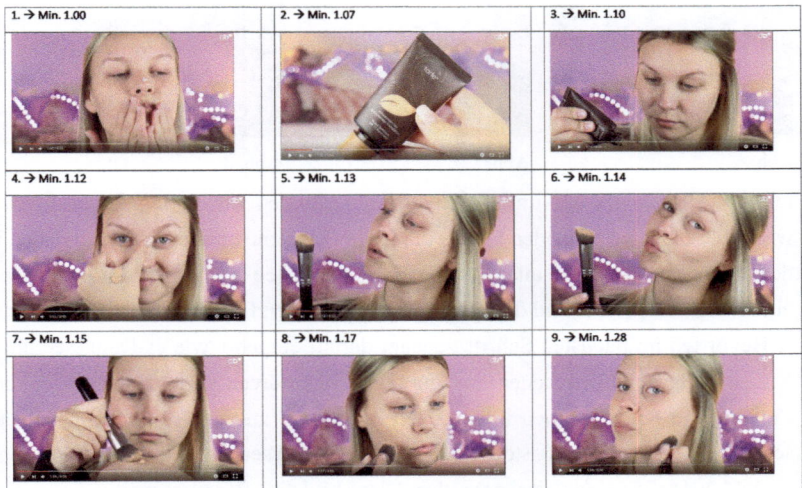

Abb. 5: Wintermake-up-Tutotrial (Min. 1:00-1:28).

Zusätzlich zu den angesprochenen Beratungs- und Styling-Frames wird an dieser Sequenz damit exemplarisch deutlich, dass für die Tutorials ein weiterer Frame relevant ist, der sich auf Konzepte wie „Zuneigung" und „Liebe" bezieht. Dieser Frame zeigt sich hier vor allem im Kussmund in Standbild 6. Er ist auch deshalb relevant, weil der aufgerufene Frame der „Zuneigung" in seiner Zielrichtung auf das benutzte Produkt oder die Fans doppeldeutig bleibt.

Para-interaktive Adressierungen, wie die des Kussmunds (Standbild 6, Abb. 5) finden sich in Tutorials von Dagi Bee kontinuierlich: Sei es als Kussmund, der wie in Abb. 6 zusätzlich schriftsprachlich durch den Hinweise „ily" („I love you") in Minute 0:59 multimodal verstärkt wird, sei es durch die Geste des mit den Händen geformten Herzens im Wintermake-up-Tutorial (Minute 8:49) in Abb.7, die verbal nicht selten durch eine Aussage wie „ich hab euch alle ganz doll LIEB" (Wintermake-up-Tutorial; Min. 8:50) unterstützt wird oder sei es durch die Geste des Winkens in Minute 0:08 des Alltagsmake-up-Tutorials (Abb. 8).

Abb. 6                          Abb. 7                          Abb. 8

Die hohe Relevanz des immer wieder aufgerufenen Zuneigung-/Liebe-Frames wird über einzelne Episoden hinaus durch die Tatsache unterstrichen, dass sich in der oberen rechten Ecke aller Tutorials von Dagi Bee ihr Logo befindet, das aus einem Herzen besteht und dem Namenszug bzw. den Initialen der YouTuberin.

Bevor ich im nächsten Schritt genauer darauf eingehe, wie es Dagi Bee unter Nutzung der angesprochenen multimodalen Ressourcen gelingt, ihre Abonnent/inn/en und Fans in einen interaktiven Austausch zu verwickeln, soll hier abschließend auf die von Stöckl angedachte Analyseebene der *Intertextualität* (Stöckl 2016: 25) hingewiesen werden. Diese bildet die Voraussetzung dafür, dass die Fans von Dagi Bee über das für eine angemessene Rezeption notwendige Hintergrundwissen verfügen. Explizit werden diese intertextuellen Bezüge im Rahmen der Tutorials, wenn Dagi Bee in der Anmoderation auf vergleichbare frühere „Stylingangebote" verweist, die von ihren Abonnent/inn/en begeistert aufgenommen wurden, oder wenn sie ihre Fans in der Abmoderation auffordert, das Tutorial zu „liken", zu kommentieren, nachzumachen bzw. in unterschiedlichen sozialen Netzwerken mit ihr im Kontakt zu bleiben (neben YouTube auf Facebook, Twitter, Instagram und Snapchat). Damit verknüpft sie ihre Tutorials nicht nur mit anderen Tutorials dieser Art, sondern auch mit einer Vielzahl weiterer Textsorten, die Abonnent/inn/en in einen Prozess nicht endender Kommunikation über die YouTuberin, über Prozesse des Körperstylings und die dazu notwendigen Stylingprodukte verwickeln.

## 4. Tutorials von Dagi Bee und die multimodale Ansprache jugendlicher Körper

Ausgehend von den skizzierten textsortenspezifischen Rahmenbedingungen soll im nächsten Schritt die Frage behandelt werden, wie es der YouTuberin unter

Nutzung der angeführten multimodalen und hypermedialen Möglichkeiten gelingt, ihre inzwischen über 3,5 Mio. Abonnent/inn/en (22.03.2017) unter Nutzung der angesprochenen Frames in einen umfassenden kommunikativen Prozess des vermarkteten Austauschs einzubinden. In einem ersten Schritt soll hierbei im Anschluss an Christiane Funken (2003) zur hypermedialen Funktion von „vertrauten Räumen" die Relevanz des Jugendzimmers von Dagi Bee im Mittelpunkt stehen.

**a. Hypermedialer Kontakt und die Intimität des jugendlichen Zimmers**

Funken weist im Rahmen einer Untersuchung zu hypermedialen Chats und Spielen darauf hin, dass die Glaubwürdigkeit menschlichen Identitätsausdrucks aus phänomenologischer Perspektive entscheidend durch die körperliche Anwesenheit der jeweiligen Interaktionspartner/innen beeinflusst wird, da der Körper „in jeder sozialen Interaktion als unhintergehbares Zeichen" gilt (2003: 284). Allerdings sei gerade diese körperlich manifestierte Glaubwürdigkeit in den Hypermedien unsicher geworden (ebd.: 286).

Auf diese Annahmen aufbauend geht Funken weiter davon aus, dass die „radikale Loslösung der sozialen Beziehungen von den unmittelbaren Gegebenheiten ihres Kontextes" in den Hypermedien „nur durch den systematischen Einsatz von symbolischen Zeichen" ausgeglichen werden kann (ebd.: 286f.). Eine solche Funktion übernehmen ihrer Einschätzung nach gezielt gestaltete, den User/inne/n vertraute Räume, die die fehlende Stabilität körperlich präsenten Identitätsausdrucks ausgleichen (ebd.: 290).

Auf der Grundlage dieser allgemeinen Überlegungen zur Relevanz vertrauter Räume in den Hypermedien soll nun zunächst der Blick auf die weiter oben bereits erwähnte Tatsache gelenkt werden, dass die Tutorials von Dagi Bee durchgängig in ‚ihrem Zimmer' entstehen, entweder vor einer als Mädchenzimmer mit (Werbe-)Postern gestalteten Wand (siehe oben Abb. 2) oder – deutlich häufiger – auf ihrem (mit und ohne Lichterketten unterschiedlich gestylten) Bett (siehe Abb. 1). Dieser Feststellung kommt im Zusammenhang mit der Tatsache, dass in Anlehnung an die JIM-Studie von 2015 nahezu alle Jugendlichen über ein oder mehrere portable und internetfähige Endgeräte verfügen,[11] insoweit eine entscheidende Bedeutung zu, als dass die in ihrer Mehrzahl weiblichen Fans von Dagi Bee

---

[11] 99% der befragten Mädchen und 97% der Jungen geben an, über ein internetfähiges Handy/Smartphone zu verfügen (JIM 2015, 10).

in der Lage sind, die Tutorials in ihren Zimmern, auf ihrem Bett bzw. vor ihren Wänden zu sehen. Dadurch entsteht vor dem Hintergrund hypermedialer Bedingungen potenziell eine interaktionell als face-to-face erlebte (para-interaktive) Kommunikationssituation, in der die Rezipient/inn/en Dagi Bee in der Privatheit und Intimität ihrer Jugendzimmer ‚gegenübersitzen'.

Diese räumlich unterstützte Situation suggeriert aber nicht nur – wie Funken herausstellt – Vertrautheit, sondern ermöglicht es der YouTuberin para-interaktiv in eine vermeintlich symmetrische, körperlich manifestierte Interaktionsbeziehung mit ihren Fans zu treten, die sich mit ihren Fragen und Stylingproblemen an sie wenden können und denen sie Lösungsangebote verspricht. Diese para-interaktive Komponente, die zum einen durch den multimodal fundierten Eindruck des körperlich anwesenden Gegenübers erzeugt wird, wird unter den Bedingungen des Web 2.0 zusätzlich durch die oben angesprochenen intertextuellen Möglichkeiten der hypertextuellen Anschlusskommunikation unterstützt: Die Fans können und sollen die Tutorials „liken", können und sollen direkt in den Kommentarlisten auf YouTube reagieren oder können und sollen andere Formen der hypermedialen Interaktion in unterschiedlichen sozialen Netzwerken nutzen.

Damit kommt jedoch nicht nur der von Funken herausgestellte Glaubwürdigkeitseffekt durch die räumliche Vertrautheit des jugendlichen Zimmers in den Blick, sondern gleichzeitig wird aus genau umgekehrter Perspektive deutlich, dass die vermeintliche Geschütztheit des Privatbereichs unter den Bedingungen der hypermedialen Vernetzung längst Teil des öffentlichen Raumes ist. Wie dieser von Dagi Bee para-interaktiv (bildlich und sprachlich) gestaltet wird, soll im nächsten Teilkapitel betrachtet werden.

### b. Para-Interaktive Ausgestaltung des hypermedialen Kontakts
#### i. Dagi Bee und die Konstruktion einer Trickster-Identität

Beim folgenden Transkriptauszug handelt es sich um den Beginn des Hauptteils des Tutorials zum Alltagsmakeup. Unter Bezug auf diese Startphase wird es mir darum gehen, eine für Dagi Bee typische Form der Kontaktaufnahme zu ihren Fans genauer zu betrachten:

| Zeit/<br>Minuten | (Stand-)Bild | Gesprochene Sprache |
|---|---|---|
| 1:17 | | SO. |
| 1:19 | | komischerweise is mein ge-<br>sicht die ganze zeit KNALL-<br>rot, |
| 1:22 | | ich hab KEIne ahnung waru:m,<br>ich glaub das liegt EINfach<br>daran,<br>weil es draußen ARSCHkalt<br>ist, |
| 1:27 | | und ich REINgekommen bin,<br>((nach Worten suchende, dre-<br>hende Handbewegungen)<br>und dann kriech ich immer |
| 1:29 | | so KOmische rote wangen;<br>(.)Aber-(.) |
| 1:30 | | ich hab jetzt keine LUST so<br>lange zu warten, |
| 1:31 | | IS aber auch kein NACHteil,<br>weil ich SOwieso make-up be-<br>nutzen werde, |
| 1:32 | | DEShalb wird man das auch<br>nich sehen.<br>NE? |

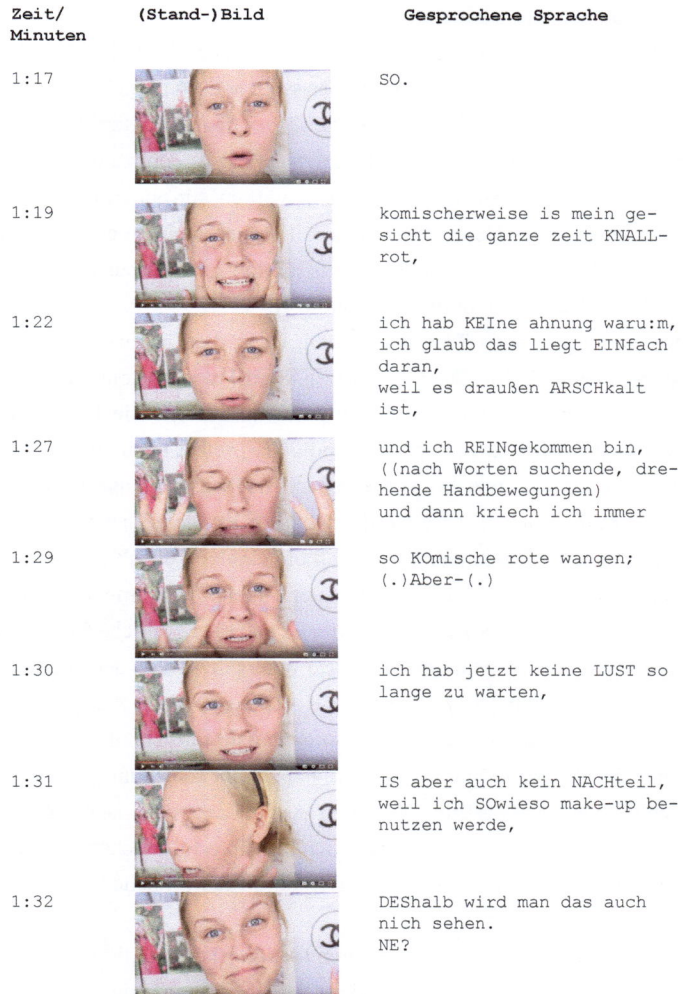

Transkript 1: Alltagsmake-up-Tutorial (Min. 1:17-1:32)

Kommentare zu Themen wie dem der KOmische(n) rote(n) wangen;, die Dagi Bee in der vorhergehenden Sequenz anspricht, sind häufig Basis von Tutorials der You-Tuberin. So antworten die Tutorials durchgängig auf die Frage, wie es gelingen kann, einer vermeintlich optisch verbesserungswürdigen Jugendlichen mit den Mitteln des Make-ups eine bessere Außendarstellung zu ermöglichen. Was hier innerhalb des Styling-Frames systematisch aufgebaut wird, ist die Überzeugung, dass Styling alternativlos ist. Dabei liegt die Attraktivität solcher Angebote, unter Nutzung (käuflicher) Kosmetika eine Andere zu werden, älter zu scheinen oder eventuell selbst wie ein Star zu wirken, für pubertierende Jugendliche unmittelbar auf der Hand. Allerdings soll es hier in einem ersten Schritt nur darum gehen, die para-interaktionale Konstruktion genauer zu betrachten, die Dagi Bee ihren User/inne/n multimodal anbietet.

Für den vorhergehenden Transkriptauszug ist in diesem Zusammenhang die Tatsache entscheidend, dass Dagi Bee sich in ihren Tutorials kontinuierlich unter Nutzung einer doppelten Identitätskonstruktion inszeniert: Sie ist (zur Entstehungszeit ihre Tutorials zwischen 2012 und 2016) selbst noch (fast) jugendlich und kann sich somit – wie im vorhergehenden Transkriptauszug zu sehen – sprachlich darauf beziehen, dass sie die gleichen Probleme hat wie ihre Fans. Hierbei nutzt sie den Gleichheitstopos („ich bin eine von euch"), der semantisch dadurch an Glaubwürdigkeit gewinnt, dass der Zuneigung-Frame im Rahmen der Tutorials (wie angesprochen) allgegenwärtig ist und die räumliche Gestaltung des Kontakts eine solche Beziehungssymmetrie unterstützt. Auf der anderen Seite verfügt die YouTuberin jedoch über die Kompetenz, diese Ausgangsidentität durch das Anlegen eines Make-ups im Laufe der Tutorials so zu verändern, dass sie am Ende der YouTube-Star ist, den ihre Fans in ihr sehen und an dem sie sich orientieren (möchten). Konstitutiv für diese zweite Facette der Bee'schen Identitätskonstruktion ist der Hierarchietopos („ich bin ein erfolgreicher Star"). Dieser wird semantisch unterstützt durch den Beratung-Frame (siehe dazu Abschnitt 4.2.2).

Indem wir es hier also mit zwei konträren Identitätskonstruktionen der YouTuberin zu tun haben, von denen die eine den Gleichheitstopos, die andere den Hierarchietopos nutzt, möchte ich von Dagi Bee im Anschluss an Pamela Steen (2015) von einer Trickster-Konstruktion sprechen. Unter einem Trickster versteht Steen ein semiotisch konstituiertes Repertoire unterschiedlicher kommunikativer

Funktionstypen, das es Individuen ermöglicht, Ambivalenzen und Defiziterfahrungen des realen Lebens narrativ und performativ aufzulösen und in eine zweite, sozial erwünschte Identität zu überführen (ebd.: 369).

Greift man diese Überlegungen auf, so ist im Hinblick auf Dagi Bee festzuhalten, dass es sich auch bei ihr um eine solche Trickster-Konstruktion handelt. Sie inszeniert sich in ihren Tutorials – wie im einleitenden Transkriptauszug gesehen – wahlweise als „normales junges Mädchen" oder als „erfolgreicher YouTube-Star", wobei die Zielperspektive („die sozial erwünschte Identität") die vollakzeptierte Welt der Stars ist. Die Mittel der Konstruktion des Übergangs von der einen Identität zur anderen sind bei Dagi Bee – anders als bei Steen – nur in Teilen (in der Phase der An- und Abmoderation) narrativ inszeniert. Vielmehr erschließen sie sich dominant aus den präsentierten Schminkhandlungen, die den Übergang vom einen Status in den anderen motivieren und optisch nachvollziehbar machen.

Betrachtet man die folgenden drei Standbilder (aus Abb. 9), die aus drei unterschiedlichen Phasen des Alltagsmake-up-Tutorials stammen, unter Bezug auf den oben wiedergegebenen Transkriptauszug, so wird deutlich, dass sich die langsame Verwandlung von Dagi Bee im Rahmen des Stylingprozesses als Metamorphose einer einfachen Jugendlichen (mit KOmische(n) rote(n) wangen;) zum erfolgreichen YouTube-Star beschreiben lässt:

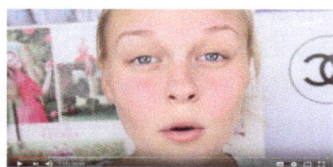

Min. 1:17

Min. 5:54

Min. 10:34

Abb. 9: Alltagsmake-up-Tutorial

Berücksichtigt man die prozessual-bildliche Qualität dieser langsamen Verwandlung, die zusätzlich zu Beginn verbal angekündigt wird, so kann man hierin über die Überlegungen Steens hinaus im Anschluss an Claude Levi-Strauss´ Definition eines Tricksters eine quasi-rituelle Handlung sehen, mit der es darum geht, unvereinbare Gegensätze aufzuheben. So definiert Levy-Strauss die Figur des Tricksters im Rahmen seiner mythentheoretischen Überlegungen als mythischen Aktanten, der sich als ambivalente Konstruktion zwischen zwei Polen hin und her bewegen kann. Ergänzend heißt es hierzu bei Levy-Strauss:

> „Thus, the mediating function of the trickster explains that since its position is halfway between two polar terms he must retain something of the duality, namely an ambiguous and equivocal character. " (Levy-Strauss 1955: 441)

Entscheidend ist an diesen Überlegungen die Tatsache, dass sich Dagi Bee zu jedem Zeitpunkt auf die angesprochenen Reste der jeweils anderen Identitätskonstruktion beziehen kann. Nur so ist es für sie möglich, ihren jugendlichen Fans gleichermaßen Nähe wie Erfolg anzubieten.

Schaut man sich aus der Perspektive Transkriptauszug 1 im Detail an, so fällt die Ambivalenz der Verweise der Moderatorin auf, mal auf ihren Status als junges Mädchen, mal auf ihre Position als vermarkteter Star. Räumlich befindet sich die Moderatorin in diesem Tutorial vor der Wand ihres Zimmers, was sich die User/innen – so die Moderatorin in der Anmoderation – gewünscht hätten (Gleichheitstopos: „ich bin eine von euch"). Gleichzeitig erweist sich diese Wand bei genauerem Hinsehen als eine vermarktete Fläche mit Postern von Mode- und Kosmetikfirmen (Hierarchietopos: „ich bin ein vermarkteter Star"). Nachdem die Moderatorin bereits in der Anmoderation berichtet hat, dass `ÄH:- (.) heute […]` `irgendwie ALles schief-` gelaufen ist, belegt sie diese Einschätzung zu Beginn des Tutorials mit ihren `KOmische(n) rote(n) wangen;` (Gleichheitstopos: „ich habe wie ihr alltägliche Probleme"). Der entscheidende Übergang, der ihre

Trickster-Identität konstituiert, erfolgt parallel zur Einstellung in Sek. 131f., wenn sie herausstellt, dass dies aber auch kein NACHteil ist, weil ich SOwieso makeup benutzen werde,. An dieser Stelle kündigt sie verbal den Übergang von einer „normalen Jugendlichen mit normalen Problemen" zu einer Expertin für Fragen der kosmetischen Problemlösung (Hierarchietopos: „ich verfüge über Expert/inn/enwissen") an, was eine der Grundlagen ihres Status als YouTube-Star ist. Die Attraktivität dieser Trickster-Konstruktion für ihre Fans besteht dabei in dem Versprechen, den Fans im Tutorial das Geheimnis ihres Erfolgs zu verraten und ihnen Wege zu eigenen Trickster-ähnlichen Identitätswechseln aufzuzeigen.

Damit möchte ich abschließend auf den erwähnten Aspekt der osmotischen Werbung und dessen Einbettung in den Prozess der Beratung zurückkommen.

### ii.  Osmotische Werbung als Form der Beratung

Die im Vorherigen beschriebene Trickster-Identität der YouTuberin ist im Hinblick auf ihre Tutorials auch deshalb relevant, weil sie ihr ermöglicht, zwischen der interaktionellen Position von Symmetrie und Asymmetrie zu wechseln, ohne dass dies für ihre Fans inkonsistent wirken würde. Als Trickster ist sie eben beides: eine von ihnen und ein erfolgreicher Star. Dabei habe ich im letzten Abschnitt bereits herausgestellt, dass ihre Rolle als Beraterin für Fragen des Stylings grundlegend ist für die Asymmetrie zwischen ihr und ihren Fans: Zwar hat sie als Trickster die gleichen Probleme wie ihre Fans, aber anders als diese verfügt sie über das Expert/inn/enwissen, das notwendig ist, um die Fragen ihrer Fans zu beantworten.

Diese interaktionelle Konstruktion zur Star-Beraterin soll anhand des folgenden Transkriptauszugs exemplarisch nachgezeichnet werden. Der Auszug stammt aus der Startphase der Anmoderation des Tutorials zum Wintermake-up:

| Zeit/ Mi-nuten | (Stand-)Bild | Gesprochene Sprache |
|---|---|---|
| 0:14 | | ja (.) U:ND-<br><br>es kamen SEHR sehr viele anfragen, |
| 0:16 | | zu::: (-) DIEsem bild hier,<br><br>und (.) vIEle haben mich gefragt wie ich dieses make-up gemacht hab, |
| 0:22 | | u:nd (.) dann DACHt ich mir ma-<br><br>ich mach einfach ma n tu-TOrial für euch- |

Transkript 2: Wintermake-up-Tutorial (Min. 0:14-0:22)

Entscheidend für die Realisierung des Hierarchietopos und damit den Übergang von einer „normalen" Jugendlichen zum YouTube-Star ist die Aktualisierung des Beratung-Frames. Unter Bezug auf Ina Picks Definition von Beratung (2015: Kap 3.1) lässt sich festhalten, dass Dagi Bee ihre Rolle als Beraterin im vorhergehenden Transkriptauszug *institutionell*[12] dadurch absichert, dass sie parallel zum Standbild in Sekunde 14 auf die vielen Anfragen verweist, die sie bekommen hat. Bereits mit diesem Hinweis rekurriert sie auf ihre institutionelle Position als YouTuberin, die sich von der ihrer Fans durch eine „eins-zu-viele-Relation" unterscheidet.

Mit dem anschließenden Verweis parallel zum Standbild in Sekunde 16 greift sie diesen Aspekt mit dem Verweis auf „viele" vs. „mich" erneut auf, erweitert ihn aber um die *Bestimmung eines Problems* und den Verweis auf ihre *Expertise*: Indem es viele Anfragen zu:::(-) DIEsem bild hier, gab, unterstreicht sie durch das Einblenden des Fotos ihre kosmetische Expertise, die offensichtlich von

---

[12] Die kursiv gesetzten Termini stammen aus der Definition des Beratungsbegriffs bei Pick (2015).

`vIEle(n)` angefragt wurde. Mit diesen Hinweisen sind die *Rollen der Ratsuchenden und der Ratgebenden* kommunikativ eingeführt.

Den *Prozess der Problemlösung*, d.h. den Übergang ihres Expertinnenwissens an die Ratsuchenden, bildet der Hauptteil des Tutorials, das in seinem langsamen, Schritt für Schritt erfolgenden Vollzug des Schminkens darauf angelegt ist, von den Fans nachgeahmt zu werden. Insoweit werden der von Pick prototypisch angenommene *Beratungsprozess* und die damit verbundenen *Problemlösungen* multimodal sowohl sprachlich wie auch bildlich vollzogen. In der Folge stellt das Tutorial in Gänze eine Beratungssituation dar. Dabei wird die Bedeutung der Trickster-Konstruktion für die Rezipient/inn/en am Ende des Tutorials erneut relevant, wenn Dagi Bee ihre Fans in der Abmoderation dazu auffordert, das präsentierte Make-up selbst auszuprobieren, ihr Fotos zu schicken, die sie dann liken und kommentieren werde. Hier wird sie para-interaktiv sprachlich zwar wieder zum Peer, der mit den anderen Peers in einem permanenten medialen Austausch zu Fragen des Körperstylings steht, gleichzeitig bleiben Reste ihres Status als Star aber schon deshalb erhalten, weil sie am Ende des Tutorials perfekt geschminkt zu sehen ist. Insoweit bestätigt ihre Zwischenposition zwischen ‚Star' und ‚Peer' in der Abmoderation noch einmal die Annahme Levy-Strauss', dass der Trickster sich zwischen zwei Polen bewegt und dabei immer auch Reste der jeweils anderen Polarität realisiert.

Betrachtet man vor dem Hintergrund der vorhergehenden Überlegungen die Warenhinweise der Moderatorin während des eigentlichen Tutorials, so ist nicht nur unmittelbar klar, warum die Produkthinweise nicht auffallen, sondern auch, warum sie von Jugendlichen als (unhinterfragt) notwendig akzeptiert werden: Sie sind zwingender Teil des Beratungsprozesses. Dies soll abschließend anhand des folgenden Transkriptauszugs aus dem Tumblr-Frisuren-Tutorial verdeutlicht werden. Die YouTuberin moderiert dieses Tutorial sprachlich zunächst einmal damit an, dass die Fans keine „Bad-Hair-Days" mehr haben werden, wenn sie die von Dagi Bee vorgestellten Frisuren erst einmal kennen. Damit wird auch dieses Tutorial als Problemlösungsweg für alltägliche Probleme eingeführt, innerhalb dessen der Moderatorin die Rolle der Ratgeberin-Expertin zukommt. Die im Folgenden transkribierte Sequenz findet sich zu Beginn des Hauptteils des Tutorials:

| Zeit/<br>Minuten | Standbild | Gesprochene Sprache |
|---|---|---|
| 1:00 | | wie für jede frisur müsst ihr |
| 1:02 | | eure haare GUT durchbürs-ten;<br>und ich sag euch mal son kleinen |
| 1:05 | | INsidertipp, |
| 1:07 | | TROCkenschpoo ist einfach helfer für alles. |
| 1:10 | | wenn ihr DAS genügend reinsprüht- |
| 1:12 | | habt ihr VIEL volumen in den haaren, |
| 1:13 | | und es is einfach (-) GRIFfiger. |

Transkript 3: Tumblr-Frisur-Tutorial (Min. 1:00-1:13)

Unmittelbar im Anschluss an die angekündigte erste Frisur beschreibt Dagi Bee hier in Minute 1:00-1:02 den ersten Handlungsschritt, der darin besteht, dass alle ihre Haare gut durchbürsten sollen. Dass sie parallel zum gesprochenen Text im ersten Standbild (Minute 1:00) zwei Bürsten des aktuell von sehr vielen weiblichen Jugendlichen genutzten Typs „Tangle Teezer"[13] hochhält und durch drehende Bewegungen neben ihrem Kopf als relevant markiert, fällt hierbei nur aus analytischer Sicht auf: Für die rezipierenden Jugendlichen unterstützt diese Präsentation nur die Vorstellung, dass diese Bürsten (im Jahr 2016) den einzig akzeptablen Weg darstellen, sich zu kämmen. Innerhalb der Beratungslogik des Tutorials ist der angesprochene deiktische Verweis auf die Bürsten ebenso wie ihr anschließender Gebrauch parallel zu Standbild 1:02 der zwingenden Logik der Beratungssituation untergeordnet, ohne dass die explizit sprachlich erläutert werden müsste. So aktualisiert die YouTuberin mit dem Verweis auf die Bürsten lediglich das Hintergrundwissen der Fans, dass es gar keine Alternative zu den präsentierten Produkten geben kann, wenn jemand seine haare GUT durchbürsten will.

Dieser erste Warenhinweis wird in einem zweiten Schritt parallel zu den Standbildern 1:05-1:10 unmittelbar ergänzt durch einen kleinen INsidertipp in Form eines weiteren Produkthinweises auf ein Trockenschampoo, das parallel zu Standbild 1:05 im „visual emphasis" präsentiert und anschließend in Gebrauch und Nutzen vorgeführt wird. Allerdings handelt es sich – wie erwartbar war – nicht um irgendein Trockenschampoo, sondern um eines, das – anders als vorher bei den Bürsten des Typs „Tangle Teezer" – mit Marken- und Produktnamen bildlich präsentiert wird. Aber auch dieser rein bildliche Verweis ist vollständig in die Logik der eigentlichen Beratungssituation integriert und wird insoweit auch nur aus der Perspektive der Beratung und Problemlösung wahrgenommen (TROCkenschpoo ist einfach helfer für alles.).

Prinzipiell kann man aus juristischer Sicht der hier vorgenommenen Klassifikation der für Dagi Bee Tutorials typischen Zeigehandlungen als (osmotische) Werbung mit dem Hinweis widersprechen, es handele sich nicht um Werbung, da

---

[13] Die Attraktivität dieser Bürsten bei Jugendlichen ist auch dadurch zu erklären, dass es sie sowohl in einer günstigen Variante von der Marke „ebelin" wie auch sehr teuren Version von „Douglas" gibt.

es (zumindest offiziell) keine Auftraggeber für diese Art der Produkthinweise gibt (Meer i.V.). Gleichzeitig, und das scheint mir aus der Perspektive der Rezeption entscheidend zu sein, erfüllen diese deiktischen Zeigehandlungen alle Funktionen, die Janich im Rahmen ihrer handlungstheoretisch fundierten Definition von Werbung anführt (Janich 2012: 218): So „informieren" die Produkthinweise (wenn auch häufig nur gestisch und nicht verbal) „über die Existenz und Beschaffenheit" der Produkte, indem sie sie zeigen und in ihrem Gebrauch und Nutzen praktisch beschreiben (ebd.). Darüber hinaus sind diese teils zusätzlich durch verbale Kommentare unterstützten deiktischen Hinweise dazu geeignet, zum Kauf und der Nutzung des Produktes anzuregen, indem es emotional positiv bewertet wird. Lediglich die Kaufmodalitäten werden im vorliegenden Fall nicht genannt, was vor dem Hintergrund des Weltwissens der Rezipient/inn/en aber auch nicht notwendig ist.[14]

Zusammenfassend lässt sich festhalten, dass es sich bei den in die Tutorials von Dagi Bee integrierten Produkthinweise um typische Formen osmotischer Werbung handelt, die handlungstheoretisch und semiotisch alle Funktionen typischer Werbehandlungen erfüllen, auch wenn sie aus juristischer Sicht keinen (nachvollziehbar erkennbaren) Auftraggeber haben. Ihre Wirkung erfüllen diese Formen osmotischer Werbung allerdings anders als prototypische Werbeformate gerade nicht, indem sie auffallen und die Aufmerksamkeit auf sich lenken, sondern genau umgekehrt, indem sie als homogener Teil anderer Aufgaben zum integrierten Teil von Problemlösungen werden, im Fall von Dagi Bee zur Lösung von alltäglichen Styling-Problem pubertierender Mädchen.

## 5. Fazit: Osmotische Werbung und Angebote zur werbenden Besetzung jugendlicher Körper

Ziel dieser exemplarischen Analyse war es zum einen, die Präsenz osmotischer Werbung gerade im Bereich von massenhaft rezipierten (hyper-)medialen Textangeboten für Jugendliche genauer zu untersuchen. Zum anderen ging es darum herauszustellen, dass Formen der osmotischen Werbung im Zusammenhang mit

---

[14] An dieser Stelle sei angemerkt, dass Dagi Bee vorrangig Produkte der Drogeriekette DM nutzt, was ihre Fans natürlich wissen, ohne dass sie es in jedem Tutorial wieder neu erwähnen muss.

der multimodalen Ansprache von Jugendlichen gezielt auf die Beeinflussung jugendlicher Körperpraktiken setzen und damit die ohnehin gesteigerte Körperorientierung von Jugendlichen in der Phase der Pubertät nutzen.

Im Hinblick auf die Relevanz der osmotischen Werbehinweise im Hauptteil der Tutorials hat sich dabei gezeigt, dass diese anders als traditionelle Werbeformate nicht in den Mittelpunkt der Aufmerksamkeit gerückt werden, sondern integraler Bestandteil anderer Funktionen der Textsorte ‚Stylingtutorial' sind: Rat zu geben, Schminkhandlungen zu instruieren und körperliche Metamorphosen zu ermöglichen. Insoweit konnte im Hinblick auf das hier untersuchte Korpus gezeigt werden, dass Stylingtutorials unter Nutzung der sinnlichen Qualität multimodaler Texte Jugendlichen (hier: Mädchen) Sinnangebote zur Entwicklung einer eigenen körperlichen Identität machen, die direkt an Waren der käuflichen Lebenswelt geknüpft werden.

Aus multimodaler Perspektive ist dabei deutlich geworden, dass die Identitätsangebote, die die YouTuberin Dagi Bee ihren Fans macht, nur in Teilen verbal prozessiert werden. So vollzieht sie im Rahmen der untersuchten Tutorials zwar die Ankündigung ihres Identitätswechsels in der Anmoderation verbal, die eigentliche Transformation zum erfolgreichen Trickster-Teil ihrer Identitätskonstruktion erfolgt jedoch vorrangig unter Nutzung der bildlichen Wiedergabe der Schminkhandlungen. Damit leitet die YouTuberin Jugendliche an, einen solchen Identitätswechsel unter Nutzung ihrer Tutorials und der dort gezeigten Produkte ebenfalls zu vollziehen. Attraktiv ist dieses Konzept der rituellen Aufhebung von Antagonismen für die Moderatorin deshalb, weil es ihr erlaubt, zwischen Formen der vermeintlichen Symmetrie und Formen der Asymmetrie zu wechseln, was notwendig ist, um ihre Vorbildfunktion erfüllen zu können, ohne ihren Status des ‚Peer' zu verlieren. Für ihre Fans wiederum funktioniert die Trickster-Konstruktion potenziell als Lösungsangebot für alltägliche Probleme, da sie es ihnen zu ermöglichen verspricht, den Problemen der Pubertät im Rahmen von (rituellen) Schminkhandlungen zu entkommen.

Vor dem Hintergrund dieser Befunde ergeben sich mindestens zwei relevante Desiderate, die es in weiteren Schritten zu untersuchen gilt: Zum einen wird korpusgestützt zu klären sein, inwieweit die für Dagi Bee gezeigte Relevanz der multimodalen Integration osmotischer Werbung auch für dominant an männliche Jugendliche adressierte hypermediale Textsorten wie Sportvideos, Computerspiele u.a. nachzuweisen ist. Zum anderen wird es darum gehen, über die hier durchgeführten Analysen hinaus anhand von Interaktionsmedien wie den Kommentarlisten auf YouTube und anderen Formen der Anschlusskommunikation (z.B. auf Facebook und Twitter) zu überprüfen, ob die in den Tutorials nachweisbaren Identitätsangebote von den jugendlichen Fans auch tatsächlich aufgegriffen und interaktionell weiterverarbeitet werden.

## Literatur

Ayaß, Ruth (1993): „Auf der Suche nach dem verlorenen Zuschauer", in: Holly, Werner/Püschel, Ulrich (Hgg.): *Medienrezeption als Aneignung. Methoden und Perspektiven qualitativer Medienforschung*. Opladen: Westdeutscher Verlag, 27–41.

Baacke, Dieter/Lauffer, Jürgen (1994): *Nichts als schöner Schein. Kinder- und Jugendzeitschriften in Deutschland. Übersicht und Empfehlungen*. Bielefeld GMK.

Brigitte. Das Magazin für Frauen (2004): *Die 50er Brigitte*. Heft Nr. 11, 12–15.

Bukacek, Stefan (2009): „Wie Zeichen Produkten eine Persönlichkeit geben: Marken als Zeichenprozesse", in: *Aptum*. Heft 3, 261–288.

Buschmann, Matthias (1994): „Zur ,Jugendsprache' in der Werbung", in: *Muttersprache* 104, 219–231.

Dreyer, Stephan/Lampert, Claudia/Schulze, Anne (2014): *Kinder- und Onlinewerbung Erscheinungsformen von Werbung im Internet, ihre Wahrnehmung durch Kinder und ihr regulatorischer Kontext*. Leipzig: Vistas Verlag.

Efing, Christian (2012): „Werbekommunikation varietätenlinguistisch", in: Janich, Nina (Hg.): *Handbuch Werbekommunikation. Sprachwissenschaftliche und interdisziplinäre Zugänge*. Tübingen: A. Francke, 161–178.

Frommert, Susanne (2012): *Sprachliche Persuasionsstrategien in der Teleshoppingkommunikation. Eine qualitative Analyse von TV-Ausschnitten des reinen Verkaufsfernsehens aus dem Themenbereich „Küche&Kochen"*. Tübingen: Narr.

Funken, Christiane (2003): „Digitale Identitäten", in: Winter, Karsten/Thomas, Tanja/Hepp, Andreas (Hgg.): *Medienidentitäten. Identität im Kontext von Globalisierung und Medienkultur*. Köln: Herbert von Halem Verlag, 282–297.

Habscheid, Stefan/Fix, Ulla (2003): „Einführung", in: Habscheid, Stefan/Fix, Ulla (Hgg.): Gruppenstile. Zur sprachlichen Inszenierung sozialer Zugehörigkeit. Frankfurt a.M.: Lang, 9–13.

Habscheid, Stefan/Stöckl, Hartmut (2003). „Inszenierung sozialer Stile in Werbetexten – dargestellt am Beispiel der Möbelbranche", in: Habscheid, Stefan/Fix, Ulla (Hgg.): *Gruppenstile. Zur sprachlichen Inszenierung sozialer Zugehörigkeit*. Frankfurt a.M.: Lang, 189–210.

Hepp, Andreas (1998): *Fernsehaneignung und Alltagsgespräche. Fernsehnutzung aus der Perspektive der Cultural Studies*. Opladen/Wiesbaden: Westdeutscher Verlag.

Homann, Meike (2006): *Zielgruppe Jugend im Fokus der Werbung. Verbale und visuelle Kodierungsstrategien jugendgerichteter Anzeigenwerbung in England, Deutschland und Spanien.* Hamburg: Verlag Dr. Kovac.

Horton, Donald/Wohl, R. Richard (1956): „Mass Communication and Para/Social Interaction. Observations on Intimacy at a Distance", in: *Psychiatry* 19, 215–229.

Janich, Nina (2012): „Werbekommunikation pragmatisch", in: Dies. (Hg.): *Handbuch Werbekommunikation. Sprachwissenschaftliche und interdisziplinäre Zugänge.* Tübingen: A. Francke, 213–228.

Janich, Nina (2013): *Werbesprache. Ein Arbeitsbuch.* Tübingen: Narr Verlag.

Janoschka, Anja (2004): *Web Advertising. New Forms of Communication on the Internet.* Amsterdam: John Benjamins.

JIM-Studie – Jugend, Information, (Multi-)Media. Basisstudie zum Medienumgang 12-19-jähriger in Deutschland (2015). Medienpädagogischer Forschungsverbund Südwest (mpfs). Stuttgart. <http://www.mpfs.de/fileadmin/JIM-pdf15/JIM_2015.pdf> (gesehen: 10.05.2016).

Katheder, Doris (2008): *Mädchenbilder in deutschen Jugendzeitschriften der Gegenwart. Beiträge zur Medienpädagogik.* Wiesbaden: VS Verlag für Sozialwissenschaften.

Levy-Strauss, Claude (1955): „The structural study of myth", in: *Journal of American Folklore*, 68, 428–444.

Mann, Karin (2002): *Jugendmode und Jugendkörper. Die Modeseite der Zeitschrift Bravo im Spiegel vestimentärer Ikonografie und Ikonologie.* Hohengehren: Schneider.

Meer, Dorothee (i.V.): *Coole Starlooks – ‚Modestrecken' in der BRAVO: Eine textsemiotische Annäherung an Identitätsangebote für Jugendliche.*

Meer, Dorothee/Katharina Staubach/Kim Uridat (i. Ersch.): *„SELFIQUEEN" – Sprache-Bild-Texte auf jugendlicher Bekleidung: Multimodalität und Identitätsbildung von Jugendlichen.*

Pick, Ina (2015): *Das anwaltliche Mandantengespräch. Linguistische Ergebnisse zum sprachlichen Handeln von Anwalt und Mandant.* Frankfurt a. M.: Lang.

Runkehl, Jens (2012): „Werbekommunikation medienlinguistisch", in: Janich, Nina (Hg.): *Handbuch Werbekommunikation. Sprachwissenschaftliche und interdisziplinäre Zugänge.* Tübingen: A. Francke, 275–290.

Runkehl, Jens (2013): „Mikrokosmos Internet-Formate", in: Janich, Nina: *Werbesprache. Ein Arbeitsbuch.* Tübingen: Narr Francke Attempto, 95–109.

Runkehl, Jens/Peter Schlobinski/Torsten Siever (1998): *Sprache und Kommunikation im Internet. Überblick und Analysen.* Opladen/Wiesbaden: Westdeutscher Verlag.

Schmitz, Ulrich (2016): „Multimodale Texttypologie", in Klug, Nina-Maria/Stöckl, Hartmut (Hgg.): *Handbuch Sprache im multimodalen Kontext.* Berlin/Boston: de Gruyter, 327–347.

Siever, Torsten (2005): „Internetwerbung: Alter Wein in neuen Schläuchen?", in: Ders./Schlobinski, Peter/Runkehl, Jens (Hg.): *Websprache.net. Sprache und Kommunikation im Internet.* Berlin/New York: de Gruyter, 219–241.

Schneider, Jan Georg/Stöckl, Hartmut (2011): „Medientheorien und Multimodalität: Zur Einführung", in: Dies. (Hgg.): *Medientheorien und Multimodalität. Ein TV-Werbespot – Sieben methodische Beschreibungsansätze.* Köln: Harlem Verlag, 10–38.

Staubach, Katharina (2017): „Multimodale Sehflächen lesen. Eine semiotische Analyse jugendlicher Bekleidung", in: *Zeitschrift für Angewandte Linguistik* 66, 31–58.

Steen, Pamela (2015): *Die kommunikative Identität des Tricksters. Eine gesprächsanalytische und kultursemiotische Untersuchung zur Identitätskonstruktion in einer marginalisierten Gruppe.* Heidelberg: Universitätsverlag Winter.

Stöckl, Hartmut (2016): „Multimodalität – Semiotische und textlinguistische Grundlagen", in: Klug, Nina-Maria/Stöckl, Hartmut (Hgg.): *Handbuch Sprache im multimodalen Kontext.* Berlin/Boston: de Gruyter, 3–35.

Willems, Herbert (2009): „Stile und (Selbst-)Stilisierungen zwischen Habitualität und Medialität", in: Ders. (Hg.): *Theatralisierung der Gesellschaft. Band 1: Soziologisch Theorie und Zeitdiagnose.* Wiesbaden: Verlag für Sozialwissenschaften, 113–135.

Ziem, Alexander (2012): „Werbekommunikation semantisch", in: Janich, Nina (Hg.): *Handbuch Werbekommunikation. Sprachwissenschaftliche und interdisziplinäre Zugänge.* Tübingen: A. Francke, 65–87.

## Internetquellen

Dagi Bee: Alltagsmake-up-Tutorial (2013). <https://www.youtube.com/watch?v=uiiV0FVa 7.uw> (gesehen: 02.02.2017).

Dagi Bee: Mitesser & große Poren. <https://www.youtube.com/watch?vhMbQiFneyvQ&list= PLPDdndJP7u0kthV-3d-_7QLsZHSVfJFZ7> (gesehen: 02.08.2016).

Dagi Bee: Probleme am Morgen. <https://www.youtube. com/watch?v=8-8aNU8caVc> (gesehen: 02.08.2016).

Dagi Bee: Probleme beim Shoppen. <https://www.You-tube.com/ atch?v=--bOxPTrsLU> (gesehen: 02.08.2016).

Dagi Bee: Tumblr-Frisuren-Tutorial (2016). <https://www.Youtube. com/watch?v=uiyGcKbT zmQ> (gesehen: 02.02.2017).

Dagi Bee: Wintermake-up-Tutorial (2014). <https://www.youtube.com/watch?v=UtOSdmGa 4xo> (gesehen: 02.02.2017).

Spiegel Online: Krankes Geschäftsmodell. <http://www.spiegel.de/gesundheit/diagnose/ schleichwerbung-fuer-medikamente-krankes-geschaeftsmodell-a-1122955.html> (gesehen: 05.01.2017).

# AUTORINNEN UND AUTOREN

**Simone Heekeren**

M.A., Wissenschaftliche Mitarbeiterin am Lehr- und Forschungsgebiet Germanistische Sprachwissenschaft, Institut für Sprach- und Kommunikationswissenschaft der RWTH Aachen University. Derzeit Dissertationsprojekt zu multimodalen Texten in der Wissenschaftsvermittlung. Forschungsschwerpunkte: Medienlinguistik, Multimodalität, Semiotik, Bildlinguistik, Wissenschaftskommunikation. E-Mail: s.heekeren@isk.rwth-aachen.de.

**Wolfgang Kesselheim**

PD Dr., Leiter des VideoLabs im Universitären Forschungsschwerpunkt Sprache und Raum, Universität Zürich. Forschungsschwerpunkte: Text- und Gesprächsanalyse, Multimodalität von Kommunikation und Interaktion. E-Mail: wolfgang.kesselheim@ds.uzh.ch.

**Nina-Maria Klug**

Dr., Institut für Germanistik an der Universität Kassel. Forschungsschwerpunkte: historische und gegenwartsbezogene Text- und Diskurssemantik, unter besonderer Berücksichtigung multimodaler Aspekte des Sprachgebrauchs. E-Mail: klug@uni-kassel.de.

**Martin Luginbühl**

Prof. Dr., Deutsches Seminar der Universität Basel. Forschungsschwerpunkte: Medienlinguistik, Textlinguistik, Gesprächsanalyse, kulturanalytische Linguistik. E-Mail: martin.luginbuehl@unibas.ch.

**Dorothee Meer**

PD Dr., Germanistisches Institut der Ruhr-Universität Bochum. Forschungsschwerpunkte: Gesprächsforschung, Medienlinguistik, Diskursanalyse, Werbeforschung. E-Mail: dorothee.meer@rub.de.

**Sascha Michel**

Deutsches Seminar der Universität Basel. Forschungsschwerpunkte: Medien(kultur)linguistik, Textlinguistik, Multimodalität, Wortbildung. E-Mail: sascha.michel@unibas.ch.

**Steffen Pappert**

PD Dr., Institut für Germanistik an der Universität Duisburg-Essen. Forschungsschwerpunkte: Medienlinguistik, Textlinguistik, Politische Kommunikation, Multimodalität. E-Mail: steffen.pappert@uni-due.de.

**Ulrich Schmitz**

Prof. Dr. em., Germanistik, Universität Duisburg-Essen. Forschungsschwerpunkte: Deutsche Gegenwartssprache, Sprache in alten und neuen Medien, Text-Bild-Beziehungen. Web: www.ulrich-schmitz.net. E-Mail: ulrich.schmitz@uni-due.de.

**Claudio Scarvaglieri**

Dr., Deutsches Seminar Universität Basel, Projekt „Urbane Mehrsprachigkeit in der Schweiz: Kommunikative Praktiken und Spracheinstellungen" (<https://goo.gl/2x1n4X>). Forschungsschwerpunkte: Gesellschaftliche Mehrsprachigkeit, Sprache und mentale Prozesse, Sprache und Öffentlichkeit. E-Mail: claudio.scarvaglieri@unibas.ch.

**Tanja Škerlavaj**

Dr., Postdoktorandin im Programm Just'us, Institut für Germanistik, Justus-Liebig-Universität Gießen. Forschungsschwerpunkte: Textlinguistik, Stilistik, Semantik, Syntax, multimodale Linguistik, (kultur-kontrastive) Diskursanalyse. E-Mail: tanja.skerlavaj@germanistik.uni-giessen.de.

**Georg Weidacher**

Dr., Senior Scientist am Institut für Germanistik, Abteilung für Deutsche Gegenwartssprache und Germanistische Linguistik, der Karl-Franzens-Universität Graz. Forschungsschwerpunkte: Textlinguistik und Textrhetorik, Medienlinguistik (insbesondere Sprache im Internet), Sprache und Politik, Sprache und Literatur, Linguistische Pragmatik, Grammatik des Gegenwartsdeutschen. E-Mail: georg.weidacher@uni-graz.at.

# PERSPEKTIVEN GERMANISTISCHER LINGUISTIK (PGL)

Herausgegeben von Heiko Girnth und Sascha Michel

ISSN 1863-1428

1   *Karin Schlipphak*
    Erwerbsprinzipien der deutschen Nominalphrase
    Erwerbsreihenfolge und Schemata – die Interaktion sprachlicher Aufgabenbereiche
    ISBN 978-3-89821-911-2

2   *Alexander Görlach*
    Der Karikaturen-Streit in deutschen Printmedien
    Eine Diskursanalyse
    ISBN 978-3-8382-0005-7

3   *Tanja Giessler*
    Raum – Konzept – Sprache
    Sprachliche Lokalisationen in Minimalkonstellationen
    ISBN 978-3-8382-0000-2

4   *Anna Wolańska-Köller*
    Funktionaler Textaufbau und sprachliche Mittel in Kochrezepten des 19. und
    frühen 20. Jahrhunderts
    ISBN 978-3-8382-0022-4

5   *Hilke Elsen / Sascha Michel (Hrsg.)*
    Wortbildung im Deutschen zwischen Sprachsystem und Sprachgebrauch
    Perspektiven – Analysen – Anwendungen
    ISBN 978-3-8382-0134-4

6   *Dagna Zinkhahn Rhobodes*
    Sprachwechsel bei Sprachminderheiten: Motive und Bedingungen
    Eine soziolinguistische Studie zur deutschen Sprachinselminderheit in Blumenau, Brasilien
    ISBN 978-3-8382-0344-7

7   *Katrin Huck*
    Stacheldrahtsprache
    Sprachliche Grenzziehungen der extremen Rechten im Internet
    ISBN 978-3-8382-0276-1

8   *Edith Münch*
    Wissen und raumbezogene Identitäten: Wie Kommunen und Gemeinden durch
    gemeinsames Wissensmanagement voneinander lernen können
    Individuelles Wissen in Neujahrsreden niederrheinischer Bürgermeister für ein modernes
    Selbstbild der Stadt
    ISBN 978-3-8382-0317-1